経験資本と学習

首都圏大学生949人の大規模調査結果

岩崎久美子／下村英雄／柳澤文敬
伊藤素江／村田維沙／堀 一輝　［著］

明石書店

はじめに

　人は年齢を経るにつれて経験という言葉に引き寄せられる。経験は、その人自身が生きていく間に必然、偶然を問わず遭遇した事象であり、経験してきたことの積み重ねが人生そのものを形作るといっても過言ではない。

　本書では、人それぞれの経験の種類や量が人生に与える影響を、「経験資本」という言葉で象徴し、経験の持つ学習への影響を取り上げる。「経験資本」と名付けるのは、経験は企業などの人材育成にとどまらず、人生全体を包含し形作る長期的な概念であることによる。たとえ望ましくない経験であっても、本人の意味づけによっては、その経験は、新たな状況に直面した折に人生の知恵として、人生の展開に有効に働くと思われる。「経験資本」という言葉を用いることで、経験そのものを振り返り、意味づけし、そこから学習したものを活用し、さらにはそれを人生戦略のために蓄積する有効性に目を向けることができるであろう。

　あらためて、この場合用いる経験という言葉を問えば、次の3つが思い浮かぶ。

　第一に、「経験」は、身体に染みこんだ知識である。
　「学問なき経験は、経験なき学問に勝る」（イギリスのことわざ）というように、身体を通じた学習は、その人が独自に体験した深い思考を伴う固有の知識であり、知恵をもたらす潜在性を有するものである。

　第二に、「経験」は、大人の学習の資源である。
　「経験学習」を提唱したコルブ（Kolb, D.A.）は、経験学習について、具体的経験、経験の振り返り、新たな概念形成・理解、新しい状況への知識の応用といった四段階からなるモデルを提示する。そこでの学習とは、単に学習そのものではなく、経験を振り返り、経験の意味づけをすることが学習の本質と考える。経験は、潜在的な教育機能を有し、成人の学習の基盤をなす主な学習資源なのである。

第三に、「経験」は、人生を規定するものである。
どのような「経験」をしたか、その差異がそれぞれの異なる人生の方向性をもたらす。人は、「経験」に基づき、新たな学習を行い、自分を成長させる。

本書では、このような経験という言葉に焦点をあて、生涯学習政策研究を担う国立教育政策研究所、キャリアガイダンスや就労支援に関する種々の研究を行う労働政策研究・研修機構、そして、様々な教育データを集積し、テスト開発を行うベネッセ教育総合研究所の三者の共同研究の成果をまとめたものである。

この共同研究は、当初意図的に行われたものではない。

筆者は、青少年教育の振興・健全育成の事業を行っている青少年教育振興機構の自然体験活動の有効性に関する調査に参加する機会を得、その過程を通じ、体験の持つ人生の効用について思いを寄せることがあった。そのような折、たまたまベネッセ教育総合研究所のテスト開発担当者と雑談する機会があった。ベネッセのテスト開発担当者は、「学歴や就職試験の成績が同様であっても、その後の仕事遂行上に差が生じる要因は何だろうか」という問いを強く意識していた。その議論は、「性格特性もあるだろうが、それ以上にそれまでの経験の多様性や深さが、社会への適応性や有能性の差異を生み出すのではないか」という点に帰着した。この議論がきっかけとなり、ベネッセ教育総合研究所が大学生対象のテスト開発のために行う予備調査問題に、学生のそれまでの経験を問う属性項目を加えてくれることになった。担当者は、ベネッセの若手研究員の勉強の機会にもなればとベネッセの若手職員を紹介してくれ、また、キャリア心理学の専門家である下村英雄先生を加えて、質問項目の策定と分析の勉強会が行われることになった。ボランタリーな勉強会であったため、誰かが忙しくなると、研究会の期間が空き、分析が進まず月日を重ねたこともあった。しかし、東京近郊の多様な大学に所属する大学生のデータを入手し、そのデータを用いて大学生の姿を提示する社会的意義や公表の必要性を意識していたため、このようなかたちで世に出すことができ、今は安堵している。

なお、本書の執筆分担は次のとおりである。

序　章　経験資本とは何か（国立教育政策研究所　岩崎久美子）
第1章　調査の枠組みと大学生の現状（前・ベネッセ教育総合研究所　柳澤文敬／ベネッセ教育総合研究所　堀一輝）
第2章　小中高および大学の学習経験（前・ベネッセ教育総合研究所　柳澤文敬）
第3章　学習のしかたに関する経験（ベネッセ教育総合研究所　伊藤素江）
第4章　教課外の経験（ベネッセ教育総合研究所　村田維沙）
第5章　読書経験（ベネッセ教育総合研究所　堀一輝）
第6章　困難や挫折の経験（国立教育政策研究所　岩崎久美子）
第7章　大学生の学習成熟度（ベネッセ教育総合研究所　伊藤素江）
第8章　大学生の時間の過ごし方（国立教育政策研究所　岩崎久美子）
第9章　大学生の人間関係（労働政策研究・研修機構　下村英雄）
第10章　諸経験のつながりとその作用（ベネッセ教育総合研究所　堀一輝）
終　章　経験資本の含意～その後の人生やキャリアとの関わり～（労働政策研究・研修機構　下村英雄）

　最後に、データ取得や勉強会の機会を提示してくださったベネッセ教育総合研究所の鎌田恵太郎氏に感謝したい。データに基づき、異なる研究機関の者が楽しく気楽に議論する勉強会は貴重な機会であった。また、本書を刊行するにあたり、明石書店の安田伸さんに、企画、編集、刊行に至るまで、多くの助言をいただいた。「経験資本」という考えに関心をいだいてくれ、応援してくださったことに心からお礼を申し上げる。
　「経験資本」という概念を掲げたものの、本書ではその内容を十分にクローズアップできてはいないかもしれない。対象とした大学生は「経験資本」が途上で、また「経験資本」の活用が十分にされない年代である。人生は長く、「経験資本」という概念の醍醐味は、中年期以降の成人を対象にした調査にこそあるといえる。そのため、今後の課題となるが、中年期以降の人生で経験が有する意義を探り、成人学習論やキャリア発達の在り様をさらに深く捉えるこ

とも肝要であろう。私たちは、今回調査に従事し、「経験資本」とは、成人学習や生涯キャリア発達といった長期間にわたる成長を捉える際に、非常に有益な概念と考えるようになった。

　本書は、以上の意味では、「経験資本」を考える端緒であり、ひとつの試みに過ぎない。しかし、本書が、体系的かつ膨大なデータから、現在の大学生がどのような学習や人生経験をしてきたかを提示し、また経験というものがいかに重要かを考える契機を提供できれば幸いである。

　2016年早春

研究チームを代表して
岩崎久美子

経験資本と学習
― 首都圏大学生949人の大規模調査結果 ―

目　次

はじめに ………………………………………………………………… 3

序　章　経験資本とは何か ………………………………………… 11
　第1節　本書で経験を資本として捉える理由　11
　第2節　資本とは何か　13
　第3節　教育、文化、経験に関する資本　14
　第4節　人生における経験の意味　18
　第5節　本書で扱う経験の種類　19

第Ⅰ部　経験資本の実態

第1章　調査の枠組みと大学生の現状 …………………………… 25
　第1節　調査の方法　25
　第2節　調査項目　26
　第3節　認知的スキルの概要　27
　第4節　調査対象者の属性　28
　第5節　大学生の生活の現状　31
　第6節　大学生の認知的スキル　36
　第7節　まとめ　38

第2章　小中高および大学の学習経験　43

- 第1節　探究的な学習と基礎になる事項　43
- 第2節　探究的な学びの方法論の学習経験　45
- 第3節　探究的な学びの実践経験　46
- 第4節　方法論の学習とその実践のギャップ　49
- 第5節　認知的スキルのスコア、学習成熟度、生活満足度との関係　50
- 第6節　まとめ　55

第3章　学習のしかたに関する経験　57

- 第1節　はじめに　57
- 第2節　大学生が持つ学習に関する経験資本　59
- 第3節　学習方略による学生類型　60
- 第4節　学習方略と家庭環境　63
- 第5節　過去の学習方略と現在の学習行動および学習成熟度　64
- 第6節　まとめ　68

第4章　教課外の経験　71

- 第1節　はじめに　71
- 第2節　小学校から高校の頃の経験　72
- 第3節　大学における経験　80
- 第4節　子どもの頃の経験と現在の経験、能力との関係　82
- 第5節　まとめ　85

第5章　読書経験　95

- 第1節　はじめに　95
- 第2節　大学生の読書状況と認知的スキル　98
- 第3節　まとめ　109

第6章　困難や挫折の経験　　113

- 第1節　困難や挫折の経験数　113
- 第2節　困難や挫折の経験と進学大学偏差値　114
- 第3節　現在の満足度や相談相手との関係　116
- 第4節　困難や挫折の経験の種類と解決法　117
- 第5節　まとめ　125

第Ⅱ部　経験資本と現在

第7章　大学生の学習成熟度　　129

- 第1節　はじめに　129
- 第2節　経験資本との関係　130
- 第3節　学習成熟度と認知的スキル　135
- 第4節　大学生の学習成熟度　136
- 第5節　在学中の学習成熟度の低下を防ぐ手掛かり　143
- 第6節　まとめ　144

第8章　大学生の時間の過ごし方　　147

- 第1節　大学生の一週間の「予復習・課題」「自主的学習」「アルバイト」の時間数　148
- 第2節　「予復習・課題」に費やす時間数　149
- 第3節　「自主的学習」に費やす時間数　152
- 第4節　「アルバイト」に費やす時間数　155
- 第5節　夏休みはどのように過ごしているか　157
- 第6節　資格をどのぐらい取得しているか　166
- 第7節　まとめ　171

第9章　大学生の人間関係 ……………………………………………… 175
　第1節　大学生の人間関係を検討する意義　175
　第2節　大学生の人間関係の概要　177
　第3節　経験資本との関連　186
　第4節　本章のまとめ ── 経験資本と人間関係　193

第10章　諸経験のつながりとその作用 ……………………………… 195
　第1節　はじめに　195
　第2節　分析方法　196
　第3節　分析結果　200
　第4節　まとめ　213

終　章　経験資本の含意 ～その後の人生やキャリアとの関わり～ ……… 217
　第1節　経験資本とキャリアの視点　217
　第2節　各章の結果にみる経験資本とキャリアの結びつき　221
　第3節　経験資本とキャリア支援・キャリア教育の関わり　231

付録A　調査項目 ……………………………………………………………… 237
付録B　調査データの集計結果 ……………………………………………… 261

　商標登録について
　・TOEIC®およびTOEFL®は、エデュケーショナル・テスティング・サービス（ETS）の登録商標です。この出版物はETSの検討を受けまたその承認を得たものではありません。
　・漢検®は、公益財団法人日本漢字能力検定協会の登録商標です。
　・英検®は、公益財団法人日本英語検定協会の登録商標です。

序　章
◇
経験資本とは何か

岩崎　久美子

第1節　本書で経験を資本として捉える理由

　現代社会は、絶え間ない変化を伴い、予測不可能なリスクを内在させながら流動的で不透明さが増す社会である。このような不安定、不確実、複雑、曖昧という言葉に代表される社会 (1) では、状況に応じて、柔軟、迅速、そして適切に物事に処する能力が求められる。特に未知なる課題を解決する際、その課題が難問で、状況が危機的であればあるほど、私たちは、その危機を回避するために、自分の持つ知識、経験、そしてそこから導かれた知恵を総動員し対処するであろう。想定を超える事態で真の判断力となるのは、物事に処する幅広い経験であり、そこから絞り出される知恵である。経験してきたことの種類や内容が複眼的思考をもたらし、ひいてはサバイバルキットのように社会で生き抜く際に役立つものとなる。また、意識や考えを変えるような深い意味での経験は、人間の幅を広げ、人生に対するその人なりの哲学をもたらすであろう。

　経験とは、見たり聞いたり行ってきたその人固有の事柄であり、移転不可能な身体に染みこんだ知識である。また、経験は、IQなどで示される生得的要因ではなく、後天的に形成され、アチーブメントテストに代表される認知的能力以上に、意欲や社会的適応力などの非認知的能力とかかわるものである。本書では、このような経験の総体を人生に役立つ資本にたとえて「経験資本」と呼称し、「経験資本」という概念を「非金銭的ではあるが、その蓄積が人生を豊かにし、人生の方向性を決定づける個人的資産の一部」と定義する。また、

「経験」と類似した言葉に「体験」があるが、「経験」は継続性や深さを伴うものであるのに対し、「体験」は一過性、かつ新しい事象との遭遇と考え、「体験」を「経験」の一部として捉えて整理する。これらの観点を踏まえた上で、首都圏の大学に通学する949人のデータから、大学生がこれまでどのような経験をしてきたかに着目し、大学生の保有する「経験資本」の実態を明らかにする。

　それでは、なぜ本書では経験を資本として捉えようとするのだろうか。その理由は、第一に、資本にたとえることで、経験の有用性を広く社会の中で生産手段として機能しうる様々な有形・無形の要素全般（石井、2010、pp.23-24）のひとつとして扱い、その価値を象徴的に論じたいからである。「経験資本」は、直接測定しうるものではないが、資本として経験の価値を捉えることで、様々な類推や解釈が容易になる。第二に、資本の概念を用いることで、現在と未来を結びつけ、長期的視野にたって、人生に役立つ資本蓄積の点から、学習計画などの人生への投資戦略を考案することが可能になる（OECD編著、2015、p.210）。そして、第三に、成人学習理論では、「経験」は学習の基盤、かつ資源として考えられていることによる。例えば、成人学習に関し理論構築を試みたノールズは、「蓄積された経験が学習の豊かな資源になる」（Knowles, 1980, p.44）と言い、リンデマンは、「成人教育の最も高い価値を持つ資源は学習者の経験である」（Lindeman, 1961, p.6）としている。経験からの学習を重視する社会的構成主義的立場にたてば、学習者は、自分の経験に関連づけ、経験を刺激として新たな学習を行い、経験を学習の資源として利用する。経験による学習の過程は、コルブによれば、具体的経験、経験の振り返り、新たな概念形成・理解、そして新しい状況への知識の応用からなるが（Kolb, D.A., 1984）、この知識の応用は、蓄積された経験に基づいて行われる知識の獲得であり、それまでの経験が学習の基盤とされているのである。

　このように経験に焦点をあて、経験を認知的能力のみならず非認知的能力という形で蓄積される資本として捉えることで、大学生までの経験の蓄積が、どのように人を差異化し、学業、人間関係、満足度などを含む広い意味でのキャリア形成に影響を与えているのかを、本書では、多様な観点から論じることにする。

第2節　資本とは何か

　本書で「資本」という言葉を用いるため、まずは「資本」とは何かを考えてみたい。「資本」とは、本来、商売や事業するのに必要な元本、あるいは、労働、土地、資本と言われるように生産の三要素のひとつといった意味で使われる言葉である。例えば、OECD（経済協力開発機構）では、幸福を測定する枠組みとして、次の4つのタイプの資本を検討している（OECD編著、2015、pp.210-211）。

1）経済資本
　　人工資本（建物、機械、交通基幹施設など人間が作り出した有形資産と、コンピュータのソフトウェアや芸術作品などの知識資産）と、金融資本（現金通貨、預金、あるいは借金という形での負債など様々な金融資産を含む）。
2）自然資本
　　自然環境のうち、鉱物、エネルギー資源、土地、土壌、水、木、植物、動物などの個々の資産、森林、土壌、水環境、大気などの環境資産の協働機能、相互作用など。
3）人的資本
　　個人の知識、技能、能力、健康など。
4）社会関係資本
　　社会の様々な集団内や集団間の協働を容易にする社会生活の規範、信頼、価値観。

　これらの4つの資本は、いずれも社会に軸足を置いて、社会における資本の蓄積に目を向けているのだが、その性質は様々である。例えば、移転可能性の点では、経済資本や鉱物や土地などの自然資本は、所有者間の移転が可能な資本である。また、共有可能性の点では、資本といっても、ひとりの人間の使用

により他の人間の使用が妨げられない社会関係資本のような資本もある。あるいは、資本の変容性という点では、基幹施設などの人工的な資本は使用によって劣化するが、教育や技能などの人的資本は強化可能な資本である（OECD編著、2015、p.211）。

　本書で取り上げる「経験資本」は、これらの資本の性質から考えれば、他人に移転できず、また共有もできないものであり、個人そのものに属する資本である。しかし、「経験資本」は劣化せず、蓄積され、時に変容し、人的資本の認知的能力や非認知的能力に結びつき強化されるものである。また、他の資本と異なり、すぐさま金銭的価値に結びつく性質は持ってはいないが、経験が増えるほど生活が豊かになり、人生の視野が広くなり、人生の知恵ともいえる叡智がもたらされるといった非金銭的価値においてプラスの性質を持つ。

　本書では、このように、様々な経験を多くすることは、人生を豊かにするという仮定で論を進める。経験によっては、必ずしも遭遇したくない否定的な経験もあるとはいえ、その経験が以後何らかの形で人生に活きてくるという点において、どのような経験にも価値があると想定する。また、単純に経験の総量のみならず、経験は質的レベルでプラスにもマイナスにも変化する。この点で、単純に経験すればよいというものではなく、その経験によって本人の価値観、考え方や物事の捉え方が新たなものへと変容しうるかどうかによって、その資本価値は大きく異なると考える。

第3節　教育、文化、経験に関する資本

　資本という概念は経済的概念である。人の一生を経済活動にたとえ、人生は遺伝という形で得た生得素因を元手に、それを初期投資し、努力、また教育や経験という資本蓄積により、自己資金を増やしながら、成長拡大するプロセスと考える者もいる（永谷、2003、pp.1-2）。ここにおいて、経験は、成育過程で新たに付加される資産であり、価値である。

　経験や教育を資本にたとえることは、人間を扱う学問において時に適切さを欠く場合もあろうが、貨幣的価値を推定し、定量化を試みることは、数量的分

析を可能にするため、経済学のみならず、社会学などでもこれまでなされてきたことである。例えば、フランスの社会学者ブルデューとパスロンによる「文化資本」の考え方は、この代表である。ブルデューとパスロンは、社会的地位の獲得において、金銭・財力と同様に社会生活で一種の資本として機能する種々の文化的要素を「文化資本」という概念で論じている。

　ここでは、まずブルデューら社会学者が唱える「文化資本」が、どのようなものかを考えてみたい。ブルデューらによれば、「文化資本」には、立ち居振る舞い、言葉遣い、行動様式、趣味や教養などの「身体化された文化資本」、書籍、絵画、道具などの「客体化された文化資本」、そして学歴や資格などの「制度化された文化資本」の3つの形態がある。これらの「文化資本」は、家庭環境や教育などの文化・制度的メカニズムを介すことにより、階層に応じた文化的再生産の過程は社会において合理化・正当化される（ブルデュー、1990a；1990b）。加えて、ブルデューは、その著書『ディスタンクシオン』において、社会化の過程で習得され、個人が獲得する思考や行動を方向づける性向を「ハビトゥス」（habitus）という概念で説明する。ここで用いられる「ハビトゥス」という言葉は、立ち居振る舞い、言葉遣い、行動様式、趣味や教養など日常生活における身体化された実践（慣習行動）であり、「身体化された文化資本」の一部である。そして、この「ハビトゥス」は、意識されずに階級間の趣味や教養の差異となって現れると考えるのである。

　このような文化資本の議論を見れば、経験資本とは、「身体化された文化資本」を形成する基盤的資本である。経験資本は、この「文化資本」の下位概念とも捉えられ、経験の蓄積が「ハビトゥス」となって表出するとも考えられる。また、記憶や実践体験を、書籍や絵画などと同様に所有物と考えれば、「客体化された文化資本」ともいえる。一方で、経験という考え方は、後天的に取得しうる教育的作用を想定する。「文化資本」の考え方は、社会階級の差異が家庭の社会経済的背景とともに戦略的に教育・選抜に有利に働く点に目を向けるのに対し、経験資本は、家庭環境により経験の質や量が異なることは否めないものの、文化資本よりも、価値ある経験を社会側からも付加しうると考える点で、学校教育や社会教育による働きかけも可能との前提にたつ。

　さらに、ブルデューの提唱した「文化的再生産」の理論では、実際に利用し

うる手段や力は、「経済資本」「文化資本」、それに「社会関係資本」の3つの異なる種類の資本量の総和と考えられている。この資本量の総和は、最も恵まれたものから、最も貧しいものにまで分かれ、資本量の大きい順から支配階級、中間階級、庶民階級の3つが設定される。同じ資本量であっても、「経済資本」は大きいが「文化資本」が小さい人々と、「経済資本」は小さいが「文化資本」が大きい人々は社会空間において異なる位置を占める。例えば、同じ支配階級であっても、その内部には、「経済資本」も「文化資本」も大きい自由業者、「経済資本」は小さいが「文化資本」が大きい大学教授、「経済資本」は大きいが「文化資本」が小さい経営者などが存在する（ブルデュー、1990a、pp.178-184）。このような形で明らかにされた社会空間における階級構造は、フランスの国立統計経済研究所（L'Institut National de la Statistique et des Études Économiques: INSEE）の社会・職業分類のカテゴリにおける様々な職業の配置構造と同義のものとして、フランス社会の職業階層のヒエラルキーとして存在する。

「経験資本」においても、「文化資本」と同様の議論ができる。人は、「経済資本」「文化資本」「社会関係資本」のほかに、「経験資本」を実際に手段や力として利用しうるであろう。つまり、社会には、「経済資本」「文化資本」「社会関係資本」に「経験資本」を加え、資本量の総和による人材分布があり、その種類によって、職業の配置構造が異なる可能性がある。例えば、「たたきあげ」の創業者といった人々は、「経験資本」の蓄積が大きい者という捉え方が可能になる。また、海外滞在歴が長い者は、海外経験という一定の「経験資本」が蓄積された者であり、海外で生活しうる技能を獲得しているということになる。

「文化資本」の議論では、能力主義に基づき、一見公平、かつ平等に見えても、現実的には、家庭的に恵まれた者が教育で成功し、社会的に地位ある職業に就くことが世代を超えて継承されるという不平等を指摘する。つまり、学力選抜や職業をめぐる競争試験において、現実には、文化的に持てる者と持たざる者が二極化し、社会階層が固定化していると論じるのである。このことは、一部の経験にあっては同様の傾向が認められる。人との差異化を図りうる経験のいくつかは、「経済資本」（家庭の経済力）と密接に関係する。そして、望ま

しい経験の蓄積は文化資本の一部を形成し、その有無によって、人の進学、就職、キャリアを左右することもあろう。

　それでは、「経験資本」と「文化資本」は何が異なるのであろうか。「文化資本」は、フランスの階層社会を想定して提出された概念であり、階層ごとに文化的なものや知識の量や質が異なるという前提にたつ。文化的なものは総量並びに種類も多いに越したことはなく、「文化資本」は誰がみてもプラスの資本である。それに対して、「経験資本」は、経験した直後は、その経験は、プラスの場合もありマイナスの場合もある。しかし、その後の時間の経過により、経験の意味づけの変容や深まりがもたらされる。このような時間的概念は「文化資本」ではあまり議論されてはいない。また、「経験資本」では、経験の性質が、一回経験したことで次の経験へと連鎖的になっていき、より大きな経験の蓄積となっていく点も特異な点である。さらに、「経験資本」は、経験を支援する家庭環境による資本蓄積といった意図的な働きかけも可能であるが、「文化資本」以上に性格特性に依存するところがある。キャンプや山歩きが好きな子どもは必然的に自然に接する経験が多く、リーダーシップをとるのが好きな子どもは学級委員や部活のキャプテンなどをする機会が多いであろう。このように、その性格特性により、経験する機会と質は自ずと異なってくる。しかし、性格特性による経験の分布の不均衡という点では、「経験資本」は、「文化資本」よりも、教育の効果を想定しうる概念である。日本の学校教育は、行事や学校生活を通じ、子どもたちに様々な経験の機会を提供し、「経験資本」に対する家庭の影響力を是正する機能を有しているからである。

　以上、教育や学習と関連が深い「文化資本」を準拠枠に、概念の類似点と相違点を踏まえて、本書では、「経験資本」という観点から今回の大学生調査の枠組みを構築し、分析を試みる。

第4節　人生における経験の意味

　人と異なる経験をすることはまさしく差異化を図ることである。国内外での転校の経験がある者は、未知の環境に遭遇しても、自然と適応する力が経験的に身についているかもしれない。キャンプなどの経験が多い者は、火をおこすことや飯盒で米を炊くというスキルのみならず、天候の変化などに対応する危機管理能力を身体を通して学ぶかもしれない。学校の授業におけるプレゼンテーションの度重なる訓練経験は、その後の職業人生でプレゼンテーションスキルの優位性に結びつくかもしれない。このような経験は家庭環境に由来する場合もあるし、学校や地域社会を経由する場合もある。

　経験は、他者との比較優位性を高める場合もあるし、反対に経験したことによって心理的にマイナスの影響をもたらす場合もあろう。経験は必ずしもプラスのものばかりではない。また、否定的な経験がすべてマイナスというわけでもない。変容の学習という概念を提出したメジローは、成人が自分の経験をどのように解釈し意味づけるかを問題とした。危機的なライフイベントに遭遇したとき、これまでの問題解決方法は役に立たない。多くの人はこのような状況にあって、混乱、戸惑い、罪悪感、羞恥心といった感情とともに自己分析を行いながら、前提となる考え方を批判的に評価し、異なる選択肢を探して新たな行動を起こす。経験のすべてが、このように前向きな変容をもたらすわけではないが、意義深い変容の学習では、自己の前提についての批判的振り返り、その振り返りに伴う洞察を確認するための議論、そして行動を経るとされている（Mezirow, 1991）。成人学習論では、学習を形作るものは、それまで蓄積した知識と経験の質や量であるとし、それは、人生経験と深く結びつくものとされてきた。人はみな本来、自分の人生で起こったことを意味づけたいという根源的なニーズを持っているとされ（メリアムら、2005、p.376）、経験はすべて人生の糧である。本書が扱おうとしている内容は、この意味では、成人学習論が、経験を学習資源として、あるいは「人生の糧」として重視する点を、「資本」という言葉で置き換えて捉え直すということなのかもしれない。

第5節　本書で扱う経験の種類

　それでは、資本となりうる経験としてどのようなものが想定されるのであろうか。今回の大学生の調査では、小学校、中学校、高等学校の経験を振り返って、次のような経験の有無を回答してもらっている。

1）学習経験
　　音楽・科学などのコンクールへの出場、習い事、学習スキルの獲得など
2）役割経験
　　学級委員や生徒会の役員、部活動の部長・副部長・マネージャー、文化祭や学園祭の企画・運営など
3）自然経験
　　登山やキャンプなどの自然体験など
4）社会的経験
　　部活動、地域のお祭りへの参加、寮生活など
5）海外経験
　　海外旅行、海外滞在経験（1か月以上）など
6）職業経験（大学生のみ）
　　アルバイト、インターンシップなど
7）自立経験
　　ひとり暮らし、ひとり旅など
8）困難や挫折の経験
　　病気・入院、事故・天災、人間関係のトラブル、家庭内のトラブルなど

　コンクールの受賞といった「学習経験」の顕示的な事象は、高校や大学の推薦入試等で有利な影響を与えうるものである。自律的、かつ自己決定的に学習を計画、実行、評価できるスキルの獲得は、学歴の取得とともに、その後の雇用を維持・継続する礎となる可能性を持つ。また、「役割経験」は、組織の中

でのリーダーシップやチームで協働する力を会得するものかもしれない。「自然体験」は、判断力や問題解決能力を醸成し、「社会的経験」は、人間関係を介して「社会関係資本」を蓄積することにつながるであろう。「海外経験」は、異文化下での柔軟性や端的には語学力をもたらし、アルバイトやインターンシップなどの「職業経験」は、職業世界で働く暗黙知的な技能や知識を獲得することとも言える。また、ひとり暮らしやひとり旅などの自立経験は、自立して生きていくことを生活や旅から学ぶことを象徴するものである。

これらの経験の蓄積は人生を形作り、人生の岐路を左右する。過去の経験を動員し、それに基づいた精度の高い判断は、人生のセーフティネットとして機能するものであろう。

以上の点から、本書では、第Ⅰ部を「経験資本の実態」とし、第1章で大学生調査の枠組みと現状を明らかにした後、第2章と第3章で学習経験を取り上げ、第4章で学習経験以外の経験、第5章で読書経験、第6章で困難や挫折の経験を取り上げる。第Ⅱ部では、「経験資本と現在」として、第7章で学習の自律性、自己決定性を見る学習成熟度、第8章で大学生の時間の過ごし方、第9章で人間関係に焦点を当てる。そして最後に、第10章で全体を通じて経験に有益となる要因を明らかにする。

「経験資本」が有益かどうかに関し、大学生は、限られた人生経験しか経ておらず、今回取得したデータにより経験の明確な効用が認められるものではない。また、今回の調査データは、一人ひとりの人生を明らかにするほど広範な内容を聞いているものでもない。しかし、教育学者ジョン・デューイによれば、「真実の教育はすべて、経験を通して生じる」（デューイ、2004、p.30）、「また、経験に根ざした教育の中心的課題は、継続して起こる経験のなかで、実り豊かに創造的に生きるような種類の現在の経験を選択することにかかっている」（デューイ、2004、pp.34-35）というように、経験は人それぞれに異なりながらも、自己アイデンティティや個々の人生を規定していく。自己アイデンティティは、自分の職業や労働経験、旅行の経験、達成してきたものなど、自分が行ってきた事柄そのものから構成され、自分の経験こそが自己の定義づけをもたらすとされる。それゆえに、成人は、これまでの自分の経験に深い価値づけを行う（ノールズ、2002、p.49）。このように、経験は、その人を形作

り、定義し、そして人生全体のキャリアを方向づけるものと言えよう。

　以上、経験についていくつかの視点を提示してきた。このように、本書は、首都圏の大学生調査から、大学生の経験の実態とその内容を提示し、「経験資本」という新たな概念に基づき、人生における経験が人々のキャリアとどのように関係するかを考える試みのひとつである。インターネットやテレビなどの仮想空間ではなく、生の経験というものが持つ複雑性や複眼性、あるいは非転移性や累積的な重要性をあらためて振り返り、不確定で不明確な現代社会において経験というものが人生の資本として持つ重みを、みなさんと一緒に考えてみたい。

注

1. 不安定さ（Volatility）、不確実さ（Uncertainty）、複雑さ（Complexity）、曖昧さ（Ambiguity）の頭文字を並べVUCAと呼ばれ、2007年の世界金融危機以降の状況を表す言葉として用いられる（「不安の時代を生き抜く働き方」『ニューズウィーク日本版』2012年4月18日号）。

参考文献

ブルデュー，ピエール（石井洋二郎訳）（1990a）『ディスタンクシオンⅠ－社会的判断力批判－』藤原書店。
ブルデュー，ピエール（石井洋二郎訳）（1990b）『ディスタンクシオンⅡ－社会的判断力批判－』藤原書店。
デューイ，J.（市村尚久訳）（2004）『経験と教育』講談社学術文庫。
石井洋二郎（2010）『差異と欲望－ブルデュー「ディスタンクシオン」を読む－』藤原書店。
Knowles, M.S.（1980）, *The Modern Practice of Adult Education: From Pedagogy to Andragogy*（2nd ed.）, Cambridge Books.
Kolb, D.A.（1984）, *Experiential Learning: Experience as the Source of Learning and Development*, Prentice Hall.
ノールズ，マルカム（堀薫夫・三輪建二監訳）（2002）『成人教育の現代的実践－ペダゴジーからアンドラゴジーへ－』鳳書房。
Lindeman, E.（1961）, *The Meaning of Adult Education*, Harvest House.
メリアム，シャラン B. ＆カファレラ，ローズマリー S.（立田慶裕・三輪建二監訳）（2005）『成人期の学習－理論と実践－』鳳書房。
Mezirow, J.（1991）, *Transformative Dimensions of Adult Learning*, Jossey-Bass.
永谷敬三（2003）『経済学で読み解く教育問題』東洋経済新報社。
OECD編著（西村美由起訳）（2015）『OECD幸福度白書2－より良い暮らし指標：生活向上と社会進歩の国際比較－』明石書店。

◇ 第Ⅰ部 ◇
経験資本の実態

> # 第1章
>
> ◇
>
> # 調査の枠組みと大学生の現状
>
> 柳澤　文敬／堀　一輝

　本書では、個人に蓄積されている「経験」を人生に役立つ資本として捉え、経験の有用性や価値を調査に基づいて考察する。調査は大学生を対象に質問紙および能力測定のテストを用いて行った。本章では、この調査の方法および参加者大学生の特徴について述べる。

第1節　調査の方法

調査のねらい

　本調査は、大学生の現在までの経験、身につけた習慣やスキル、現在の思考様式・行動様式、将来の展望等を定量的に把握することで、資本としての経験の蓄積実態、および経験の有用性や価値を考察するための基礎資料とすることを目的とする。

調査の対象

　首都圏の大学に通学する大学生

調査の時期

　2013年7月～8月

調査の手続き

参加者は、約1,000名を目処に調査会社の登録モニターに対する募集を行い抽出した。抽出の際には、次の条件をなるべく満たすように努めた。

- 男女が偏らないこと。
- 学年が偏らないこと。
- 文系・理系の割合では文系が多くなること。
- 入試難易の上位校から下位校まで多くの大学が含まれること。

実際に調査に回答した参加者は949名である。参加者の属性は以降で記載する。

調査の実施は参加者を会場に集め、その場で調査票への回答を求める形式で行った。調査票の提示と回答は会場設置のコンピュータで行い、各参加者はそれぞれ回答をコンピュータ上で入力した。

第2節　調査項目

本調査は、質問紙による調査と、テストによる認知的スキルの調査の2つのパートから構成される。質問紙による調査には、「経験」「学習成熟度」「社会関係」「生活満足度・展望」「社会経済的背景」が含まれる。「経験」では、過去の経験に加え今後経験として蓄積されていくことになる現在の活動状況を取り上げる。「学習成熟度」は学習面での自律性を、「社会関係」は友人など周囲との人間関係を調べる。また「満足度・展望」は、現在の生活に関する観点別の満足度や卒業後の希望進路を、「社会経済的背景」は両親や育った地域についての情報を調べる。一方、テストによる認知的スキルの調査では、様々な認知的能力の基礎となる「語彙力」や「読解力」、さらにより進んだスキルである「批判的思考力」についての調査を行う。認知的スキルの概要は次節で述べる。

以上の調査項目の枠組みを表1.1に示す。質問紙による調査の具体的な調査項目は巻末に掲載する。

表1.1 調査項目の枠組み

パート	分類	内容
質問紙による調査	経験	海外経験、自然体験、地域での経験、リーダー等役割の経験、学習経験および現在の学習状況、文化施設・書籍の利用状況、困難・挫折　等
	学習成熟度	自律的、自己決定的に学習が可能かどうか
	人間関係	コミュニケーションの量や大学以外の情報との接点の量　等
	満足度・展望	現在の生活の観点別の満足度、将来の希望進路　等
	社会経済的背景	家庭環境（両親の職業・学歴、育った地域等）等
	属性	性別、学年、所属大学、資格（TOEIC®など）
テストによる調査	認知的スキル	語彙力、読解力、批判的思考力

第3節　認知的スキルの概要

　認知的スキルとして本調査では、語彙力、読解力、批判的思考力の3つを取り上げる。それぞれが対象とする能力は表1.2のようになる。

表1.2　認知的スキルの調査問題が対象とする能力

語彙力	思考の根幹であり、多様な言語活動を支える日本語の語句の理解度や知識量。
読解力	書かれたテキストを正しく読み取り、解釈し、発展的に思考する能力。
批判的思考力	話を聞いたり文章を読んだりなど情報をインプットするときや、自分の考えを話したり書いたりなど情報をアウトプットするときに、議論を明確に捉え、根拠の正しさを吟味し、正しい推論を行う力。

　これらの認知的スキルを測定するため、本調査ではそれぞれ30〜50の項目からなるテストを用いた。問題項目の形式はすべて多肢選択式である。問題の例を章末に示す。語彙力は芝（1978）で開発された項目を用いている。回答結果は、項目反応理論を用いて参加者の能力を相対的に把握する点数（能力値）に変換した。以降の章では各参加者の認知的スキルとしてこの点数（能力値）

を用いる。

第4節　調査対象者の属性

次に、調査を受けた参加者（以降、調査対象者）の属性について述べる。調査対象者数は949名であり、所属の大学数は120であった。性別と学年、大学の設置区分と文系・理系の割合を表1.3に示した。性別は男女ほぼ半々で、学年は1年生が他の学年よりやや多い。また、大学設置区分では私立が87.9%、文系・理系では、文系が74.6%となっている。文部科学省の「平成25年度学校基本調査」における大学生全体の割合に比べると、女性が多く、また私立大生や文系の学生もやや多い集団である。

表1.3 性別、学年別、大学設置区分別、文系理系別の
調査対象者の割合（N=949 注1）

（下段は「平成25年度学校基本調査」（文部科学省、2013）における割合 注2）

性別		学年					文系・理系		大学設置区分	
男性	女性	1年生	2年生	3年生	4年生	5、6年生・大学院生	文系	理系	国公立	私立
50.6%	49.4%	36.1%	21.1%	19.8%	22.1%	0.8%	74.6%	25.2%	11.9%	87.9%
(56.5%)	(43.5%)	(24.3%)	(23.8%)	(23.7%)	(26.4%)		(64.9%)	(35.1%)	(22.4%)	(77.6%)

注1：大学設置区分、および文系・理系は不明者2名を除く（N=947）。
注2：関係学科別集計において人文科学、社会科学、家政、教育、芸術を文系、理学、工学、農学、保健を理系とした。

次に入試難易度の観点からみた所属大学の属性をまとめる。本調査の分析では、大学・学部・学科別の入試偏差値（「（株）ベネッセコーポレーション進研模試（2013年7月高3生・高卒生）」の合格可能性判定基準偏差値）に基づき、対象者を設置区分および文系・理系の別ごとにできるだけ均等に分けて作った6つのグループを使用する（以降このグループを大学群とする）。6つの大学群の構成割合と各群に含まれる主な大学を図1.1に、大学群ごとの性別、学年、文系・理系の構成割合を図1.2に示す。

大学群の構成割合は、国立の2群がそれぞれ5.4%、6.5%、私立の4群がそれぞれ20〜24%である。性別の割合は、全体に比べ国立のA群で男性がやや多く、私立D群で女性がやや多くなっている。学年の割合は、全体に比べ国立のA・B群で1年生がやや多く、私立A群で4年生がやや多い。文系・理系の別では、全体に比べ国立のA・B群で理系が多くなっている。

図1.1 大学群ごとの主な大学と人数と構成割合（%）

大学群	主な大学（人数）	人数	構成割合
国立A	東京大(19)、一橋大(10)、東京工業大(8)	51	5.4
国立B	首都大東京(12)、東京学芸大(9)、埼玉大(7)	62	6.5
私立A	早稲田大(83)、慶応大(54)、明治大(16)	193	20.3
私立B	明治大(55)、立教大(31)、法政大(30)	209	22.0
私立C	日本大(47)、法政大(18)、東洋大(13)	202	21.3
私立D	東洋大(15)、神奈川大(11)、東海大(10)、日本大(10)	230	24.2
不明		2	0.2
全体		949	100

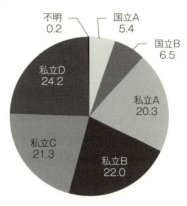

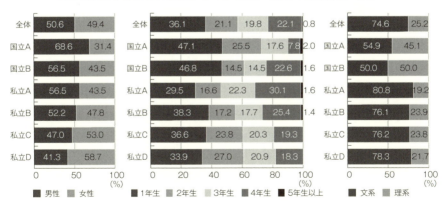

図1.2 大学群ごとの性別、学年、文系・理系の構成割合（%）

次に調査対象者の社会経済的背景をまとめる（図1.3）。まず、現在の居住形態については、親と同居が約4分の3にあたる73.8%を占め、親元を離れてい

る対象者は約4分の1である。また育ってきた地域は、都会の都市部以外（35.9%）、都会の都市部（27.1%）、地方の都市部（20.2%）の順に多く、現在の居住形態と合わせて考えると、東京の都心部および隣県の中心地から郊外にかけての地域で育ってきた学生が多くを占めていると想像できる。

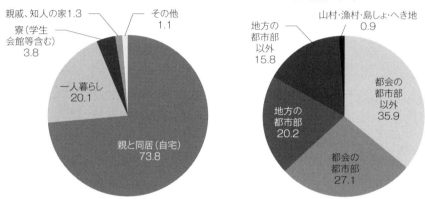

図1.3 現在の居住形態（左）と育ってきた地域（右）（%）

一方、家庭の経済状況については、回答者の所感ではあるものの、中の上以上が6割以上と、金銭的な面では比較的恵まれた家庭環境で育った者が多いことが想像される（図1.4）。

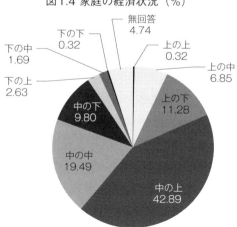

図1.4 家庭の経済状況（%）

また両親の職業では、父親については大企業または中小企業の社員が多く、母親についてはパート・アルバイトや専業主婦が多い（図1.5）。両親の学歴では、父親で大卒以上が65.3%、母親では31.4%である。両親が大学に入学したと想定される1980年前後の大学進学率は男性で約40%、女性で10%強（文部科学省「学校基本調査」）であることを考えると、比較的学歴の高い両親を持つ調査対象者が多いことがわかる。これらを総合すると、調査対象者の家庭環境のもっとも多い姿として、大学卒の父親が生計の中心者として都市部の大企業または中小企業で働き、母親が家庭での生活を支える金銭的には比較的余裕のある家庭が想像できる。

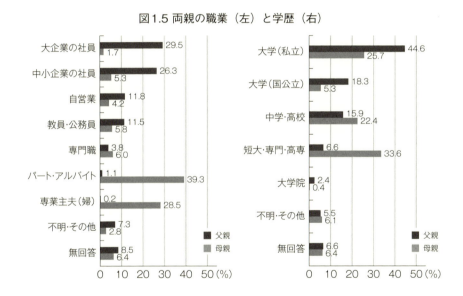

図1.5 両親の職業（左）と学歴（右）

第5節　大学生の生活の現状

　さて、本節では第2章以降での経験に関する考察に先立ち、大学生の生活の現状と生活への満足度を単純集計を用いて概観する。
　まず、現在の大学生の日常的な時間の使い方を見てみる。図1.6には一週間に授業の予復習や課題をする時間を示した。これを見ると、調査対象者の約半

数は一週間の学習時間が2時間以下であることがわかる。大学群別に見ると、国立A群は他よりも学習時間が長く、5時間以上の学習をしている学生が4割を超えている。一方、授業以外の自主的な学習については、3割程度が2時間以上学習しており、特に私立A群においてその割合がやや多くなっている（図1.7）。また、アルバイトの時間については、全体の約半数はアルバイトをしていない学生（35.8％）と5時間未満の学生（16.1％）であり、約半数が5時間以上の時間をアルバイトに使っている（図1.8）。大学群別に見ると、国立のA群や私立のA群では、5時間未満の短時間のアルバイトが多い一方で、10時間以上や15時間以上の長い時間のアルバイトは私立B、C、D群において多く

図1.6 一週間に授業の予復習や課題をする時間

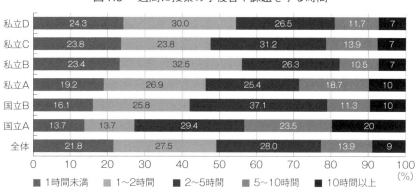

図1.7 一週間に授業以外の自主的な勉強をする時間

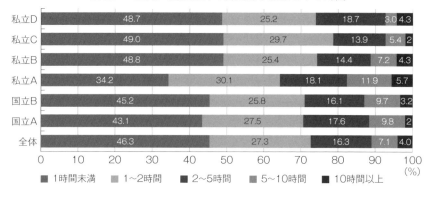

32　第Ⅰ部　経験資本の実態

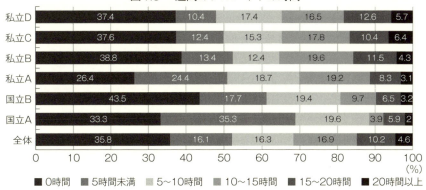

図1.8 一週間のアルバイトの時間

なっている。学習時間とアルバイト時間については、入試難易度の高い国立A群や私立A群では学習に費やす時間が長い一方で、私立B、C、D群では学習時間に比べるとアルバイトに多くの時間を費やす学生が多いことがうかがえる。

では、次に現在の生活の満足度についての回答を見てみる（図1.9）。現在の生活全般に対する総合満足度は「満足」「まあ満足」を合わせると全体では70％程度が満足と答えている。大学群別に見ると、国立についてはA群がB群よりやや高く、私立についてもA群やB群がC、D群よりも高くなっている。

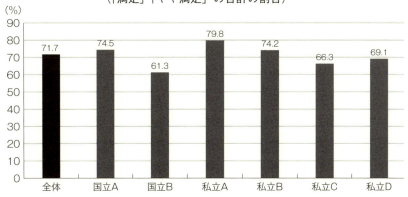

図1.9 現在の生活全般に対する満足度（総合満足度）
（「満足」「やや満足」の合計の割合）

一方、観点ごとに細分化した項目の満足度では、「友人づきあい」のみが総合満足度を上回り、「健康」が同程度であるほかは、総合満足度を下回る項目が多い（図1.10）。特に「教員との関係」や「将来の見通し」についての満足度が全般に低い。このことは将来のことは問題ではあるものの総合的な満足度に対する「友人づきあい」の占める割合の大きさを物語っていると考えられる。観点別の満足度を大学群別に見てみると、国立の2群では、国立B群に比べ国立A群は「大学の授業」や「大学のレベル」についての満足度が高い一方で「経済状況」や「将来の見通し」については低くなっている（図1.11）。大学内での学問的な満足感が高くても、それが卒業後の見通しを持つことには繋がっていないことがうかがえる。私立については、全般的にA、B、C、D群の順で満足度の数値が並ぶ傾向にあるが、私立D群では、「教員との関係」や「大学の授業」については他の群よりも高いという特徴がある（図1.12）。「将来の見通し」については、国立A群がB群を下回っていたのと異なり、私立B、C、D群に比べ私立A群が高くなっている。

　満足度は、生活全般に対する総合の満足度において、入試難易度が高い群ほど満足度が高くなる傾向がある一方で、観点別の満足度ではこれとは異なる傾向もみられる。特に「将来の見通し」については、私立A群がもっとも高い

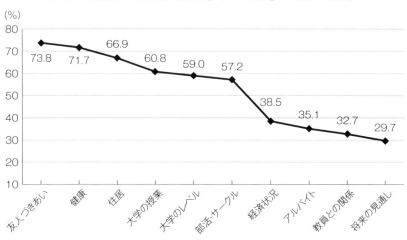

図1.10 観点別の満足度（「満足」「やや満足」の合計の割合）

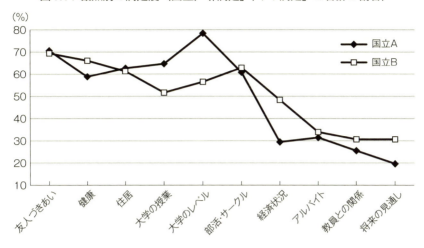

図1.11 観点別の満足度（国立）（「満足」「やや満足」の合計の割合）

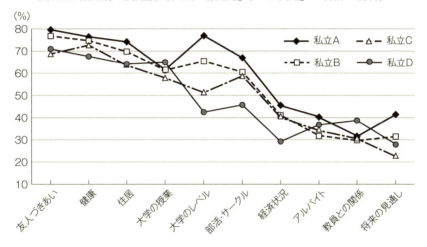

図1.12 観点別の満足度（私立）（「満足」「やや満足」の合計の割合）

一方、国立A群がもっとも低い。さらに「将来の見通し」は「大学の授業」に対する満足度とも連動しておらず、大学の学問と卒業後のキャリア設計との関係の観点からも注目すべき状況が見られている。

第6節　大学生の認知的スキル

　本節では大学入学時の学力試験の経験および認知的スキルの状況について概観する。大学入学時の入試形態は、調査対象者全体では、一般入試、センター試験のみの入試をあわせた主に学力試験による選抜を経て入学している割合は約7割で、約3割が内部進学や推薦入試、AO入試の形式となっている（図1.13）。大学群別に見ると、国公立大学に比べると私立大学では推薦入試の割合が高く、私立D群では内部進学や推薦入試、AO入試の形式が4割となる。一般入試の経験は私立の入試難易度の下位群で低くなる傾向にあることがうかがえる。

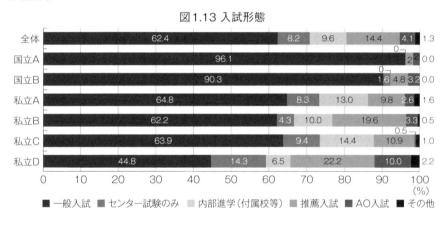

図1.13　入試形態

　次に認知的スキルテストのスコアを見てみる。本調査では語彙力の測定に芝（1978）の項目を、読解力と批判的思考力の測定にオリジナルテストを使用した。いずれも項目反応理論（Item Response Theory: IRT）に基づいてスコアを算出した。IRTによって算出されるスコアは一般的なテストのスコアとは違い、取りうる範囲が$-\infty$から∞となる。表1.4は今回の調査対象者について、認知的スキルテストのスコアを要約したものである。全体の調査デザインの関係で読解力と批判的思考力の回答人数は全体数よりも少ない。また、スコアの基準点の取り方の違いにより、語彙力スコアの平均は他の2科目より高い0.56

になっている。

表1.4 認知的スキルテストのスコア要約統計量

テスト	人数	平均	標準偏差	最小値	第1四分位	中央値	第3四分位	最大値
語彙力	949	0.56	1.02	-2.32	-0.15	0.53	1.17	4.17
読解力	532	0.05	1.14	-3.16	-0.74	-0.02	0.67	2.71
批判的思考力	538	0.04	1.23	-3.54	-0.88	-0.03	0.80	4.50

次の図1.14は大学群×文理ごとに、図1.15はセンター試験国語の得点帯ごとに、認知的スキルテストの平均スコア（能力値=θ）をプロットしたものである。これらの図から認知的スキルと入試学力に代替される教科学力は正の相関関係にあることがわかる。したがって、認知的スキルとの相関を考える場合は教科学力の影響にも注意しなければならない。

図1.14 大学群×文理ごとの認知的スキルテストの平均スコア

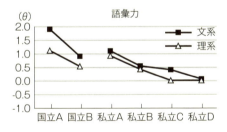
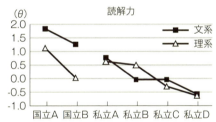
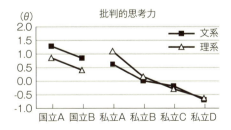

図1.15 センター試験国語の得点帯別、認知的スキルテストの平均スコア

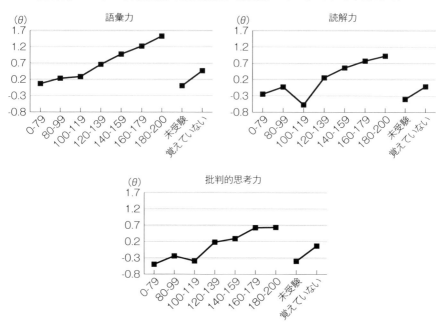

第7節　まとめ

　本章では、調査の枠組みに加えて、調査対象者の属性、さらに単純集計から見えてくる大学生の現状について述べた。調査の対象者は、大学生全体に比べると女性、私立大生、文系学生がやや多いサンプルではあるが、所属大学数は120にわたる多様な属性の学生を含んでいる。

　大学生の現状については、日常的な時間の使い方、生活の満足度、および認知的スキルの獲得状況のいずれにおいても入試難易度に基づく大学群と相関するような差異が見られた。入試の難易度の高い群においては、学力試験を経験している学生が多く、読解力等の認知的スキルの高い学生が多い。また、大学での学習時間も長く、生活面での満足度も高くなっていた。

　一方で、いずれの項目でも、回答のばらつきの要因は大学群のみには限られない。例えば項目別の満足度では、「将来の見通し」についての満足度は大学

群によらず全般的に低く、また必ずしも入試難易度が高い群の方が高いとも限らない。したがって、どのような要因が「将来の見通し」の満足度を左右するのかより詳しい分析が求められる。同様にほかの項目においても、以降の章で扱う経験を含め様々な観点からのより踏み込んだ考察が重要になる。

参考文献
文部科学省（2013）「平成25年度学校基本調査」。
芝祐順（1978）「語彙理解尺度作成の試み」『東京大学教育学部紀要』Vol.17、pp.47-58。

付録1A

図1A.1 語彙力の問題例

「　」の内容に当てはまるものとして最も適当なものを、1～5のうちからそれぞれ一つ選びなさい。

「思いたつ」

1　思い出す
2　決心する
3　気がつく
4　やり始める
5　考え始める

正答：2

図1A.2 読解力の問題例

以下を読んで、次の問いに答えなさい。

　人は真実を言いながら嘘をつくことができるのでしょうか。それは「嘘」をどう定義するかによります。嘘の定義を「『真実ではない』と知っていることを言い、同時にその主張が信用されると想定すること」とした場合、真実を言いながら嘘をつくことは不可能です。しかし、「誤った確信を相手から引き出すこと、少なくとも誤った確信を引き出すことを意図すること」、これを「嘘」とするならば、人は真実を言いながらも嘘がつけるのです。もちろん、ここでの「真実」の定義は、「事実に反していないこと」となります。

問い：「真実を言いながら嘘をつく」に当てはまる具体例として、最も適当なものを一つ選びなさい。

1　ある問題の質問に対して、実際は間違っているのに、自分の解答が正しいと思い込んで「その問題の答えはBだよ」と答えること。
2　重い病気にかかり入院したとき、見舞いに来て病状を尋ねた人に「たいした病気じゃない。大丈夫だ」と答えること。
3　ある事柄について質問され、本当はその事柄について記憶が曖昧なのに「それはこうなっているんだ」と断言して答えること。
4　凶悪犯に追われた人を家の中にかくまったあと、その凶悪犯が家を訪問したとき、「我が家には誰も来なかった」と答えること。
5　ある本がカバンの中にあることを知っているのに、その本の行方を聞かれ、「前にどこかで見たことがある」と答えること。

正答：5

図1A.3 批判的思考力の問題例

以下を読んで、次の問いに答えなさい。

　早起きをする習慣がある人は寿命が長い、という研究結果が発表された。
　ユニバーサル大学のコーレン教授は、長寿者が多いことで有名な南太平洋の孤島Zに住む男女約100名を対象として10年以上にわたる調査を行った。調査地は、長寿の秘密を解明する手がかりを見つけることを期待して選ばれたものだ。調査の結果から、ふだん午前5時よりも前に起きる習慣がある人は、そうでない人に比べて平均5.8年寿命が長いことがわかった。その他に、長寿者とそうでない人々の間で目立った他の生活習慣の違いはみられなかったという。コーレン教授は「早起きにこれほどの効果があるとは驚きだ」と述べている。

問い：この研究成果に基づいて「早起きをする人は寿命が長い」という結論を導くことが適切かどうか判断するため、確認するべきことは何か。最もふさわしいものを一つ選びなさい。

1　コーレン教授が所属する大学は、研究に力を入れている大学か。
2　コーレン教授は、企業や省庁から研究のための予算提供を受けていなかったか。
3　調査を行った10年のあいだに、Z島にどのくらいの人々の出入りがあったか。
4　長寿ではない地域でも同じような結果が得られるか。
5　調査の対象となった人々の就いている職業による寿命への影響は調べてあったか。

正答：4

第2章

小中高および大学の学習経験

柳澤　文敬

　本章では、探究的な学習の経験、およびその基礎となる情報の要約やレポートの作成、データの分析等の経験について取り上げる。探究的な学習は大学における学問的な探究のみならず、社会において課題を発見し、よりよい解決を行う際の素養としても近年重要度が増している。しかしその学習機会はこれまでの学校教育において必ずしも十分に設けられてきたわけではない。そこで本章では、現在の大学生において、探究的な学習やその基礎事項の学習の経験がどの程度持たれているのか調べるとともに、その経験がどのような成果につながっているのかを考察する。

第1節　探究的な学習と基礎になる事項

　近年、探究的な学習の重要性は大学での学問のみならず強調されるようになってきている。例えば、職場や地域社会の中で多様な人々とともに仕事をしていくために必要な基礎的な力として、経済産業省が整理した「社会人基礎力」においては、その育成に際して、実際の企業社会における課題をチームで解決していく課題に基づく探究的な学習（Project Based Learning: PBL）が望まれる手法として示されている（経済産業省、2006）。また、小中高等学校で実施されている総合的学習の時間においては、「探究的な学習を通して，自ら課題を見つけ，自ら学び，自ら考え，主体的に判断し，よりよく問題を解決する資質や能力を育成する」（文部科学省、2008）ことが目標として掲げられている。

しかし一方で、探究的な学習およびその基礎事項である、情報を調べたり整理したりレポートを書いたりするといった事柄は、これまで十分な学習機会が設けられてきたわけではない。実際、総合的学習の資料（文部科学省、2010）においては、「基礎的基本的な知識・技能の習得」の指導の方が、それらを活用した「思考力、判断力、表現力等」よりも重点を置かれてきたことが指摘されており、この状況を変えるものとして探究的な学びの重要性が述べられている。また、大学生に対しても、例えば、『アカデミックスキルズ』（佐藤編著・湯川・横山・近藤、2006）では、「自ら問題を見つけ、それを整理して、自分なりに答えを導き出す」ことに大学生が慣れていないことを前提に、「調べ、まとめ、発表する」という一連の作業の方法について説明がされている。

　このように、これまで十分ではなかった探究的な学習の機会が明示的に示されるようになっている中で、現在の大学生はどの程度この経験を持っているのであろうか。以下では、探究的な学びの実践経験とこれを行う上で必要となる基礎的な事項の学習経験についての調査結果を報告する。

　探究的な学習を構成する要素について、前述の総合的学習の資料（文部科学省、2010）では、探究的な学習とは、「課題の設定、情報の収集、整理・分析、まとめ・表現」といった過程を経る問題解決的な活動が繰り返されていく学習活動であると述べられている。また、『アカデミックスキルズ』（佐藤編著・湯川・横山・近藤、2006）では主に「情報の集め方」「情報の読み方・まとめ方」「情報発信の仕方」という分類の中で、「テーマの決め方、ノートの取り方、文献資料の調べ方、本の読み方、情報整理の仕方、プレゼンテーションの仕方、レポートの書き方」といった項目が取り上げられている。また、『よくわかる学びの技法』（田中編、2009）においては、「講義を聞く、レポートを書く」「参加型の授業をこなす」「資料やパソコンを活用する」「学びを深める方法を知る」という分類の中で、「要領よく話をまとめる」「本を読む」「レポート書く」「コンピュータで情報を処理する」といった項目が説明されている。これらを踏まえ、本調査では、探究的な学びの基礎事項として「情報の収集とまとめ」「口頭での発信」「情報の処理・分析」について項目を設け、これらの方法論について学習の経験があるか、および、これらの実践の経験があるかについて調査を行った。

第2節　探究的な学びの方法論の学習経験

本調査では、各項目について、大学入学以前の高校までに経験があるか、および大学入学後に経験があるかについて回答を求めた。図2.1には、探究的な学びの方法論の学習経験について各項目で経験があると答えた回答者の割合（経験率）を示した。

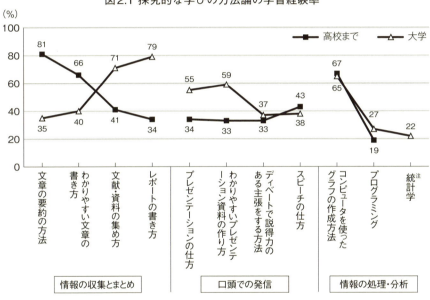

図2.1　探究的な学びの方法論の学習経験率

注：「統計」に関する授業の単位取得について大学での有無のみを尋ねた。

まず「情報の収集とまとめ」に関する項目の結果を見ると、高校までの学習経験では、「文章の要約の方法」（81%）や「わかりやすい文章の書き方」（66%）の経験率が高い。文章を要約すること、文章を書くことについては、高校までの国語の指導要領においても取り上げられている項目であり、国語の授業の中で指導を受けたと多くの大学生が認識しているものと考えられる。一方で「文献・資料の集め方」や「レポートの書き方」については、高校まででの

学習経験としては多くないことがうかがえる。これに対し、大学での学習経験では、「文献・資料の集め方」(71%)や「レポートの書き方」(79%)の経験率が高くなっている。大学においては、一般的に高校に比較してレポートが多く課されるが、それに備えた学習が行われていることがうかがえる。一方、高校までに経験の多かった、「文章の要約の方法」や「わかりやすい文章の書き方」は、大学においては「レポートの書き方」等に比べ少なくなっている。

次に「口頭での発信」についての各項目の回答結果を見てみる。高校までの経験率は、どの項目も3割程度であり、プレゼンテーションやスピーチ、ディベートなどの方法を学習する機会はそれほど多くないことがうかがえる。一方、大学での経験率は、「プレゼンテーションの仕方」や「プレゼンテーション資料の作り方」で50%を超えており、大学でプレゼンテーションの必要性が生じるのに合わせてその方法も学習されていくようになる様子がうかがえる。

次に、「情報の処理・分析」についての回答結果を見ると、「コンピュータを使ったグラフの作成法」は高校までの経験率、大学での経験率ともに6割を超える。高校で必修科目となっている情報科での学習に加え、大学でも学習の機会が比較的あることがうかがえる。一方でプログラミングや統計学等のより高度な内容の学習の機会はあまり多くはない。

第3節　探究的な学びの実践経験

次に、探究的な学びの実践経験についての結果を見てみる（図2.2）。

まず、「情報の収集とまとめ」について見ると、高校までの経験率は「実験レポート・観察レポートの作成」が7割を超えるほか、「新聞記事の執筆」も44%と比較的高い。それぞれ、高校までの理科の授業や、小学校での学級新聞の活動などを通して比較的多くの学生が経験していることがうかがえる。これに対し「アンケート調査原稿の作成」や「原稿用紙10枚程度のレポートの作成」は25%程度と経験率はあまり高くない。大学での経験率については、「実験レポート・観察レポートの作成」(41%)や、「新聞記事の執筆」(5%)が減る一方で、「原稿用紙10枚程度のレポートの作成」については54%に増加して

いる。授業のレポート課題などを通して半数程度の学生はある程度長い文章を書く機会を得ていることがわかる。

「口頭での発信」について見ると、高校までの経験率は、「友人に勉強を教えたこと」は92％とほとんどの学生が経験している。また「プレゼンテーションソフトを使っての発表」も高校までに半数以上（57％）が経験していることがわかる。「小論文コンクールへの応募」や「スピーチ大会への出場」は、20％程度とあまり高くない。大学での経験率では、「プレゼンテーションソフトを使っての発表」が69％に増加しており、大学において多くの学生がプレゼンをする機会を得ていることがうかがえる。

最後に探究的な学びの総合として、「一つのテーマについて、長時間かけて、自分で調べてまとめる活動」を見ると、高校までにおいても経験率は59％と半数以上が長時間をかける探究活動をしていることがわかる。一方で大学でも経験率は58％と同程度にとどまっている。ただし、回答結果を学年別により詳しく見ると、1年生（39％）から4年生（79％）にかけて学年が上がるごとに伸びており、大学においては探究活動の機会がより多くあることがうかがえる。

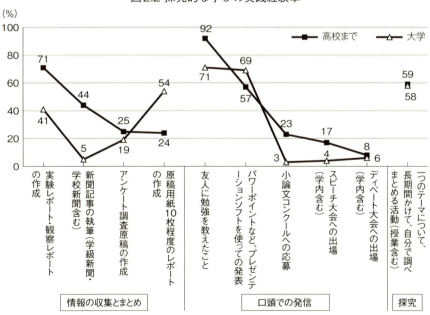

図2.2 探究的な学びの実践経験率

さて、図2.1、図2.2で見たように、方法論の学習経験、実践経験のいずれにおいても、経験時期が高校までの間に特徴的な項目と大学において特徴的な項目がある。例えば、実践経験における「新聞記事の執筆」「小論文コンクールへの応募」「スピーチ大会への出場」は経験時期が高校までの間にほぼ限られ、大学での経験がほぼ見られない項目である。そこで、大学で特徴的な経験についてより詳しく把握するため、大学での経験について、学年による経験率の差を見てみる。多くの項目で学年が上がるほど経験率が高くなる傾向が見られるが、特に4年生と1年生の経験率に10ポイント以上差のついた項目を表2.1に示す。「一つのテーマについて、長期間かけて、自分で調べまとめる活動」という探究活動の実践に加え、「原稿用紙10枚程度のレポートの作成」や「パワーポイントなど、プレゼンテーションソフトを使っての発表」などは学年間の差が大きく、大学での学習が進むにつれより機会が増していく特徴的な事項であることがわかる。

表2.1 1年生と4年生の大学での経験率（％）とその差

分類	項目	1年生	4年生	差
実践	一つのテーマについて、長期間かけて、自分で調べまとめる活動（授業含む）	39.4	79.0	39.7
実践	原稿用紙10枚程度のレポートの作成	35.6	73.8	38.2
実践	パワーポイントなど、プレゼンテーションソフトを使っての発表	53.6	86.7	33.0
実践	アンケート調査原稿の作成	7.6	32.9	25.3
実践	友人に勉強を教えたこと	63.3	78.1	14.8
方法論	わかりやすい文章の書き方	31.2	45.7	14.5
方法論	文章の要約の方法	27.4	39.5	12.1
方法論	文献・資料の集め方	64.1	74.8	10.6
方法論	レポートの書き方	71.4	81.9	10.5
方法論	コンピュータを使ったグラフの作成方法	58.6	69.0	10.4
実践	実験レポート・観察レポートの作成	35.6	45.7	10.1

第4節　方法論の学習とその実践のギャップ

前節まででは、探究的な学びについて、方法論の学習の経験と実践経験の経験率の現状をまとめてきた。では、方法論の学習の項目と、これに対応する実践の項目の間の関係はどうなっているのであろうか。本節では、一例として、大学で特徴的な経験項目（表2.1）の中から、「レポートの書き方」という方法論の学習の項目と、「原稿用紙10枚程度のレポートの作成」という実践の項目を取り上げその関係を見てみる。図2.3には、「レポートの書き方」の学習経験の有無と、「原稿用紙10枚程度のレポートの作成」の実践経験の有無からなる4つの区分における人数割合を示した。

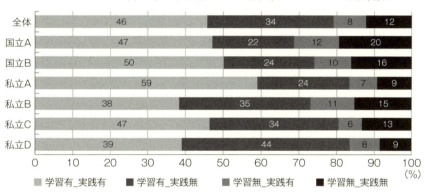

図2.3 レポートの書き方の学習有無と10枚程度のレポートの実践有無

まず「全体」のグラフに注目すると、学習も実践も両方を経験している回答者（学習有_実践有）は46%であり、逆に学習も実践も経験していないものは12%であることがわかる。また学習はあるものの実践がないものは34%、反対に学習はないものの実践があるものは8%である。したがって学習に実践が伴っておらず学習と実践にギャップが生じている大学生は全体で約3分の1程度いることがわかる。さらに、この層に注目して大学群別のグラフを見ていくと、学習に実践が伴わない大学生の割合は国立A、B群と私立A群では22〜

24%と全体よりも低いのに対し、私立B、C群では3分の1程度、私立D群では4割を超えていることがわかる。

　以上の結果は、学習という一つの経験に対し、それが価値を発揮するであろう実践の経験を持てている層がいる一方で、そうではない層も少なくないことを示している。経験を資本として捉えれば、経験が資本として生かされている層が多くいる一方で生かされていない層も多くいると言い換えることができ、さらに大学群別の結果から、経験が生かされている層と生かされていない層とのギャップが大学群によって広がる場合があることがわかる。

第5節　認知的スキルのスコア、学習成熟度、生活満足度との関係

　さてここからは探究的な学びの経験や実践の経験が与える影響について考察する。本調査では、大学生の現在の状況として、様々な認知的能力の基礎となる能力（認知的スキル）、学習の自律性、自己決定性や自信を見る学習成熟度、読書量を調査している。そこでこれらに対する、探究的な学習の経験や実践の経験の影響について見てみよう。

　まず認知的スキルについて、認知的スキルのスコアは大学入試の難易度が高い大学群ほど高くなる傾向にあるため、大学の設置区分、文系・理系、入試偏差値を共変量とする回帰分析により経験との関係を検討する。大学の入試難易度が同じでも経験により認識的スキルに差異があるのか考察することができる。

　表2.2に、第2節と第3節で取り上げた探究的な学びの経験項目の高校までの経験について、一つずつを説明変数とした分析結果を示した。表では個々の経験項目のうち認知的スキルのスコアに対する回帰係数が統計的に有意（5%水準）である項目のみを表示している。また、表2.3は同様に大学での経験ついての結果である。

　高校までの経験について、統計的に有意（5%水準）であるものは、語彙力と読解力に対する「新聞記事の執筆」および、読解力に対する「小論文コンクールへの応募」である。これらの経験をしているほど、読解力や語彙力のスコアが高い傾向にある。第3節でみたとおり、どちらも経験時期が高校までの間

にほぼ限定される経験項目である。

次に、大学での経験についてみると（表2.3）、6つの項目が認知的スキルとの関係が有意であり、いずれも経験があるほど認知的スキルのスコアが高い傾向にあるという正の関係である。「文献・資料の集め方」の学習経験があると語彙力、読解力ともに高くなる傾向にある。「わかりやすい文章の書き方」の学習経験や「一つのテーマについて、長期間かけて、自分で調べまとめる活動」の経験があると読解力が、「レポートの書き方」の学習経験や「原稿用紙10枚程度のレポートの作成」の経験があると語彙力が高くなる傾向にある。

表2.2 高校までの経験と認知的スキルの関係

分類	項目	経験率	目的変数	回帰係数
実践	新聞記事の執筆（学級新聞・学校新聞含む）	44.0%	語彙力	0.20 **
実践	新聞記事の執筆（学級新聞・学校新聞含む）	44.0%	読解力	0.26 **
実践	小論文コンクールへの応募	23.2%	読解力	0.23 *

注：大学の設置区分、文系・理系、入試偏差値を共変量とする回帰分析。項目は1項目ずつ投入し目的変数に対する回帰係数を計算（複数の項目による重回帰ではない）。＊：$p<.05$、＊＊：$p<.01$.

表2.3 大学での経験と認知的スキルの関係

分類	項目	経験率	目的変数	回帰係数
方法論	レポートの書き方	79.2%	語彙力	0.21 **
方法論	文献・資料の集め方	71.0%	語彙力	0.19 **
実践	原稿用紙10枚程度のレポートの作成	54.2%	語彙力	0.15 *
方法論	文献・資料の集め方	71.0%	読解力	0.28 *
方法論	わかりやすい文章の書き方	39.6%	読解力	0.24 *
実践	一つのテーマについて、長期間かけて、自分で調べまとめる活動（授業含む）	57.7%	読解力	0.21 *

注：大学の設置区分、文系・理系、入試偏差値を共変量とする回帰分析。項目は1項目ずつ投入し目的変数に対する回帰係数を計算（複数の項目による重回帰ではない）。＊：$p<.05$、＊＊：$p<.01$.

次に学習成熟度との関係について検討する。学習成熟度は、学習の自律性や自己決定性の程度を表すものであり、学習に対する意識や自信に関する7つの質問項目により測定している（詳細は第7章を参照）。回答は各項目に対し、「とてもそうである」から「まったくそうではない」の5件法で取得しているため、本章の分析においては、5件法の回答を1～5点に置き換えて7項目の得点を合計し、回答者全体で標準化したものを学習成熟度の得点として用いる。得点は高いほど学習成熟度が高いことを意味する。

　表2.4に、学習成熟度を目的変数とし、探究的な学びの個々の経験項目を説明変数とする回帰分析の結果を示した。表2.2と同様に、個々の経験項目のうち学習成熟度に対する回帰係数が統計的に有意（5%水準）であるもののみを表示している。

表2.4 探究的な学びの経験と学習成熟度

経験時期	分類	項目	経験率	回帰係数
高校まで	方法論	わかりやすい文章の書き方	66.3%	0.20 **
高校まで	方法論	プレゼンテーションの仕方	34.2%	0.17 *
高校まで	方法論	ディベートで説得力のある主張をする方法	33.3%	0.24 **
高校まで	方法論	わかりやすいプレゼンテーション資料の作り方	33.2%	0.14 *
高校まで	実践	実験レポート・観察レポートの作成	70.6%	0.18 *
高校まで	実践	一つのテーマについて、長期間かけて、自分で調べまとめる活動（授業含む）	59.1%	0.32 **
高校まで	実践	アンケート調査原稿の作成	24.8%	0.15 *
高校まで	実践	小論文コンクールへの応募	23.2%	0.21 **
大学	方法論	スピーチの仕方	37.5%	0.14 *
大学	方法論	ディベートで説得力のある主張をする方法	37.4%	0.17 **
大学	実践	友人に勉強を教えたこと	70.6%	0.56 **
大学	実践	一つのテーマについて、長期間かけて、自分で調べまとめる活動（授業含む）	57.7%	0.33 **
大学	実践	原稿用紙10枚程度のレポートの作成	54.2%	0.21 **
大学	実践	実験レポート・観察レポートの作成	41.3%	0.21 **
大学	実践	アンケート調査原稿の作成	19.0%	0.28 **

注：大学の設置区分、文系・理系、入試偏差値を共変量とする回帰分析。項目は1項目ずつ投入し目的変数に対する回帰係数を計算（複数の項目による重回帰ではない）。＊：$p<.05$, ＊＊：$p<.01$.

高校までの経験で8項目、大学での経験で7項目が統計的に有意であった。いずれも経験があるほど学習成熟度が高いという正の関係である。認知的スキルに関係していたものと重複するものは、高校までの「小論文コンクールへの応募」と大学での「原稿用紙10枚程度のレポート」、および「一つのテーマについて、長期間かけて、自分で調べまとめる活動」である。それ以外には、高校までのプレゼンテーションやディベート、大学でのディベートやスピーチについての方法論の学習経験や大学での「友人に勉強を教えた」経験などがある。こうした「口頭での発信」に関する経験は、読解力などに直接の効果をもたらすよりもそれらを補完するものとして、学習を自律的に進める態度や学習に対する自信を醸成することにつながっていることが示唆される。

　次に読書量との関係について検討する。読書量は、対象を6種類に分け、それぞれについて頻度順に8つの選択肢を設けて調査を行っている（詳細は第5章を参照）。対象には漫画や雑誌が含まれるため、本章の分析においては、「小説」「新書」「学術書」の3種類のみを取り上げる。読書量の値としては、8段階の頻度の回答を1〜8点の点数に置き換えて3種類の得点を合計し、回答者全体で標準化したものを用いる。値は高いほど読書量が多いことを意味する。

　表2.5に、読書量を目的変数とし、探究的な学びの個々の経験項目を説明変数とする回帰分析の結果を示した。個々の経験項目のうち読書量に対する回帰係数が統計的に有意（5%水準）であるもののみを表示している。統計的に有意である項目は、認知的スキルや学習成熟度の場合よりも多い。いずれも経験があるほど読書量が多いという正の関係である。

　探究的な学びにおいては、そもそも情報を収集するということが欠かせないことから、読書と関係することは想像に難くないが、それが実際に多くの経験項目との関係として分析結果に表れてくることは興味深い。さらに、この結果は、探究的な学びに関する経験が読書という新たな経験を呼び込んでいると捉えることもでき、経験の資本としての価値という観点からも興味深い結果である。

表2.5 探究的な学びの経験と読書量

経験時期	分類	項目	経験率	回帰係数
高校まで	方法論	わかりやすい文章の書き方	66.3%	0.13 *
高校まで	方法論	スピーチの仕方	43.2%	0.15 *
高校まで	方法論	プレゼンテーションの仕方	34.2%	0.17 *
高校まで	方法論	ディベートで説得力のある主張をする方法	33.3%	0.17 *
高校まで	実践	一つのテーマについて、長期間かけて、自分で調べまとめる活動（授業含む）	59.1%	0.16 *
高校まで	実践	新聞記事の執筆（学級新聞・学校新聞含む）	44.0%	0.17 *
高校まで	実践	アンケート調査原稿の作成	24.8%	0.15 *
高校まで	実践	原稿用紙10枚程度のレポートの作成	23.6%	0.22 **
高校まで	実践	小論文コンクールへの応募	23.2%	0.2 **
高校まで	実践	スピーチ大会への出場（学内含む）	16.5%	0.18 *
大学	方法論	文献・資料の集め方	71.0%	0.27 **
大学	方法論	わかりやすい文章の書き方	39.6%	0.21 **
大学	方法論	スピーチの仕方	37.5%	0.21 **
大学	方法論	ディベートで説得力のある主張をする方法	37.4%	0.25 **
大学	方法論	文章の要約の方法	34.8%	0.18 **
大学	実践	友人に勉強を教えたこと	70.6%	0.16 *
大学	実践	一つのテーマについて、長期間かけて、自分で調べまとめる活動（授業含む）	57.7%	0.24 **
大学	実践	原稿用紙10枚程度のレポートの作成	54.2%	0.32 **
大学	実践	アンケート調査原稿の作成	19.0%	0.24 **

注：大学の設置区分、文系・理系、入試偏差値を共変量とする回帰分析。項目は1項目ずつ投入し目的変数に対する回帰係数を計算（複数の項目による重回帰ではない）。*：$p<.05$、**：$p<.01$。

　さて以上で検討した「認知的スキル」「学習成熟度」「読書量」との関係を合わせてみると、すべてに共通して関係性がみられたものとして、高校での「小論文コンクールへの応募」、大学での「原稿用紙10枚程度のレポートの作成」と「一つのテーマを長時間自分で調べてまとめる活動」があげられる。この結果は、こうした経験が語彙力や読解力といった認知的能力の向上に加えて、学習の自律性や自信といった非認知的能力の向上や、読書などの実際の行動としての新たな経験の蓄積に対しても影響を及ぼしうる、影響力の大きな経験とし

て浮かび上がることを示すものと考えられる。

第6節　まとめ

　本章では、探究的な学びについて、現在の大学生の経験の現状を調べ、さらに、それぞれの経験の有用性について検討を行った。

　探究的な学びの総合的な実践である「一つのテーマについて、長時間かけて、自分で調べてまとめる活動」については、高校までに6割弱が、大学においても4年生までに約8割が経験しているという状況であり、社会からの要請の高い経験を比較的多くの大学生が持てているという結果が得られた。また個々の経験項目については、高校までに経験時期が限定されるものが一部ある一方で、大学において学年が上がるにつれ経験率が上昇するものも多く、大学で探究活動の実践が増えるのに合わせて個別の経験も増えていく傾向にあることがうかがえた。

　次に、経験の有用性については、前節でみたとおり、認知的スキル、学習成熟度、読書量など広範囲に対して、探究的な学びの影響が及んでいるという結果が得られた。このことは、社会で探究的な学習が求められることに根拠を与える結果ともいえる。さらに、探究的な学びの総合的な実践である「一つのテーマについて、長時間かけて、自分で調べてまとめる活動」や「原稿用紙10枚程度のレポートの作成」、高校での「小論文コンクールへの応募」の3つの項目は、認知的スキル、学習成熟度、読書量のすべてに影響をもたらすものとして見出された。デューイ（2004）は一つの経験がその次に起こる経験の環境を変えるという経験の連続性を指摘する中で、経験がその後の経験にどのように影響を及ぼすかという観点から教育における経験の質を見る必要性を提起しているが、この観点からは、上記の3つの項目は特に質の高い経験と考えることができるだろう。

　以上のような結果からは人生に役立つ資本としての探究的な学びの重要性が浮かび上がるが、改めてこの資本としての観点で個々の経験項目を見てみることは興味深い。なぜなら、それらが人生に役立つ有益な経験のリストであると

認識した場合、並べられた項目の経験を持っているかどうかを見る目が変わりうるからである。例えば、学習者の立場では、これまでの人生で何が蓄積できているのかという「自らの資本の量」を認識する過程に変わりうるものであり、教育者の立場では、学習者に資本の獲得の機会を十分に与えられているかどうかを省察する過程に変わりうるものである。

　さらに、第4節で述べた方法論の学習と実践のギャップを合わせて考察することも有益だと考えられる。第4節では、レポートの作成に関して、方法論の学習があってもそれが生かされる経験を持てていない学生がいること、さらにはそのような状況の生じやすさが大学群によって変わる可能性が示された。このことは経験の機会の提供が一様かつ十分ではないことを示唆するものであり、教育において、経験の機会の偏在が起きていないのか、経験を資本として生かせるような機会を提供できているのかといった観点で学習者の経験の状況を把握していくことが課題となっていることを浮き彫りにするものと考えられる。

参考文献
デューイ，J.（市村尚久訳）（2004）『経験と教育』講談社学術文庫。
経済産業省（2006）「社会人基礎力に関する研究会－『中間取りまとめ』－」。
文部科学省（2008）「中学校学習指導要領」。（平成24年4月より実施）
文部科学省（2010）「今、求められる力を高める総合的な学習の時間の展開（中学校編）」
　　http://www.mext.go.jp/a_menu/shotou/sougou/1300534.htm（最終アクセス：2015年12月21日）。
佐藤望編著・湯川武・横山千晶・近藤明彦（2006）『アカデミックスキルズ』慶應義塾大学出版会。
田中共子編著（2003）『よくわかる学びの技法』ミネルヴァ書房。

第3章

学習のしかたに関する経験

伊藤　素江

第1節　はじめに

　例えば定期テストに向けて生活のリズムを整えたり、集中できる場所を探したりするなど、学習者は様々な学習のしかた（学習方略）で学習目標達成を目指す。しかし学習方略にはこれをやればよいという正解はなく、学習者それぞれが工夫して自分に合う方略を実践し、経験として個人内に蓄積されていくものと考えられる。本章ではそれを経験資本のひとつと捉え、大学入学前の学習方略について尋ねた調査項目を使って、現在の大学生が持つ学習に関する経験資本を明らかにする。またそれら学習方略の選択・実行、つまり学習に関する経験資本の蓄積に何が影響を与えているのか、可能性のあるものとして家庭環境の関わりを検討する。最後に、積み重ねられた経験資本が現在の大学生にどのような影響を与えているのか、現在の学習に関する行動や認知的スキルとの関係を検討したい（この分析枠組みを図にしたのが図3.1である）。

図3.1　本章の分析枠組み

学習方略とは、学習者が目標達成のために行う認知的、情動的、行動上の行為で、「自己調整学習（self-regulated-learning）」と呼ばれ、大きく認知的な方略と行動レベルの方略に分けることができる。主に認知心理学の領域において多くの研究がなされており、中でも本章で扱うような学習のために計画を立てたり場所を選んだりなどの行動レベルの学習方略ではなく、覚えたことを繰り返し確認するといった認知的な方略について、その使用を促す動機も含めて多く蓄積がみられる（シャンク＆ジマーマン、2009）。

　認知的な方略に関する研究は、情報を処理し習得するプロセスや自ら学習を進めるプロセスにおいて、例えば既存の知識を使って新しく得た情報を「精緻化」したり、読んだ内容を繰り返し「再生」したりするなどの「認知的方略」と、学習のプランニングやモニタリングといった自らを一段高いところから把握しようとする「メタ認知的方略」に大別できる。

　これらが学習者の内部で行われる学習方略であるのに対し、時間を管理したり場所を選んだりするなど「学習を最適化する社会的・物理的環境を選択し、構成し、創造する」（伊藤、1997）というのが、行動レベルの学習方略である。行動レベルの学習方略の具体的内容については、例えば伊藤（2002）による分類が参考になる。以下は大学生（四年制大学、短期大学）に、勉強がうまく進むための具体的な方法や工夫を挙げてもらったものを分類した結果である。伊藤は学生によって身につけている方略が異なること、また方略によって獲得の時期が違うことや、誰かに教えられたり自分で身につけたりなど「リソース」が多様であることを明らかにしている。

・不適応的：一夜漬け、丸暗記　など
・抽象的：「しっかり復習する」など具体性に欠けるもの
・基礎的：ノートのまとめ方、記憶方略、リハーサル　など
・自己調整：自己点検、環境構成、目標設定、注意集中、時間管理　など

　様々な時期に多様なリソースから獲得して積み上げられたこれらの学習方略は、経験資本として現在とどのような関係があるのだろうか？　本章では、学習に関する行動や認知的スキル、学習成熟度といった現在との関係を探る。な

お使用するのは、行動レベルの学習方略に関する15項目 [1] について「以下の項目は、大学入学以前のあなたに当てはまりますか。それぞれの項目について答えてください」と尋ね、「当てはまる－当てはまらない」の2件法で回答を求めた結果である。

第2節　大学生が持つ学習に関する経験資本

15項目を回答の多い順に並べたものが図3.2である。約86％が「自分に合った方法を工夫」できていたことがわかったが、一方で自分に合った方法を実践できていなかった者が14.3％存在することに注意が必要だろう。彼らは大学生になっても「自分はこうしたら学習がはかどる」といった学習のコツをつかんでいないことになる。高校までと違って、大学ではさらに自律的に学習することが求められる。その中で効果的な学習方略を持たないことは、大学での学習を続けることを困難にさせるかもしれない。自分に合わない方法でうまくいくのも良いが、やはり自分に合った快適な手段が見つかる方が良いだろう。

図3.2 大学入学以前の学習方略（※一部項目名を略して表記）

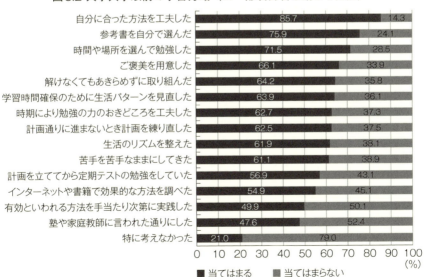

「参考書を自分で選んだ」以下、個別の方略を見てみると、どの項目も「当てはまる」が約5割〜7割と特定の方略に集中する傾向は見られず、多様な方略が組み合わされて実践されていたことがうかがえる。その中でも「参考書を自分で選んだ」や「時間・場所を選んで勉強した」が比較的多く選ばれ、7割以上の学生が行っていたことがわかった。

第3節　学習方略による学生類型

次に、学習方略を使って学生を見てみたい。経験的に考えても、またこれまでの研究でも明らかになっているように、全学生がまったく同じ方略を同程度とっているということはなく、例えば計画を重視するタイプや諦めない姿勢を大切にするタイプなど、方略による学生タイプがあることが考えられる。ここから、どういうタイプの学生がいるのかを見ることで現在の大学生の学習に関する経験資本の実態を明らかにできるのではないかと考えた。

そこで、まずどのようなタイプに分けることができるのか、潜在クラス分析（latent class analysis: LCA）を使って学生の類型化を行った。LCAでは受検者が似たような回答傾向を持ついくつかのグループ（クラス）に分かれていると仮定し、そのクラスごとに各項目の選択肢をどの程度選ぶか（反応確率）を実際のデータから推定する。そしてその確率と回答パターンをもとに、各回答者をクラスに分類する。

その結果、図3.3のように4類型が見出された（カッコ内は各類型の全体に占める比率。n=949）。どの方略もまんべんなくよく行う「全力投球型」、生活リズムや時間・場所など環境構成に重点を置く「環境重視型」、生活をあまり変えることなく参考書やご褒美、計画を立てるなど複数の方略を少しずつ行う「ほどほど型」、そしてどの方略もあまり行わず苦手を苦手なまま放置する「物ぐさ型」の4つである（レーダーチャートの値は、実際の回答結果ではなくモデルから得られる反応確率を用いている）。

図3.3 学習方略による学生類型

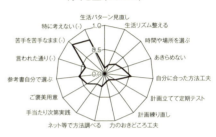

　全体に占める物ぐさ型の割合は低いものの、ほとんど学習に関する経験資本を蓄積していない学生が2割いるという事実は、大学にとって憂慮すべきことだろう。また環境重視型は生活リズムを整える、時間や場所を選ぶなどの方略をよく行うものの、苦手を克服する方略には出会えていない様子がうかがえる。文部科学省の調査では平成25年度現在で94％の大学が、大学での学びへの導入教育として1年生対象の「初年次教育」を実施しており、その中で52.2％が時間管理や学習習慣を身につけるためのプログラムを実施していることが明らかになっている（文部科学省、2015）。しかしいくら大学が提供するとはいっても、大学生になればすぐに自律的な学びを求められる。それまでに、いかに学習に関する経験資本を積み上げておくかが課題だといえるだろう。

　では学生類型について、もう少し詳しく見てみよう。

　男女別に見ると、男子はどの類型も同程度存在するのに対して、女子は物ぐさ型が少なく全力投球型が多い結果となった（表3.1）。女子の方が多くの方略を実践していたようである。

表3.1 男女別で見た学習方略類型

	男性	女性
全力投球型	26.9%	36.0%
環境重視型	28.3%	26.0%
ほどほど型	23.3%	21.1%
物ぐさ型	21.5%	16.8%

　男女差以上に差が見られたのは、図3.4の大学類型別結果である（大学類型については第1章第4節参照）。学力レベルが低くなるにつれて「物ぐさ型」が多い傾向がわかる。それに反するように「全力投球型」は少なくなり、私立C～D群の学生たちには大学入学時点で学習に関する経験資本があまり蓄積されていないことがわかる。同じ学力水準内でみてみると、B群では国立・私立を問わず各方略類型の比率がほぼ同程度であるのに対し、A群では国立は環境重視型と全力投球型が同程度（35.3%）、私立は全力投球型が突出して多いという、設置者による違いがある点が興味深い。

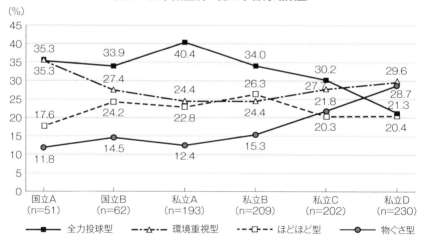

図3.4 大学類型別に見た学習方略類型

62　第Ⅰ部　経験資本の実態

大学の偏差値レベルと設置者によって学習方略に違いがあることから考えられるのは、目指す大学によって対策の仕方が異なること、つまり入試の影響である。受験科目の数や種類によって学習内容と量が変わり、それを効率的に進めるための方略もおのずと決まってくるのかもしれない。大切な進路がかかった受験勉強は、学習に関する経験資本の蓄積の場としても機能していることが考えられる。

第4節　学習方略と家庭環境

　では次に、親の学歴や家庭の経済状況など、家庭環境との関係を見ることにする。学習方略の獲得とその時期・リソースを調べた伊藤（2002）によると、「自己調整」学習方略を獲得する時期としては中～高校が多く、そのリソースとしては「自ら獲得した」とする人が多いとされている。また「他者から獲得した」とするリソースとしては、「学校教師」が小学校から高校まで一貫して重要な位置づけにあるとされている。学習方略の獲得リソースとして親が登場するのは、「抽象的」学習方略に対する「母親」で、この学習方略は小学校時代に獲得されるとされている。つまり本章で取り上げているような学習方略については学生自身が自覚している獲得リソースは家庭には求められないということだが、学習者本人が自覚しないまま影響を受ける部分も大いにあると考えられるので、「両親の学歴」と「育った家庭の経済状況（自己評価）」を学習方略に影響を与える潜在的要因として捉え、関係をみることにした[2]。

　結果は表3.2のとおりである。両親の学歴によって、学生類型に違いはほとんど見られなかった。唯一、父親が「短大・専門」卒の学生に全力投球型が少なく、そのぶん環境重視型とほどほど型に分散している傾向が見られた。なお、学生類型ではなく個別の方略について両親が大卒か非大卒かで違いを見たところ、「参考書を自分で選んだ」のみ両親大卒が他より20ポイント以上低い結果となったが、それ以外で顕著な差は見られなかった。

　大学類型によって学習方略による学生類型に違いがみられたように、両親自身も経験した教育の種類によって選択する学習方略に違いがあったことが想定

されるが、この結果を踏まえると親の学習方略は子に受けつがれないということが考えられる。また、子どもの頃の「家庭の経済状況」別に見ても類型に違いは見られなかった。

表3.2 母親・父親の学歴別で見た学生類型比

	母学歴			父学歴		
	中・高・高専	短大・専門	四年制大学	中・高・高専	短大・専門	四年制大学
全力投球型	33.2%	30.0%	33.6%	35.7%	21.7%	32.7%
環境重視型	27.2%	26.6%	28.2%	22.6%	30.4%	27.7%
ほどほど型	20.0%	25.3%	21.1%	21.4%	28.3%	22.1%
物ぐさ型	19.6%	18.2%	17.1%	20.2%	19.6%	17.4%

学歴の再生産論など家庭環境が子の学歴を規定するという研究があるが（例えば、吉川（2006））、上記の結果は自分で工夫して学習を進めることができるか、つまり自律した学習者になるかという点において家庭環境の影響が小さいことを示唆している。親の学歴が経済状況を規定し、経済状況が子の大学選択を規定し、大学選択が学習方略の選択を規定する、というような段階構造になっていることで家庭環境の影響が小さくなっているのかもしれない。もちろん行動レベルの学習方略は自律した学習者になるための十分条件ではないが、これを家庭環境の影響の及びにくい領域として考え、例えば学校での指導など第三者の介入によって自律した学習者を「育成」できる可能性を示すものとして捉えられないだろうか。

第5節　過去の学習方略と現在の学習行動および学習成熟度

次に、大学入学以前の学習方略が現在に与える影響を見てみたい。自律した学習者になることが求められているいま、気になるのは現在の学生たちの学習態度や行動であるが、それらに過去の学習方略はどのような影響を与えているのだろうか。本調査で同時に尋ねた学習に関する現在の行動5項目と、「学習

成熟度」に関する7項目（第7章で詳述）を使って関係を検討したい。

　前述のとおり性別や大学類型によって学生類型に差が見られたので、分析は現在の学習行動5項目と学習成熟度を従属変数に、学習方略、性別、偏差値、大学区分、学年、家庭の経済状況を独立変数として重回帰分析を行った。

分析概要
独立変数
1) <u>学習方略</u>
　　「当てはまる／当てはまらない」の2値変数で、「当てはまらない」を参照カテゴリとした。
2) <u>受検者属性（4項目）</u>：
　　「性別」「学校区分」をダミー変数として投入。それぞれ参照カテゴリは「男性」「私立」。「学年」もカテゴリカル変数として扱い、各学年（1年〜大学院）を参照カテゴリとする6変数を投入した。「偏差値」「経済状況」（「下の下」〜「上の上」の9カテゴリ）は連続変数として投入した。

従属変数
1) <u>現在の学習に関する行動</u>：
　　学習に関係のありそうな現在の行動に関する次の5項目について、「当てはまる／当てはまらない」の2値変数で、「当てはまらない」を参照カテゴリとした。「自分のスケジュール管理をする」「勉強のために図書館やカフェに行く」「わからないことはすぐ調べる」「ものごとの優先順位を意識する」「行動をするときは目標を明確に意識する」
2) <u>学習成熟度</u>：
　　「自分から学ぶ意欲がある」など学習成熟度に関する7項目について、「まったくそうでない」=1から「とてもそうである」=5とコーディングし連続変数として投入した（項目の詳細は第7章参照）。

　結果は表3.3のとおりとなった。過去に計画に関する方略をとっていると、現在もスケジュール管理をしていることがわかった。時間や場所を自分でコン

トロールするためには、大学入学以前からそのような方略をとって「訓練」しておく必要があるようだ。また、時間や場所といった物理的な環境のコントロールだけでなく「行動するときは目標を明確に意識する」と関係が見られたことも興味深い。計画を立てる際にはやらなくてはならないことを明確に捉える必要がある。

この目標を明確にするということは本研究で測定を試みている「批判的思考」においても重要なスキルとされている（楠見・子安・道田編著、2011）。目標を明確にしておかないと、解決策そのものが的外れになることがあるから

表3.3 大学入学前の学習方略と現在の学習行動との重回帰分析結果

	自分のスケジュール管理をする	勉強のために図書館やカフェに行く	わからないことはすぐ調べる	ものごとの優先順位を意識する	行動をするときは目標を明確に意識する
有効といわれる方法を手当たり次第に実践した					.16
中学や高校で苦手だった教科・科目を苦手なままにしてきた	-.14		-.20	-.19	
解けない問題でも粘り強くあきらめずに取り組んだ					.18
インターネットや書籍などで効果的な勉強法について調べた		.18	.18		.14
学習時間を確保するために、自分の生活パターンを見直した					.19
計画どおりに勉強が進まなかったら、計画を練り直した	.26		.24	.18	.30
計画を立ててから定期テストの勉強をしていた	.26			.18	
基礎固めや苦手克服を早期に行うなど、時期により勉強の力のおきどころを工夫した				.17	.27
朝勉強するなど、集中できる時間や場所を選んで勉強するようにした	.15	.45			
偏差値	-.01				
学校区分				-.20	-.24
学年3	.17				
学年4	.25		.28		.17
学年5				-.84	
性別		.24	-.15	-.13	-.19
経済状況				-.10	-.10
調整済み r^2 値	.20	.14	.05	.09	.17

注：現在の学習行動5項目に1つでも有意（5％水準）な結果が見られた項目のみ取り上げた。

だ。そして目標を明確に捉えておくには、そもそもそうしようとする態度が不可欠である。このアンケートだけでは回答者が「正しく」目標を捉える力を持っているかどうかはわからないが、過去の計画に関する学習方略は少なくとも目標を明確にしようとする批判的思考態度の醸成に有効だと言える。

では次に、現在の「学習成熟度」との関係を見てみよう。

表3.4 大学入学前の学習方略と現在の学習成熟度の重回帰分析結果

	自分から学ぶ意欲がある	新しいことを学習する基礎的知識や能力がある	自分で学習の方法や場所を決定できる	学ぶことは楽しい	自分で情報を集め学習する準備ができる	ひとりで計画的に学ぶことができる	学習した成果がどの程度か自己評価できる
自分に合った勉強方法を工夫した		.19	.48			.22	.39
学習の方法を、塾や家庭教師にいわれた通りにした		-.16	-.13				
参考書を自分で選んだ					.15		
中学や高校で苦手だった教科・科目を苦手なままにしてきた	-.15	-.21	-.14		-.14	-.28	-.21
解けない問題でも粘り強くあきらめずに取り組んだ	.29	.26		.23	.17		
インターネットや書籍などで効果的な勉強法について調べた		.14		.16	.25		
学習時間を確保するために、自分の生活パターンを見直した							.21
計画どおりに勉強が進まなかったら、計画を練り直した					.18	.16	
計画を立ててから定期テストの勉強をしていた						.28	
基礎固めや苦手克服を早期に行うなど、時期により勉強の力のおきどころを工夫した		.17				.26	.20
朝勉強するなど、集中できる時間や場所を選んで勉強するようにした				.17			
偏差値				.04			
学校区分				-.09			
学年4				.18			
経済状況				-.04			
調整済みr^2値	.13	.15	.15	.10	.13	.23	.12

注：学習成熟度7項目に1つでも有意（5%水準）な結果が見られた経験資本項目のみ取り上げた。

学習に関する現在の行動でも見られたように、計画に関する学習方略をとっていると、現在も「ひとりで計画的に学ぶ」ことについて自己評価が高い。粘り強くあきらめずに取り組んでいると、現在の学ぶ意欲や楽しさが高い傾向も見られる。ここでも、過去の学習方略が現在の学習に対する態度に良い影響を与えている可能性が示唆された。また、説明率（調整済みr^2値）は小さいが、「学ぶことは楽しい」については3つの学習方略が偏差値や学年家庭の経済状況と同等かそれ以上の関係がある点も興味深い。

　これら現在の学習行動や学習成熟度と関係のみられたことについては、大学入学前にすでに学習成熟度が高かったためこのような方略をとっていたということが考えられるが、やはり大学入学前にいろいろな方略を教え試行させることは意味があると思われる。というのも、「中高で苦手を苦手なまま」や「塾や家庭教師にいわれた通り」という方略を自ら積極的に行っていないように見える項目は、現在の項目と関係が見られたものの、すべて負値になっているからである。

　なお、過去の学習方略と現在の認知的スキル（語彙、読解、批判的思考）には直接的な関係は見られなかったので掲載しない。

第6節　まとめ

　本章では大学入学前の学習方略を経験資本として捉え、現在の大学生が持つ経験資本と、家庭環境との関係、また現在の学習行動などとの関係を見た。その結果、学習に関する経験資本をほとんど持たない学生が一定程度存在すること、それはどちらかというと男子、また大学の偏差値レベルで見ると下層に多いことがわかった。ただし親の学歴や経済状況など家庭環境の影響は小さいことが明らかになった。そして、過去に計画を立てたり場所を選ぶといった方略をとっていた者は現在もそうする傾向にあり、また学習そのものへの態度にも良い影響を与えていることがわかった。

　文部科学省の調査によると、大学を中途退学した者の14.5%が「学業不振」を理由に挙げている（文部科学省、2014）。さらにハローワークに来所した大

学などの中途退学者を対象とした調査では、四年制大学を中途退学した者の4割が「学業不振・無関心」を理由に挙げている（労働政策研究・研修機構、2015）。学業不振を招いた要因のひとつとして、有効な学習方略を身につけておらず効率的な学習ができなかったため結果が出なかったということもあるだろう。

さらにこれまでの研究で、方略の使用にはその方略を知っているかどうかだけでは効果がなく、その有効性の認識が重要とされている（村山、2003）。大学では、1年次生対象に行われる初年次教育のひとつとしてノートの取り方や時間管理の仕方を教える「スチューデント・ソーシャルスキル」と呼ばれるものがあるが（山田、2009）、1年次で「知識」を与えられそこから有効性を認識するまでにどの程度の時間がかかるだろう。

これらを考え合わせると、自立した学習者を育成するためにも高校までの教育で学習方略を積極的に指導し実践させることは喫緊の課題だと言える。

注

1. 調査項目は、大学生対象に大学受験について尋ねたBenesse教育研究開発センター（2012）の調査項目を参考にしながら作成した。
2. ベネッセ教育総合研究所が小中学生を対象に行った調査では、「意味理解方略」や「モニタリング方略」といったいわゆる認知的方略に対する母親学歴の弱い相関が確認されている（ベネッセ教育総合研究所、2014）。

参考文献

Benesse教育研究開発センター（2012）「大学生が振り返る大学受験調査」http://berd.benesse.jp/koutou/research/detail1.php?id=3163（最終アクセス：2015年12月24日）。
ベネッセ教育総合研究所（2014）「小中学生の学びに関する実態調査 報告書」http://berd.benesse.jp/shotouchutou/research/detail1.php?id=4574（最終アクセス：2015年12月24日）。
伊藤崇達（1997）「小学生における学習方略、動機づけ、メタ認知、学業達成の関連」『名古屋大學教育學部紀要』心理学44、pp.135-143。
伊藤崇達（2002）「学習経験による学習方略の獲得過程の違い：4年制大学生と短期大学生を対象に」『日本教育工学会誌』Vol.26、pp.101-105。
吉川徹（2006）『学歴と格差・不平等－成熟する日本型学歴社会－』東京大学出版会。
楠見孝・子安増生・道田泰司編著（2011）『批判的思考力を育む－学士力と社会人基礎力の基盤形成－』有斐閣。

文部科学省（2014）「学生の中途退学や休学等の状況について」http://www.mext.go.jp/b_menu/houdou/26/10/1352425.htm（最終アクセス：2015年12月24日）。

文部科学省（2015）「大学における教育内容等の改革状況について（平成25年度）」http://www.mext.go.jp/a_menu/koutou/daigaku/04052801/1361916.htm（最終アクセス：2015年12月24日）。

村山航（2003）「学習方略の使用と短期的・長期的な有効性の認知との関係」『教育心理学研究』Vol.51、pp.130-140。

労働政策研究・研修機構（2015）「大学等中退者の就労と意識に関する研究」『JILPT調査シリーズ』No.138。

シャンク，D.H. & ジマーマン，B.A. 編著（塚野州一編訳）（2009）『自己調整学習と動機づけ』北大路書房。

山田礼子（2009）「大学における初年次教育の展開－アメリカと日本－」『クオリティ・エデュケーション』Vol.2、pp.157-174。

第4章
◇
教課外の経験

村田 維沙

　本章では、子どもの頃の学校における教科の学習以外の経験、つまり「教課外の経験」に着目する。子どもの頃に学校の授業以外で何を経験していたかということは、大人になってからどのようなインパクトがあるのだろうか。今回の調査では、小学生から中高生にかけての教課外の経験（習い事、スポーツ経験、自然経験など）、大学生になってからの経験（リーダー経験、スポーツ経験など）、認知的スキル（批判的思考力、読解力、語彙力）について調べている。本章では大学生のデータを用いて、子どもの頃の経験と、大学生である現在の経験および認知的スキルの関係について検討していく。

第1節　はじめに

　子どもの頃の経験は、その人が大人になったときの志向性や性格（森下、2010）、日々の習慣となって現れる[1]。また国立青少年教育振興機構（2014）によれば、様々な体験と知識を結びつけることで、自分なりの知恵ができあがり、それが予期せぬ状態や未知の問題を解決するための「応用能力」になるとある[2]。さらに、経験の量が多い子どもほど、成績が高いこと（ベネッセ教育研究開発センター、2005）、人間性が豊かになること（国立青少年振興機構、2010）、将来の年収が高くなる傾向があることもいわれている（国立青少年教育振興機構、1999）。これらのことからも、子どもの頃の経験の影響は大人になっても消えずに残ることがわかるだろう。

しかし、子どもの頃の経験と大人になってからの現在との関連を調べることは容易ではない。例えば、子どもの頃の習い事は、その子の性別と、それに応じた親の志向によるところが大きく（ベネッセ教育総合研究所、2013）、また子どもが経験をしたからといって、何を学び取れるかはわからない（序章第4節参照）。しかし、経験が将来にどのようなインパクトを与えるのかの予測が難しいからといって、何も経験していないよりは、何かを経験している方が、その後の人生の選択肢が多くなることも間違いない（序章第2節参照）。子どもたちに何を経験させるべきかという問いに正解を出すことが難しいとしても、そのような関連を考えることで、子どもが学校の教育以外にも色々な経験を、その後の進路やキャリア形成に役立たせられるようなヒントを提示できるかもしれない。したがって以下では、小学生から中高生にかけての子どもの頃の経験と、大学生の現在の経験・能力とがどのように関係しているかをみていくことにする。

第2節　小学校から高校の頃の経験

　小学校から高校にかけての教課外の経験についての回答結果を図4.1、図4.2に示した。
　まず図4.1から、小学校の頃にはほとんどの人が「地域祭り」への参加（90.7%）、「登山キャンプ」などの自然体験（86.3%）を経験していることがわかる。また、習い事・学習塾の経験率は3〜7割と幅があるものの、その経験率が大きいことがわかる。中でも水泳、バレエ、ダンス、体操などの習い事（図中では「スポーツ習い事」と表記）と学習塾は、経験率が高く、それぞれの割合は約7割弱となっている。また、図4.1には示していないが、今回の調査した小学校の頃に習い事や塾のうち、ひとつも通った経験がない人は全体のうちの2.8%となっており、この数字からもほとんどの人が小学生の頃に何らかの習い事や学習塾に通っていたことがうかがえる。
　次に図4.2をみると、まず中学生・高校生の頃には、ほとんどの人が部活をやっていたことがわかる（97.8%）。一方で、小学生の頃の経験率が85%を超

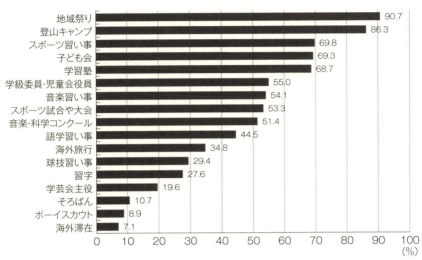

図4.1 小学生の頃の経験（17項目）

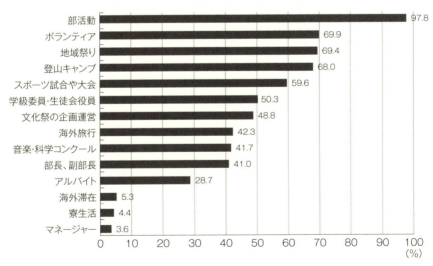

図4.2 中学・高校生の頃の経験（14項目）

注：図で示した項目は、小学生の頃の経験の有無について尋ねるものであり、図で示した数値は、有効な回答のうち、その項目の経験が「ある」と回答した割合を表す（以下、図4.2の表記も同様）。

えていた「地域祭り」と「登山キャンプ」の経験率は少なくなっている（それぞれ69.4％、68.0％）。

この変化の理由として考えられるのは、小学生に比べて、中学・高校生は、部活や勉強にかける時間が増えることや、その子の活動の場が家庭・学校・地域以外にも広がるためと考えられる。また、「海外滞在」（1か月以上）、「寮生活」、「マネージャー」の経験者は10％に満たないことから、これらが中高生にとってあまり一般的ではない、特異な経験になっていることがわかる。

2.1 属性による経験の違い

ベネッセ教育研究開発センター（2009）によれば、子どもの性別によって家庭の教育支出額には違いがある。その違いとして、主に以下のことが挙げられている。

・スポーツ活動への支出額は男子の方が女子よりも高い（月額で約1,000円の差）。
・芸術活動への支出額は、女子の方が男子よりも高い（月額で約2,000円の差）。

また、子どもの経験に影響する要因を調べた片岡（2010）も、音楽・バレエ・絵画・舞踏などの芸術活動の経験の有無に最も影響を与えるのは性別であり、女子は男子よりも芸術活動を経験する割合が高い、と述べている。また片岡は、男子の方が女子よりも球技や武道などのスポーツ活動を経験する割合が高く、さらにその中でも、家庭の経済階層（指標は世帯年収）が高い方が、それらの経験率が高くなると述べている。

以上のことから、小学生、中高生の経験には、男女、家庭の経済状況によって違いがあると考えられる。そのため、以降ではこれらの属性別に経験率をみていくことにする。

小学生・中高生の頃の経験の回答結果を男女別にみたところ、男女で傾向が異なる項目がみられた。図4.3、図4.4は、それぞれ小学生、中高生の頃について、差がみられた項目の回答結果を抜き出して示したものである。

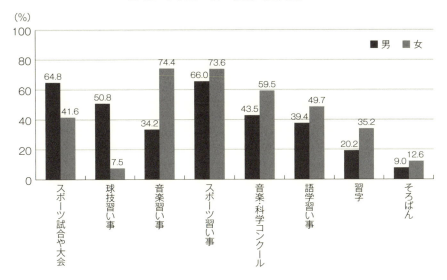

図4.3 小学生の頃の経験（男女別）

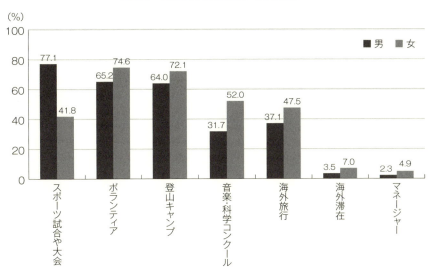

図4.4 中高生の頃の経験（男女別）

第4章　教課外の経験　75

図より、小学生男子の方が経験率が高いのは、「スポーツの試合や大会」への出場と、野球、サッカー、バスケなどの「球技習い事」となっている。一方、小学生女子の経験率は男子よりも、文化系、（球技以外の）スポーツ系の習い事で高くなっている。中でも、ピアノ、バイオリンなどの「音楽習い事」は男子に比べ、女子の方が約30％高い。以上の結果は、おおよそ先行研究と同じ傾向だといえるだろう。

　続いて中高生の頃の経験についてみると、中高生の男子は、女子よりも「スポーツ試合や大会」の出場経験が高い。この傾向は小学生の頃と変わらないが、差は中高生の頃の方が大きくなっている。一方、女子では小学生の頃の習い事に変わり、社会的な経験である「ボランティア」、自然経験である「登山キャンプ」が、男子よりもそれぞれ10ポイント弱高くなっている。さらに、「海外経験」「マネージャー」といった、経験人数の絶対数が少ない項目でも、女子の方がその経験率が高くなっていることがわかる。

　以上を踏まえると、男子は小学生から中高生を通して、女子に比べてスポーツを経験している割合が高く、女子は、小学生の頃には習い事、中高生の頃には、社会的経験・自然経験の経験率が男子よりも高くなる傾向があることがいえる。

　次に、家庭の経済状況（以下ES［Economic Stateの略］と呼ぶ）による違いについてみる。調査では、回答者が育った家庭の経済状況について9段階（上の上、上の中、上の下、中の上、……下の下）で尋ねている。ここでは、上の上から上の下を「上」グループにまとめ、同様にまとめた「中」グループ、「下」グループの3グループを使う。このESグループごとに子どもの頃の経験をみたところ、グループによる傾向の違いがみられた項目があった。図4.5、図4.6は、それぞれ小学生、中高生の頃について、ESによる違いがみられた項目の回答結果を抜き出して示したものである。

　図4.5より、小学生の頃の項目には、ESが上であるほど、経験率が高い傾向のものがあった。これらの項目には、塾・習い事に関連するものが多いことが特徴である。塾・習い事は、ESの上グループと中グループの違いは大きくないが、上グループと下グループでは、20～30ポイントの差がある。さらに、海外経験は、上グループが他2グループよりも経験率が高いことがわかる。

　次に、図4.6をみると、中高生の項目でも、ESグループが上である方が、経

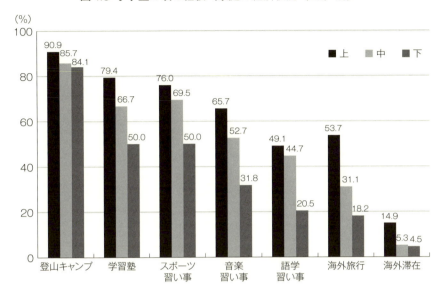

図4.5 小学生の頃の経験（家庭の経済状況（ES）別）

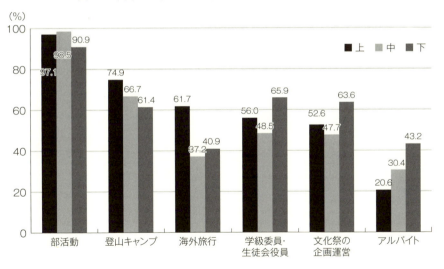

図4.6 中高生の頃の経験（家庭の経済状況（ES）別）

第4章 教課外の経験　77

験率が高い傾向の項目があった。このうち、「登山キャンプ」と「海外旅行」は小学生の頃との共通項目である。一方、逆の傾向、つまりESグループが下である方が、経験率が高くなる項目もあった。このうち、「アルバイト」については、家庭の経済状況との関連が強いことが明らかであるので、この結果は自明であろう。ただ、「学級委員・生徒会役員」と「文化祭の企画運営」は、ES下グループの経験率が高く、次いで上、中グループとなっている。この解釈は難しいが、ひとつの可能性として、役割を振られる子どもは、そうでない子どもに比べ、役割を振られやすい状況があると考えられる。これらの役割は勉強に直結しない活動で、学校や塾、部活などの時間を圧迫しかねないものである。それを理解しながらも役割に就くということは、生活における勉強の優先度が低いか、責任感から役割に就かざるを得ないような子であるためと考えられる。

　さらに、経験項目は、その子がどういう場所で育ったかにも影響を受けることが考えられる。例えば、都会の都市部であるほど、様々な活動へのアクセスが容易であり、地方部に行けば、そういった活動を受けるためのサービスがないという状況がありえるだろう。子どもの頃の経験を考える上で、出身地の影響はあるのだろうか。本調査では、回答者が育った地域について4つのカテゴリのどれに当てはまるかを尋ねており、それぞれの経験項目の回答結果を出身地カテゴリごとにみた。その結果、出身地のグループと項目にはいくつかの特徴がみられた。

　まず図4.7は、出身別の小学生の頃の経験についての結果である。経験率の並び方の特徴は大きく2つ挙げられる。まず、都市部の経験率が高い傾向となったのが、「学習塾」「海外旅行」「海外滞在」の3つである。海外経験の割合が都会と地方の違いではなく、その地域の都市部で高くなったことは、海外経験は、立地的なアクセスのしやすさではなく、その地域における外部への開放性が都市部により強くあったのではないかと考えられる。一方、地方の経験率が高い項目もある。これは「登山キャンプ」のような地方部の立地的なアクセスのしやすさによるもの、「子ども会」のような地域社会との結びつきが地方の方が強いと考えられるもの、「スポーツ大会」と「音楽・科学コンクール」など、実施は都会・地方の差なく行われると考えられるもの、「球技」と「習字」など、習い事の中でも人や施設、道具へのアクセスの容易さの差が小

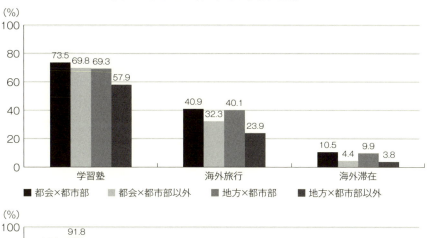

図4.7 小学生の頃の経験（出身地別）

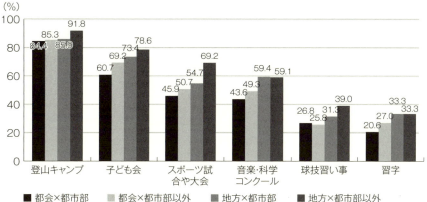

図4.8 中高生の頃の経験（出身地別）

第4章 教課外の経験

さいと考えられるものである。これらは、都市と地方で、そのようなサービスへのアクセスに大きな差がない項目と考えられる。さらに都市はこれらに比べて、地方にはないサービスがあると考えれるので、相対的に、ここで挙げた項目へのアクセス、つまり経験率が低くなると考えられる。

項目の並び方の特徴は、小学生の頃と共通である。また、都市部の方が経験率が多い項目として、小、中高で共通して「海外旅行」がある。また、中高生では「アルバイト」も都会、都市部の方が経験率が高い。これは都会の方が、働き口が多く、学生でもアルバイトがしやすい環境があるためと考えられる。一方、地方の方が経験率が多い項目は、小学生の頃と同様、地方の方が都会よりも経験できることの選択肢が少ないためと考えられる。

以上、ここまで属性ごとに経験率をみてきたが、男女、SE、出身地によって経験率に違いがあることがわかった。

第3節　大学における経験

大学における経験についての回答結果を図4.9に示した。

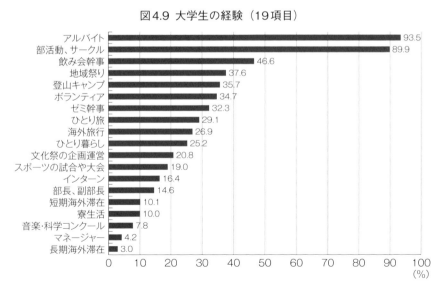

図4.9　大学生の経験（19項目）

図4.9より、約9割の大学生が、「アルバイト」と「部活動、サークル」をしていることがわかる。しかし他の項目に関しては、すべて経験率が5割に満たない。小、中高においては、6〜7割の子どもが経験している項目があったが、大学生ではそうなっていない。これは、子どもの頃より、今回調査した項目以外にも、大学生の経験項目の種類が広がるため、一つひとつの項目の経験率が相対的に下がるためと考えられる。

　また大学生の経験については、注意すべきことがある。それは第1章で触れていた大学ランクとの関連である。大学ランクはその人の偏差値との関連が大きく認知的スキルとも関連が大きい。では、どのレベルの大学に所属しているかによって、経験の違いはあるのだろうか。以下に、6つの大学ランクのグループ別に、現在の大学における経験をみた。その結果、大学グループによっては、グループによる特徴の違いが小さいことがわかった。ただし、一部、大学ごとの特徴がみられた項目があった。図4.10はそれを示したものである。

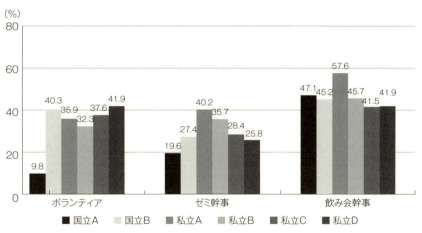

図4.10 大学生の経験（大学ランク別）

　図に示した3項目は、ランクによって違いがあったものであるが、この違いは私立Aと国立Aによるところが大きい。まず、「ボランティア」がわかりやすい結果となっているが、国立Aは他の大学グループよりも経験率が低い（同様の傾向は、「ボランティア」「ゼミ幹事」「地域祭り」「登山キャンプ」で

もみられる)。ただし、経験している人の絶対数が少ないものの、「海外旅行」は、国立Ａが他グループよりやや高めの経験率となっている。一方、私立Ａは「ゼミ幹事」「飲み会幹事」でみられるように、他の大学グループよりも経験率が高い傾向がある。図には示していないが、大学生の19項目の経験のうち、私立Ａが最も経験率が高いものは、11項目に及ぶことからも、私立Ａの大学経験は他の大学よりも高い傾向があることがうかがえる。

　この結果を解釈すると、大学ランクによって、その学生のキャラクターには違いがありそうである。つまり、私立Ａの学生は、大学生活において学業以外にも活発に活動なキャラクターが想像できる。その一方、国立Ａの学生は他グループの学生に比べるとやや不活発なキャラクターなのか、あるいは他の大学の学生に比べ、大学の授業の負荷が高く、授業以外の活動に時間が割けないことも考えられる。

第4節　子どもの頃の経験と現在の経験、能力との関係

　ここまでみてきた、小学生から中高生の経験と、大学生の経験・認知的スキルはどのように関係しているのだろうか。この関係性についてみるため、各変数間の相関係数をみた(相関係数についての全体表は章末の付録4Aを参照)。
　相関係数からわかることは、小学生―大学生間、中高生―大学生間の経験の関連が小さいことである。ここからいえるのは、子どもの頃の経験と大学生の経験はあまり関係がない、ということになる。ただし、小学生―中高生―大学生で共通している項目(「地域祭り」「文化祭の企画運営」「スポーツの試合や大会」「音楽・科学コンクール」「登山キャンプ」「海外旅行」「短期海外滞在」)は、そうでないものに比べて、相関がやや強くでている。さらに、小学生と中高生では、中高生の経験の方が大学生の経験との相関が高くなる。これは、序章で述べた「『経験資本』では、経験の性質が、一回経験したことで次の経験へと連鎖的になっていき、より大きな経験の蓄積となっていく」(序章第3節参照)という特徴と一致する結果である。
　また、小学生、中高生の経験と大学生の認知的能力との関連についてみたと

ころ、批判的思考力と関連がある項目はあまりなく、語彙力・読解力とは関連は小さいもののネガティブになっているものが多い。

ただ、前節までの結果から、小学生・中高生の経験を扱う上ではその人の性別・SE・出身地をコントロールする必要があることわかっている。また、大学生の認知的能力については、その人の大学ランクをコントロールする必要がある（第1章第6節参照）。以下では、これらの属性の変数をコントロールした上で、子どもの頃の経験と大学生の認知的能力との関係性について検討する。

検討の方法としては、重回帰分析を用いる。分析モデルは、3つの認知的スキルをそれぞれ従属変数として、相関係数が有意となった経験を説明変数とする。なお、属性をコントロールするため、これらも説明変数に加える。

重回帰分析の結果は、章末の付録4Bを参照されたい。表4.1はそれぞれの重回帰分析の結果から、経験の推定値を抜粋したものである。

表4.1 小学生、中高生の頃の経験と大学生の認知的能力の関連

		批判的思考力	語彙力	語彙力	読解力	読解力
小学生	スポーツ試合や大会		-0.22 **			
	音楽・科学コンクール		-0.08		-0.21 *	
	語学習い事		-0.11			
	習字				-0.28 *	
	学習塾		-0.17 *			
	球技習い事				-0.31 *	
中高生	地域祭り			0.00		
	アルバイト	-0.10		-0.30 **		-0.46 **
	音楽・科学コンクール			-0.03		

＊：p<.05, ＊＊p<.01.

まず批判的思考力は、属性をコントロールすると、中高生の頃の「アルバイト」経験の影響が有意でなくなった。なお、小学生の頃の経験項目のうち、批判的思考力との相関が有意になったものはなかった。ここから、批判的思考力には、小中高の経験の影響はほとんどないことがうかがえる。

次に、語彙力は、属性をコントロールしても、小学生の頃の「スポーツ試合や大会」と「学習塾」はネガティブな関係となってた。これは、スポーツ試合や学習塾の通塾経験が、語彙力にマイナスに影響するとも解釈できるが、スポーツ試合や学習塾の通塾経験が、語彙力を高めるような活動の時間を削ったためとも解釈できる。語彙力を高めるような経験や活動は、例えば読書活動があるだろう（現在の読書と認知的スキルの関連については第5章を参照のこと）が、子どもとて持てる時間は有限であるので、その子がスポーツ、塾に時間をかければ、読書をする時間は当然少なくなる。そのため、「スポーツ試合や大会」と「学習塾」が語彙力とネガティブな関係性になったのではないだろうか。

同様に、語彙力と中高生の頃の「アルバイト」もネガティブな関係となっている。これはスポーツ大会や学習塾よりも直感的に理解しやすいだろう。つまり、アルバイトはおおよそ語彙力を高めるような活動ではなく、働くことで本を読む時間が減るためと考えられる。ただし、語彙力についてはネガティブな関係性になったが、中高生の頃に働くことは、認知的スキルとは別に、働く上での暗黙知を獲得し、協調性や自立性を高めることにもつながっていると考えられる[3]。

読解力の結果は、語彙力と似ている。つまり、属性をコントロールしても、小学生の頃の「音楽・科学コンクール」「習字」「球技習い事」はネガティブな関係となった。読解力を高める活動のひとつとしては、語彙と同様、読書があると考えられるが（詳細は第5章を参照）、上記の経験は、小学生の頃に、生活における読書の時間を削るように作用したと考えられる。

また、中高生の「アルバイト」も、働くことに時間が割かれ、結果的に中高生の頃の読書の時間が削られることとなり、読解力とはネガティブな関係が表れたと考えられる。

第5節　まとめ

　本章においては、大学生の小学校から高校の頃の経験と、現在の大学における経験・能力との関連についてみてきた。その結果次のことが明らかとなった。

　まず、小学生の頃、中高生の頃の経験は、性別と家庭の経済状況、出身地によって、その経験の多寡が決まることがわかった。つまり、子どもの頃のスポーツは男性の方が女性よりも経験している人の割合が高く、習い事や自然活動、ボランティアは女性の方が男性よりも経験している人の割合が高い。また、家庭の経済状況でみると、上位のグループほど、習い事や海外経験をしている人の割合が高い。一方で、中高生の頃の役目に就くような経験では、下位グループの経験率が高くなった。さらに、出身地では、学習塾や海外旅行など、都会の方がアクセスが容易と考えられるものは都会（ものによっては地方の都市部も含む）出身者で経験率が高く、子ども会や地域の祭りといった、その地域のつながりが関わると考えられる経験は、地方部出身者の経験率が高くなっていた。

　大学生の経験は、認知的スキルとは異なり、大学グループ間で傾向の違いはあまりみられなかった。ただし、特に私立の上位校では比較的活発に教課外の活動をしており、国立の上位校は教課外の活動が控えめという傾向はあるようである。

　また、小学生の頃の経験・中高生の頃の経験と大学生の経験・認知的スキルとの関連をみたところ、経験については、小学生から中高大と経験が連鎖していることがわかった。一方、認知的スキルについては、子どもの頃の経験との関連が小さく、直接スキルを伸ばすようなものを明らかにすることはできなかった。子どもの頃の経験を積むとしても、そのことが認知的スキルを高めるわけではなさそうである。

注

1. 例えば、読書（国立青少年教育振興機構、2013）や運動（Suzuki & Nishijima, 2005）を大人になって習慣的にするかいなかは、子どもの頃の習慣の有無が影響するとある。
2. 近年では積極的に子どもに様々な体験をさせようとする動きもある（国立青少年教育振興機構、1999）。
3. 図表では示していないが、大学生のアルバイトは、大学生の「ゼミ幹事」（r=.09）と「飲み会幹事」（r=.11）、「一人旅」（r=.12）と正の相関関係がある。

参考文献

片岡栄美（2010）「子どものスポーツ・芸術活動の規定要因－親から子どもへの文化の相続と社会化格差－」（ベネッセ教育研究開発センター「学校外教育活動に関する調査報告書－幼児から高校生のいる家庭を対象に－」『研究所報』Vol.58、pp.10-24）。
国立青少年教育振興機構（1999）「『体験の風をおこそう』運動」（http://www.niye.go.jp/services/taikennokaze/、最終アクセス：2015年10月20日）。
国立青少年教育振興機構（2010）「子どもの体験活動の実態に関する調査研究 報告書」。
国立青少年教育振興機構（2013）「子どもの読書活動の実態とその影響・効果に関する調査研究 報告書」。
国立青少年教育振興機構（2014）「青少年の体験活動の意味と範囲の調査研究 報告書」。
ベネッセ教育研究開発センター（2005）「第1回子ども生活実態基本調査 報告書」ベネッセコーポレーション。
ベネッセ教育研究開発センター（2009）「子どものスポーツ・芸術・学習活動データブック」ベネッセコーポレーション。
ベネッセ教育総合研究所（2013）「母親の『習い事経験』は子どもの『活動選択』に影響するのか－スポーツ活動・芸術活動の世代間伝承に関する検討－」http://berd.benesse.jp/feature/focus/5-gakkougai/activity03/（最終アクセス：2015年12月17日）。
森下昌美（2010）「子ども時代の旅行経験と家族旅行に対する価値観について」『日本国際観光学会論文集』Vol.17。
Suzuki K. and Nishijima T.（2005）, "Effects of sports experience and exercise habits on physical fitness and motor ability in high school students", *School Health*, Vol.1, pp.22-38.

付録 4A

表 4A.1 [1/2] 変数間の相関

		大学生										
		部活動、サークル	部長、副部長	マネージャー	地域祭り	アルバイト	ボランティア	インターン	文化祭の企画運営	スポーツの試合や大会	音楽・科学コンクール	登山キャンプ
小学生	学級委員・児童会役員	.04	.05	.00	.10 **	.06	.07 *	.08 *	.01	.09 **	.03	.04
	学芸会主役	.01	.05	.00	.10 **	-.02	.05	.08 *	.02	.09 **	.06 *	.08 *
	ボーイスカウト	.02	.04	.05	.03	.02	.11 **	-.02	.02	.10 **	.03	.12 **
	子ども会	.02	.07 *	.00	.10 **	.04	.09 **	.04	.09 **	.00	.04	.09 **
	スポーツ試合や大会	.00	.08 *	-.01	.09 **	.03	.08 *	-.03	.05	.18 **	.05	.08 *
	音楽・科学コンクール	.00	.02	.08 *	.12 **	.04	.10 **	-.01	.09 **	-.03	.15 **	.03
	地域祭り	-.04	.01	.07 *	.15 **	.05	.10 **	.04	.02	.03	.00	.11 **
	登山キャンプ	.00	.04	.04	.04	.03	.05	.01	.06	.04	-.02	.17 **
	海外旅行	.01	.00	-.01	.06	.01	.04	.06 *	.03	.04	.07 *	.05
	海外滞在	.02	.01	.02	.04	-.03	.08 *	.06	.06	.00	.07 *	.08 *
	音楽習い事	-.01	.01	.06	.08 *	.05	.05	.02	.01	-.05	.05	-.02
	語学習い事	.05	-.01	.02	-.01	.01	.09 **	.10 **	.03	.02	.04	.11 **
	そろばん	.00	.02	.03	.03	-.01	.05	-.02	.03	.02	.01	.00
	習字	-.02	.00	.05	-.02	-.01	.05	.04	.01	.12 **	-.03	.05
	学習塾	.06	.02	.03	.04	.01	.01	.04	.09 **	.03	.01	.06
	球技習い事	.09 **	.07 *	-.08 *	.04	.03	.01	-.02	-.01	.19 **	-.06	.05
	スポーツ習い事	.01	.05	.05	-.01	.01	.01	.04	.04	.08 *	.05	.05
中高生	学級委員・生徒会役員	.00	.08 **	.03	.09 **	.05	.06	.04	.01	.07 *	-.05	.04
	部活動	.05	.02	.00	.03	.05	-.01	-.03	-.01	.02	-.09 **	-.02
	部長、副部長	-.03	.04	.00	.01	.03	-.03	.02	-.03	.05	-.01	-.02
	マネージャー	.03	-.06 *	.13 **	.04	.01	.03	.04	.01	.02	-.01	.05
	地域祭り	-.01	.04	.01	.32 **	.07	.09 **	.06	.08 *	.06	.01	.12 **
	アルバイト	.00	.07 *	.03	.10 **	.11	.08 *	.02	.06	.01	.04	.01
	ボランティア	-.02	.05	.06	.15 **	.03	.19 **	.01	.08 *	.08 *	.02	.09 **
	文化祭の企画運営	.09 **	.11 **	.07 *	.12 **	.07	.12 **	.11 **	.21 **	.08 *	.05	.12 **
	スポーツ試合や大会	.07 *	.09 **	.02	.08 *	.01	.00	.02	.03	.27 **	-.03	.08 **
	音楽・科学コンクール	-.06	-.01	.04	.08 *	.02	.09 **	.03	.08 *	-.10 **	.15 **	-.01
	登山キャンプ	-.01	.07 *	.07 *	.09 **	.07	.17 **	.06	.07 *	.05	.01	.27 **
	寮生活	.02	.00	.03	.03	.06	.05	.04	.03	.01	.01	.02
	海外旅行	.00	.01	.02	.04	.02	.02	.05	.02	-.03	.10 **	.02
	海外滞在	.03	.01	.04	.07 *	.06	.09 **	.09 **	.03	-.01	.04	.06

*: $p<.05$, **: $p<.01$.

表4A.1 [2/2] 変数間の相関

		大学生										
		寮生活	海外旅行	短期海外滞在	長期海外滞在	ひとり暮らし	ひとり旅	ゼミ幹事	飲み会幹事	批判的思考力	語彙力	読解力
小学生	学級委員・児童会役員	.05	.04	.05	.01	.08 *	.07 *	.11 **	.10 **	.07	.05	.01
	学芸会主役	-.01	.02	.04	-.01	.01	.06 *	.11 **	.11 **	-.01	.02	-.03
	ボーイスカウト	.02	.04	-.01	-.01	-.04	.06	.05	.03	.03	.01	-.01
	子ども会	.04	.01	.04	-.01	.14 **	.07 *	.04	.09 **	.01	.01	-.02
	スポーツ試合や大会	.00	.03	.03	-.02	.13 **	.12 **	.01	.05	-.04	-.09 **	-.08
	音楽・科学コンクール	.08 *	.08 *	.02	-.01	.10 **	.06	.01	.04	.00	-.08 *	-.09 *
	地域祭り	.01	-.01	.08 *	-.03	.04	.01	.06	.03	-.02	-.04	-.07
	登山キャンプ	.03	.09 **	.06	.03	.11 **	.07 *	.07 *	.07 *	.02	.03	.05
	海外旅行	.02	.21 **	.12 **	.10 **	-.01	.05	.05	.06	-.03	-.05	-.07
	海外滞在	.05	.15 **	.17 **	.12 **	.00	.05	.00	.05	.00	-.01	-.04
	音楽習い事	.01	.14 **	.06	.05	.00	-.02	.04	.03	.05	-.05	-.02
	語学習い事	.01	.07 *	.06	.02	.00	.01	.05	.05	-.03	-.08 *	-.04
	そろばん	.05	.03	-.02	-.04	.11 **	.06	.00	.02	.01	-.02	.00
	習字	.07 *	.08 *	.11 **	.06	.08 *	.04	.04	.04	-.02	-.05	-.10 *
	学習塾	-.04	.06	.05	.00	-.06 *	.01	.02	.06	-.01	-.07 *	-.02
	球技習い事	-.02	-.03	.08 *	.02	.08 *	.10 **	-.02	.03	-.06	-.02	-.10 *
	スポーツ習い事	.00	.10 **	.07 *	.01	.03	.03	.04	.06	.03	-.02	.00
中高生	学級委員・生徒会役員	.09 **	-.02	-.02	-.01	.14 **	.03	.07 *	.10 **	.02	.05	.01
	部活動	.05	-.02	.03	.03	.02	.05	.03	.03	-.08	.01	-.05
	部長、副部長	.02	.01	.00	.02	.04	.05	.02	.03	.00	.04	-.03
	マネージャー	.05	.06	.07 *	.07 *	.01	.04	.02	-.01	-.03	-.05	-.04
	地域祭り	.00	.02	.00	.01	.06	.02	.03	.06	-.05	-.07 *	-.07
	アルバイト	.06	.06	.01	.07 *	-.04	.09 **	.11 **	.12 **	-.10 *	-.20 **	-.21 **
	ボランティア	.04	.02	.06	.01	.02	.02	.08 *	.06	-.06	-.06	-.08
	文化祭の企画運営	.03	.05	.06	.02	.04	.11 **	.11 **	.12 **	.00	-.04	-.01
	スポーツ試合や大会	-.01	-.04	-.01	-.01	.07 *	.06	.03	.05	.01	-.01	-.02
	音楽・科学コンクール	.06	.07 *	.05	.02	.04	.04	.01	.03	-.01	-.07 *	-.01
	登山キャンプ	.03	.09 **	.03	.05	.00	.02	.06 *	.05	.03	.02	.00
	寮生活	.15 **	.08 *	.08 *	.05	.04	.04	.04	-.04	-.01	-.02	.00
	海外旅行	.04	.21 **	.05	.08 *	.02	-.02	-.02	.04	.01	-.03	-.05
	海外滞在	-.02	.19 **	.16 **	.07 *	.04	.04	.11 **	.09 **	.04	-.02	.02

*: p<.05, **: p<.01.

付録4B

表4B.1 批判的思考力と中高生の頃の経験の関係

	偏回帰係数	標準偏差	p値
切片	0.01	0.15	0.96
中高生の経験（経験「なし」に比べて）			
アルバイト	-0.10	0.12	0.41
性別（男性と比べて）			
女性	0.06	0.10	0.53
出身（都会都市部の出身と比べて）			
都会都市部以外	0.10	0.13	0.43
地方都市部	0.08	0.15	0.60
地方都市部以外・へき地	-0.01	0.15	0.97
ES（育った家庭の経済状況が「中」に比べて）			
上	-0.08	0.13	0.53
下	0.25	0.26	0.34
大学ランク（所属大学のランクが「B」に比べて）			
国立A	1.05	0.23	0.00
国立B	0.61	0.23	0.01
私立A	0.65	0.15	0.00
私立C	-0.26	0.15	0.09
私立D	-0.68	0.15	0.00

表4B.2 語彙力と小学生の頃の経験の関係

	偏回帰係数	標準偏差	p値
切片	0.94	0.11	0.00
小学生の経験（経験「なし」に比べて）			
スポーツ試合や大会	-0.22	0.06	0.00
音楽・科学コンクール	-0.08	0.06	0.22
語学習い事	-0.11	0.06	0.10
学習塾	-0.17	0.07	0.01
性別（男性と比べて）			
女性	-0.23	0.06	0.00
出身（都会都市部の出身と比べて）			
都会都市部以外	0.10	0.08	0.18
地方都市部	0.00	0.09	1.00
地方都市部以外・へき地	0.21	0.10	0.03
ES（育った家庭の経済状況が「中」に比べて）			
上	-0.11	0.08	0.15
下	0.06	0.14	0.67
大学ランク（所属大学のランクが「B」に比べて）			
国立A	0.92	0.14	0.00
国立B	0.17	0.13	0.20
私立A	0.58	0.09	0.00
私立C	-0.19	0.09	0.04
私立D	-0.48	0.09	0.00

表4B.3 語彙力と中高生の頃の経験の関係

	偏回帰係数	標準偏差	p値
切片	0.73	0.10	0.00
中高生の経験（経験「なし」に比べて）			
地域祭り	0.00	0.07	0.98
アルバイト	-0.30	0.07	0.00
音楽・科学コンクール	-0.03	0.06	0.63
性別（男性と比べて）			
女性	-0.20	0.06	0.00
出身（都会都市部の出身と比べて）			
都会都市部以外	0.06	0.08	0.41
地方都市部	-0.04	0.09	0.64
地方都市部以外・へき地	0.12	0.10	0.23
ES（育った家庭の経済状況が「中」に比べて）			
上	-0.16	0.08	0.04
下	0.15	0.14	0.28
大学ランク(所属大学のランクが「B」に比べて)			
国立A	0.88	0.15	0.00
国立B	0.20	0.13	0.14
私立A	0.57	0.09	0.00
私立C	-0.18	0.09	0.06
私立D	-0.42	0.09	0.00

表4B.4 読解力と小学生の頃の経験の関係

	偏回帰係数	標準偏差	p値
切片	0.19	0.17	0.26
小学生の経験（経験「なし」に比べて）			
音楽・科学コンクール	-0.21	0.10	0.03
習字	-0.28	0.11	0.01
球技習い事	-0.31	0.12	0.01
性別（男性と比べて）			
女性	0.07	0.11	0.54
出身（都会都市部の出身と比べて）			
都会都市部以外	0.17	0.13	0.19
地方都市部	0.29	0.15	0.05
地方都市部以外・へき地	0.27	0.15	0.08
ES（育った家庭の経済状況が「中」に比べて）			
上	-0.16	0.13	0.20
下	0.66	0.26	0.01
大学ランク(所属大学のランクが「B」に比べて)			
国立A	1.38	0.23	0.00
国立B	0.50	0.23	0.03
私立A	0.66	0.15	0.00
私立C	-0.24	0.15	0.11
私立D	-0.68	0.14	0.00

表4B.5 読解力と中高生の頃の経験の関係

	偏回帰係数	標準偏差	p値
切片	0.05	0.15	0.77
中高生の経験（経験「なし」に比べて）			
アルバイト	-0.46	0.11	0.00
性別（男性と比べて）			
女性	0.09	0.10	0.34
出身（都会都市部の出身と比べて）			
都会都市部以外	0.12	0.13	0.35
地方都市部	0.19	0.15	0.19
地方都市部以外・へき地	0.11	0.15	0.49
ES（育った家庭の経済状況が「中」に比べて）			
上	-0.21	0.13	0.10
下	0.76	0.26	0.00
大学ランク（所属大学のランクが「B」に比べて）			
国立A	1.37	0.23	0.00
国立B	0.58	0.23	0.01
私立A	0.69	0.15	0.00
私立C	-0.16	0.15	0.28
私立D	-0.59	0.14	0.00

第5章

読書経験

堀 一輝

第1節　はじめに

1.1　日本人の「活字離れ」と読書経験に関する調査

　日本人の「活字離れ」が言われるようになって久しい。毎年読書に関する多くの調査が行われ、「日本人のX％が本を読まない」「本を読まない大学生がY割を超えた」といった調査結果がニュースや新聞の見出しを飾っている。文化庁の「国語に関する世論調査」を例にとると、1か月に1冊も本を読まない「不読者」の割合は平成14年度から平成25年度の11年間で約10％高くなっている（平成14年度：37.6％、平成25年度47.5％；文化庁、2014）。一方で全国学校図書館協議会と毎日新聞社が毎年行っている調査の結果を見ると、小学生・中学生・高校生の読書量は緩やかな増加傾向にあり、不読者率がわずかに減少していることがわかる（全国学校図書館協議会・毎日新聞社、2015）。このように日本人の読書状況は世代によってトレンドが異なっており、「日本人の活字離れが進んでいる」と一緒くたにしてしまうことはできない。

　それでは本書の調査対象である大学生の読書状況はどうであろう。全国大学生活協同組合連合会が毎年行っている「学生生活実態調査」によれば、不読者率は2015年に45.2％と4割を超えている（全国大学生活協同組合連合会、2016）。また、Benesse教育研究開発センターの「大学生の生活実態調査」によると、不読者率は、2008年に20.3％、2012年に28.3％と、4年間で8ポイン

ト上昇している（Benesse教育開発センター、2009；2013）。両調査における不読者率の上昇は大学生の活字離れを示しているように思われるが、これらの結果を見る際にはいくつかの点に注意しなければならない。まず対象となっている期間が異なっている。全国大学生協連の調査が平均的な「1日」の読書時間を聞いているのに対し、Benesse教育開発センターの調査では「一週間」の読書時間を聞いている。日常的に読書をしない人に対して「1日」の読書量を聞けば、多くの場合0時間と答えるだろう。しかし対象期間を1週間や1か月、1年間と長くすれば1日の場合よりも0時間と回答する可能性が低くなるため、不読者率の絶対的な大きさや増減を調査間で単純に比較することはできない。また、質問で用いられる単位が変わることによっても不読者率は変化すると考えられる。例えば国立青少年教育振興機構が2012年に実施した「子どもの読書活動と人材育成に関する調査研究」では、「読書時間」ではなく最近1か月間に読んだ本の「冊数」を聞いている。この質問に0冊と回答した大学生の割合、つまりこの調査における不読者率は20.8％で、単位として「読書時間」を用いた前述の2つの調査よりも不読者の割合が低くなっている（対象期間にも注意）。以上のように読書に関する調査・研究は、調査機関によって対象としている世代や調査時期、対象期間や使用単位が異なっているため、結果の相互比較には注意が必要である[1]。

1.2　読書経験がもたらすもの

　読書に関する調査は前項で挙げたもの以外にも数多く存在するが、これほどまで多くの調査が行われ、活字離れが問題になるのはなぜであろう。考えられる理由のひとつに、本を読まなくなったことで読書がもたらすものが失われているのではないか、という危機感があるだろう。ここで「読書がもたらすもの」として考えられているものには語彙力や読解力といった「認知的スキル」や、共感性、心の豊かさといった「非認知的スキル」の両方が含まれている。この認知的／非認知的スキルと読書の関係を詳しく見ていこう。

　「本を読めば語彙力や読解力が上がる」という言説は世間一般に広く受け入れられているが、読書と認知的スキルの関係、特に語彙力や読解力といった言

語スキルとの関係は学術研究においてもしばしば研究の対象となってきた。例えば高橋・中村（2009）や猪原・上田・塩谷（2013）は小学生における読書量と語彙力・読解力の関係を検討しており、読書量が多い人ほど語彙力・読解力が高い傾向にあることを報告している。さらに国立教育政策研究所編（2010a）の調査では、小学生・中学生・大学生・成人の4世代で読書量と読解力の関係を調べており、どの世代においても不読者よりも多読者の方が読解力テストの点数が高いという結果になっている。読書と言語スキルの関係はOECDの生徒の学習到達度調査（PISA）においても取り上げられており、2009年の調査では雑誌・フィクション・ノンフィクション・新聞の4ジャンルに関して、多読者の読解力スコアが不読者よりも高くなる傾向が多くの国で確認されている[2]（国立教育政策研究所編、2010b）。

　読書は語彙力や読解力などの認知的スキルだけでなく、情動や態度といった非認知的側面とも密接な関係があるとされる。例えば国立青少年教育振興機構編（2013）の調査では、「未来志向性」「社会性」「自己肯定感」といった非認知的スキルの得点に関して、多読者が不読者を上回ることが確認された。また、平山（2008）では大学生に「読書によって得られるもの」を自由記述式で回答させている。その結果、「語彙が増える」「表現力が増える」といった認知的スキルに関わる回答のほかに、「心が豊かになる」「人の気持ちが分かるようになる」「感受性が強まる」「社会への適応力がつく」「話のネタを得られる」といった感情や感覚、対人スキルなどの非認知的スキルに関する回答が得られている。さらに2009年のPISAや2013年の国際成人力調査（PIAAC）では「読書への取り組み」（reading engagement）が重要視されており、「読書への関心」や「自律性の認識」「社会的相互作用」などの非認知的側面を含めた読解力の定義がなされている（OECD、2010；国立教育政策研究所内国際成人力研究会編著、2012）。

　以上のように、読書経験・認知的スキル・非認知的スキルの三者は相互に密接な関係にあることから、活字離れがある種の社会問題となることには一定の妥当性があるといえる。しかし読書量の減少が直ちに読解力や共感性の低下に結びつくとは考えにくい。活字離れが本当に問題なのかどうかを判断するためには、三者の関係をより正確に捉えていく必要があるだろう。

1.3 本章の目的

ここまで、読書に関する既往の研究・調査や、読書がもたらすメリットについて述べてきた。そこでの議論を踏まえ、本章では、1）大学生の読書状況、特に対象期間を年間まで広げた場合の読書状況がどうなっているのか、2）対象期間を年間まで広げた場合に、不読者はどの程度いるのか、という2点を調査データで確認する。続いて、3）読書と認知的スキルの関係を調査データの分析を通して明らかにし、従来言われてきた「読書のメリット」が大学生にも当てはまるのか検討する。

ここで扱う認知的スキルには語彙力・読解力の他に批判的思考力も含んでいる。批判的思考力は各種リテラシーの基盤をなす能力であり、語彙力・読解力などのジェネリックスキルと密接な関係にあると考えられている（楠見・子安・道田、2011）。したがって、批判的思考力と読書の間にも何らかの関連があると考えられるが、読書研究が国語教育や幼児教育などの文脈で語られることが多かったため、読書と批判的思考力の関係を論じた研究は多くない。そこで、本章では読書と認知的スキルの関係の中でも、特に批判的思考力との関係に焦点を当てていきたい。本来なら認知的スキルと非認知的スキルの両方について分析していくべきところだが、紙幅の関係で本章では認知的スキルのみを取り扱う。読書と非認知的スキルの関係については、第10章を参照のこと。

第2節　大学生の読書状況と認知的スキル

2.1　読書量の分布

はじめに本のジャンルごとに読書量の分布を確認していく。本調査では漫画・雑誌・小説・新書・実用書・学術書の6ジャンルについてそれぞれ読書量を回答するよう求めている。読書量を「読まない」「月1冊未満」「月1冊以上」として集計したところ[3]、大学生によく読まれているジャンル（漫画・

雑誌・小説）と、あまり読まれないジャンル（新書・実用書・学術書）の2つに分かれた（図5.1）。前者の中でも漫画は特によく読まれており、6割以上が月に1冊以上読むと回答している。漫画に次いでよく読まれているのが雑誌と小説で、およそ半数の大学生が月に1冊以上読むと回答している。対照的に新書・実用書・学術書は読まれる量が少なく、月1冊以上読む人の割合はおよそ25％と漫画・雑誌の半分以下となっている。また、25％を超える高い不読者率も特徴的だ。特に学術書は3分の1以上が読まないと答えており、6ジャンルの中で最も不読者率が高くなっている。

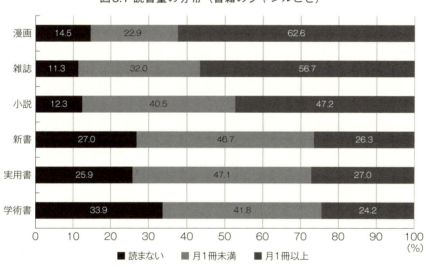

図5.1 読書量の分布（書籍のジャンルごと）

次に受検者属性ごとの読書量を見ていく。図5.2は男女別の読書量を表している。月1冊以上の割合に注目すると、漫画・雑誌・新書・実用書において10％以上の性差が見られる（いずれも男性＞女性）。反対に「読まない」の割合に注目すると、漫画・実用書・学術書において女性の不読者率が男性より5％程度高くなっている。6つのジャンルの中で小説のみ大きな性差が見られなかった。

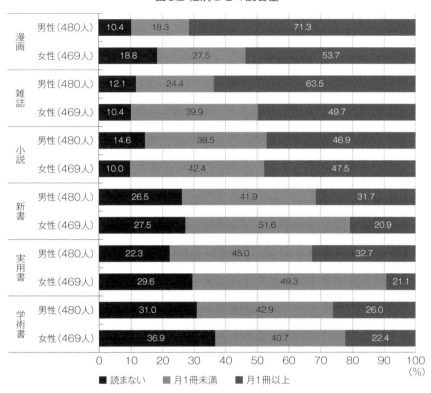

図5.2 性別ごとの読書量

　図5.3は学年と読書量の関係を表している。図から新書、実用書、学術書は学年が上がるにつれて読書量が多くなることがわかる。特に学術書ではその傾向が強く、1年生と4年生で不読者率に16.3％の差があるのに加え（1年生＞4年生）、月1冊以上の割合でも9.4％の差がついている（1年生＜4年生）。これは、学年が上がって専門領域の学習が深まるにつれて、学術書に触れる機会が多くなっていくことが反映された結果だと考えられる。ただし、学部の最高学年である4年生であっても学術書を読まない人が25％以上存在していることには注意が必要であろう。一方で漫画は、学年の上昇とともに月1冊以上の割合が減少しており、1年生と4年生では10％以上の差がついている。

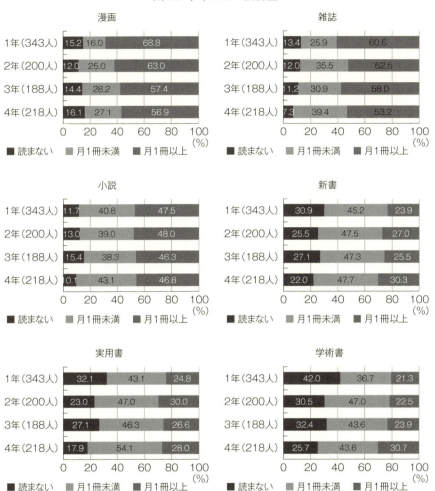

figure 5.3 学年ごとの読書量

　図5.4は大学群ごとの読書量の分布である。図を見ると、新書と学術書の読書量は、入試偏差値が高い大学の方が多くなっていることがわかる（国立A＞国立B、私立A＞私立B＞私立C＞私立D）。雑誌の読書量は入試偏差値による差が小さいものの、大学の設置区分による差が見られ、私立の読書量が国立よりも多くなっている。逆に漫画は国立大学の方が、読書量が多くなっている。

図5.4 大学群ごとの読書量

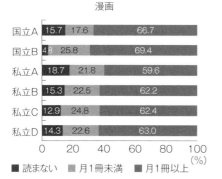

漫画

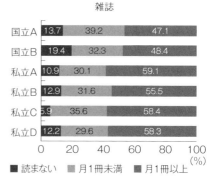

雑誌

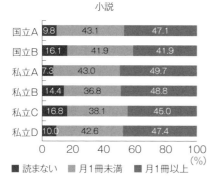

小説

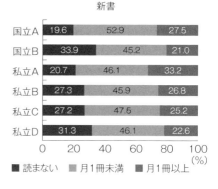

新書

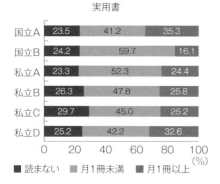

実用書

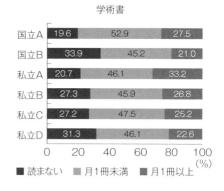

学術書

表5.1は読書量の相関係数である。学術書と漫画、学術書と雑誌という2つのペア以外で有意な正の相関が得られている。最も相関が高いペアは小説と新書で（r=.52）、次いで新書と実用書（r=.45）、実用書と学術書（r=.41）となっている。新書・実用書・学術書が大学生にあまり読まれないジャンルであったことを考えると、新書・実用書・学術書は、数は多くないが共通した読者層を持っているといえるだろう。反対に最も相関が低い組み合わせは漫画と学術書で、r=.07と0に近い値となっている。

表5.1 読書量の相関係数

ジャンル	漫画	雑誌	小説	新書	実用書
雑誌	.25				
小説	.28	.19			
新書	.19	.22	.52		
実用書	.16	.22	.29	.45	
学術書	.07	.08	.24	.38	.41

注：スピアマンの順位相関係数（すべて5％水準で有意）。

　最後に総合読書量を確認する（図5.5）。総合読書量は「読まない」を0点、「月1冊未満」を1点、「月1冊以上」を2点とし、回答者ごとに得点を足し上げたものである。ヒストグラムは漫画を含む場合（満点12点）と含まない場合（満点10点）の2パターン作成している。このように得点化をしたとき総合得点が0点となった人は、漫画を含めた場合に5人（約0.5％）、含めなかった場合に10人（約1％）と非常に少ない。また、漫画を除いた場合に得点が8点以上[4]になる人は228人（24％）となった。今回の調査では教科書や電子書籍を読書としてカウントしていないことを考慮すると、世間で騒がれているほど大学生の読書量は少なくないと言えるのではないだろうか。

第5章　読書経験

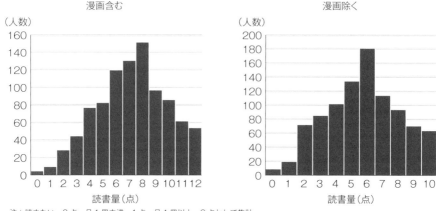

図5.5 読書量の分布

注:読まない=0点、月1冊未満=1点、月1冊以上=2点として集計。

2.2 読書と認知的スキルの関係

 前節では本章の目的のうち、1)大学生の読書状況と、2)不読者率を調査データで確認してきた。本節では残るもうひとつの目的である、3)読書と認知的スキルの関係を探っていく。なお、本節で扱う認知的スキル(語彙力・読解力・批判的思考力)とそのスコアの詳細については、第1章を参照のこと。

 表5.2は読書量と認知的スキルのテストスコアの相関を、図5.6は本のジャンル別に読書量とのテストスコア(平均)を表したものである。これらの図表から漫画の読書量が多くなると語彙力のスコアは高くなるが($r=.26$、表5.2)、読解力と批判的思考力のスコアは変わらないことがわかる(読解力:$r=.05$、批判的思考力:$r=.07$)。また、雑誌と実用書の読書量によって各テストのスコアは変化しないが(すべて$-0.1<r<0.1$)、小説・学術書の読書量はすべてのテストスコアと正の相関関係があり($0.1<r<0.3$)、新書は語彙力および批判的思考力と正の相関関係にある。テストごとに見ると、語彙力スコアは漫画・小説・新書・学術書の読書量と正の相関関係にあり、相関係数の大きさも0.2前後と3つのテストの中では大きい。読解力・批判的思考力の結果はよく似ているが、批判的思考力のみ新書と正の相関を持っている。

図5.6 読書量と認知的スキルの関係

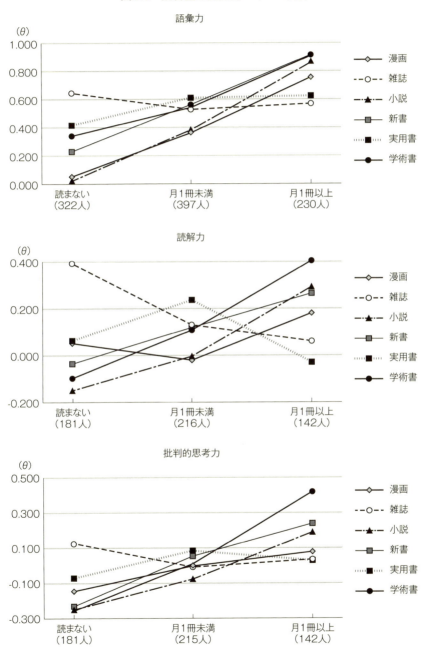

第5章 読書経験

表5.2 読書量と認知的スキルの相関

ジャンル	語彙力	読解力	批判的思考力
漫画	**.26**	.05	.07
雑誌	-.01	-.07	-.01
小説	**.29**	**.13**	**.13**
新書	**.25**	.09	**.14**
実用書	.08	-.03	.03
学術書	**.21**	**.15**	**.22**

注：太字は5％水準で有意となったもの。

　このように読書量と認知的スキルの間には一定の相関関係が存在するが、認知的スキルは一般学力や受検者属性とも相関があるため、認知的スキルと読書量の関係を正しく見通すためにはこれらをコントロールした分析が必要になる。そこで次に認知的スキルのテストスコアを従属変数、読書量・受検者属性・一般学力を独立変数とした重回帰分析を行う。

分析概要
独立変数
1) 読書量：
　　漫画・雑誌・小説・新書・実用書・学術書の6変数をダミー変数として投入。参照カテゴリは「読まない」。
2) 受検者属性：
　　性差や学年差をコントロールするため、性別・学年・大学群の3変数をダミー変数として投入。参照カテゴリはそれぞれ「男性」「1年生」「私立B」。
3) 一般学力：
　　いわゆる「学力」の影響を取り除くために、大学群に加えてセンター試験の得点（国語）を利用する。得点は20点刻みのカテゴリ変数であるため[5]、ダミー変数化してモデルに投入する。参照カテゴリは「120 - 139点」。

従属変数

　従属変数として、語彙力・読解力・批判的思考力テストのスコア（能力推定値）を標準化したものを投入する（したがって各テストとも、平均＝0、標準偏差＝1となる）。

分析結果

　まず受検者属性や一般学力の影響を見ていく。表5.3は偏回帰係数の推定値のうち、5％水準で有意となったものをまとめたものである。どの認知的スキルにおいても国立Ａや国立Ｂ、私立Ａの係数が大きな正の値に、そして私立Ｃと私立Ｄの係数が負の値になっており、大学群の影響がかなり強いことがわかる。また、語彙力と読解力では一般学力（センター試験の国語点数）の係数も一部有意となった。つまり、学力が高い人ほど認知的スキルの水準も高くなっている。これは認知的スキルが一般学力にも含まれるような性質を持つことを示唆している。

　次に読書量の係数を見ていく。3スキルの中で読書の影響を最も受けているのは語彙力で、すべてのジャンルにおいて少なくとも1つは係数が有意となった。特に漫画と小説の「月1冊以上」の係数は大きく、国立Ａと同等の大きさとなっている（漫画・月1冊以上：β =.54、小説・月1冊以上：β =.53、国立Ａ：β =.55）。つまり、漫画や小説を月1冊以上読むことには、大学群（入試偏差値）に匹敵する影響力があるということになる。このようなポジティブな関係は、程度こそ小さくなるものの、新書や学術書にも見られた（新書・月1冊以上：β =.19、学術書・月1冊以上：β =.19）。一方、単回帰係数が0に近い値だった雑誌と実用書の偏回帰係数は負の値になった（雑誌・月1冊以上：β =-.28、実用書・月1冊以上：β =-.23）。これら2つのジャンルはいわゆる「抑制変数」になっていると考えられる。つまり、雑誌と実用書の負の係数は、写真やイラストなどといった語彙力とは無関係な部分の影響を表し、その係数が負値になることで小説や学術書の係数が純粋な効果を表すようになっていると解釈することができる。

　読解力においても雑誌と実用書の係数が負値になっており（雑誌：β =-.26、実用書：β =-.28）、これら2ジャンルも抑制変数となっていることが確認でき

る。この負の係数は語彙力の場合と同様に、読解力テストが測定しているものと無関係な部分の影響を相殺していると考えられる。なお、語彙力の場合と違い、単相関で有意となっていた小説と学術書は偏回帰係数で有意となっていない。

表5.3 認知的スキルの重回帰分析結果

従属変数	独立変数	偏回帰係数	標準誤差
語彙力スコア	切片	-.47	.14
	漫画月1冊未満	.31	.09
	漫画月1冊以上	.54	.08
	雑誌月1冊以上	-.28	.09
	小説月1冊未満	.27	.09
	小説月1冊以上	.53	.10
	新書月1冊以上	.19	.09
	実用書月1冊以上	-.23	.09
	学術書月1冊以上	.19	.08
	大学群国立A	.55	.13
	大学群私立A	.37	.08
	大学群私立D	-.30	.08
	性別女性	-.22	.05
	セ試国100-119	-.26	.12
	セ試国160-179	.37	.10
	セ試国180-200	.57	.14
	セ試国未受験	-.44	.09

従属変数	独立変数	偏回帰係数	標準誤差
読解力スコア	雑誌月1冊以上	-.26	.13
	実用書月1冊以上	-.28	.13
	大学群国立A	.96	.18
	大学群国立B	.44	.18
	大学群私立A	.46	.12
	大学群私立D	-.40	.11
	セ試国100-119	-.45	.19
	セ試国未受験	-.32	.13

従属変数	独立変数	偏回帰係数	標準誤差
批判的思考力スコア	学術書月1冊以上	.27	.12
	大学群国立A	.71	.19
	大学群国立B	.46	.19
	大学群私立A	.47	.13
	大学群私立D	-.44	.12
	学年2年	-.29	.11
	学年3年	-.23	.11

注:5%水準で有意な係数のみ。セ試国=センター試験国語。

批判的思考力で偏回帰係数が有意になったのは、学術書(月1冊以上)と学年(2年生・3年生)のみであった。学年の効果が有意になっているが、学年の

上昇とともにテストスコアが上がるという単純な（線形の）関係ではなく、1年生よりも2・3年生のスコアが低くなるU字の関係になっている。いわゆる「中だるみ」がデータに表れた結果だが、語彙力や読解力に同様の現象が起きていないため、解釈には注意が必要である。ありうるひとつの解釈として、「語彙力や読解力は大学以前の国語教育によって長期間訓練されてきたため、大学での学年に影響されない安定的なものとなっているのに対し、批判的思考は大学入学以降に初めて触れる新しいものであるため学年によってその水準が変動しやすく、初年次教育などで批判的思考に触れたばかりの1年生の成績が2年生・3年生より高くなった」ということが考えられる。批判的思考力は専門的な学習や研究を行う上で必要となる学問リテラシーや研究リテラシーの基盤をなすものであり、大学教育のひとつの重要なアウトカムだと考えられている（楠見・子安・道田、2011）。しかし今回の調査結果からは、これから本格的に専門的な学びを深めていこうとする2年生や3年生が、学習の基盤となる批判的思考力を欠いていることが見えてきた。また、4年生の係数が非有意となったこと、つまり、参照カテゴリである1年生と差があるとは言えないことも、大学教育の成果を考える上でのポイントとなるであろう。なお、同様の現象が学習成熟度に関しても確認されているが、そちらの詳細は第7章を参照のこと。

第3節　まとめ

　本章では大学生の読書活動の現状を調査し、読書量と認知的スキルの関係をデータに基づいて検討した。読書量については、漫画を含めて1年間に1冊も本を読まない、いわゆる不読者の割合が1％未満であることや、多くの大学生が平均して月に1冊前後各ジャンルの本を読んでいることがわかった。ジャンルを小説に絞ってみても、約半数が「月1冊以上」読むと回答している。各調査の結果が示すとおり、大学生の読書量は経年的に減少しているのかもしれないが、ここ数年のスマートフォンやタブレット端末の爆発的な普及、そしてそれに伴うSNSなどの普及を考えると、読書量（冊数・読書時間）が減少することはやむを得ないことだと言える。むしろ、こういった環境の変化を考慮す

れば、今回明らかとなった大学生の読書量は少ないとは言えないのではないだろうか。

次に読書と認知的スキルの関係についてだが、今回取り上げた3つの認知的スキルの中で最も読書量の影響を受けるのは語彙力であった。次いで読解力、批判的思考力の順に読書の影響力が小さくなっていく。このような傾斜は、各テストが要求する認知プロセスの複雑さを表していると考えられる。すなわち、単純に言葉の意味を知っているかどうかを問う語彙力テストの場合には読書の効果が顕著に表れたが、書かれていることの解釈・評価が要求される読解力テストや、前提の理解、情報の信頼性の検討、演繹などを組み合わせて適切な判断をしなければならない批判的思考力テストの場合、より高次の認知的操作が要求されるため、読書の効果が表れにくかったと考えることができる。内容を読み解くために高次のリテラシーが要求される学術書の係数のみが批判的思考力に対して有意な影響力を持つという結果は、その傍証になるだろう。

また、読解力スコアや批判的思考力スコアに対して、ほとんどの書籍ジャンルが有意にならなかったことは、読書が読解力や批判的思考力に影響を与えないということを意味しているわけではない。直接的な関係が見られなくとも、語彙力を媒介として間接的な影響を与える余地はある。実際、語彙スコアを媒介としたモデルで分析を行うと、読書の直接効果は完全になくなってしまうものの、読書から語彙力のパス、語彙力から読解力・批判的思考力へのパスは統計的に有意となる（図5.7）。したがって、単純な構図ではないものの、読書は認知的スキル全体にポジティブな影響を与えることができると言えるだろう。

図5.7 媒介モデルにおける読書の影響力

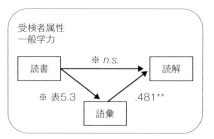

注：CT：批判的思考力、n.s.：非有意（$p \geq 0.05$）。

注

1. この点に関して、岩崎(2008)は「実験や調査の結果が相互に結びついて、理論研究に成熟するケースがほとんどない。特に調査においては、それぞれの調査に関する分析は実施されているものの、経年的な変化や子どもの発達段階を追跡して、実験や調査を分析し、その結果を理論化し、それを現場で適用する、というシステムができあがっていない」と指摘している。
2. 日本では雑誌の場合に不読者のスコアが多読者より高くなっている。
3. オリジナルの選択肢は「読まない」「年1-2冊」「年3-4冊」「月1冊」「月2冊」「月3冊」「月4冊」「月5冊以上」という8件法であった。ここでは簡単のため「年1-2冊」と「年3-4冊」を「月1冊未満」、「月1冊」から「月5冊以上」までを「月1冊以上」として集計した。
4. 平均的には5ジャンル中4ジャンルについて「月1冊以上」と回答していることになる。
5. 低得点帯は1つのカテゴリにまとめている(0-79点)。

参考文献

Benesse教育研究開発センター(2009)「第1回大学生の学習・生活実態調査報告書」http://berd.benesse.jp/koutou/research/detail1.php?id=3161(最終アクセス:2015年12月17日)。

Benesse教育研究開発センター(2013)「第2回大学生の学習・生活実態調査報告書」http://berd.benesse.jp/koutou/research/detail1.php?id=3159(最終アクセス:2015年12月17日)。

文化庁(2014)「平成25年度『国語に関する世論調査』の結果の概要」文化庁http://www.bunka.go.jp/kokugo_nihongo/yoronchousa/h25/pdf/h25_chosa_kekka.pdf(最終アクセス:2015年12月17日)。

平山祐一郎(2008)「大学生の読書状況に関する教育心理学的考察」野間教育研究所。

猪原敬介・上田紋佳・塩谷京子(2013)「小学校低学年児童における読書量、語彙力、文章理解力の関係」『第7回児童教育実践についての研究助成事業研究成果論文集』pp.8-29。

岩崎れい(2008)「子どもの読書に関する教育学的研究」(国立国会図書館編「子どもの情報行動に関する調査研究」『図書館調査研究リポート』No.10、pp.72-80)。

国立教育政策研究所編(2010a)『読書教育への招待-確かな学力と豊かな心を育てるために-』東洋館出版社。

国立教育政策研究所編(2010b)『生きるための知識と技能4-OECD生徒の学習到達度調査(PISA)2009年調査国際結果報告書-』明石書店。

国立教育政策研究所内国際成人力研究会編著(2012)『成人力とは何か-OECD『国際成人力調査』の背景-』明石書店。

国立青少年教育振興機構編(2013)「子どもの読書活動と人材育成に関する調査研究 成人調査ワーキンググループ報告書」http://www.niye.go.jp/kenkyu_houkoku/contents/detail/i/80/(最終アクセス:2015年12月17日)。

楠見孝・子安増生・道田泰司(2011)『批判的思考力を育む-学士力と社会人基礎力の基盤形成-』有斐閣。

OECD (2010), *PISA 2009 assessment framework: key competencies in reading, mathematics and science*(国立教育政策研究所監訳(2010)『PISA2009年調査 評価の枠組み-OECD生徒の学習到達度調査-』明石書店)。

高橋登・中村知靖(2009)「適応型言語能力検査(ATLAN)の作成とその評価」『教育心理

学研究』Vol.57、pp.201-211。
全国大学生活協同組合連合会（2016）「第51回学生生活実態調査の概要報告」全国大学生活協同組合連合会 http://www.univcoop.or.jp/press/life/report.html（最終アクセス：2016年3月10日）。
全国学校図書館協議会・毎日新聞社（2015）「『第61回読書調査』の結果」全国学校図書館協議会 http://www.j-sla.or.jp/material/research/54-1.html（最終アクセス：2016年3月10日）。

第6章

◇

困難や挫折の経験

岩崎　久美子

　困難や挫折の経験は、大学生にどのような影響を与えているか。本章では、大学生が経験してきた困難や挫折の経験について取り上げ、否定的な経験がもたらすプラスの影響とマイナスの影響について、心理学の理論や成人学習理論の枠組みから検討する。また、困難や挫折の危機的経験の意味づけから、その経験を克服する場合の意義を考える。

第1節　困難や挫折の経験数

　大学生に至る人生に起きるライフイベントは、日本人の男女ともに平均寿命が80歳を超える現在、一生のおよそ4分の1であろう。しかし、この限られた時期のライフイベントは、成育家族や学校、進路決定などに限定されたものでありながら、多感な時期において心理的に大きな影響を与えることが推測される。

　ここでは、今回の大学生の調査において、マイナスの経験と想定されるもののうち、「病気・入院」「家族の病気・介護」「友人やクラスメイトなどとの人間関係のトラブル」「家庭内のトラブル」の4つの項目について見てみることにする（図6.1参照）。

　この4つの項目で、男女ともに最も多いのは、友人やクラスメイトなどの「人間関係のトラブル」で、男性は全体の55.8％、女性は67.9％と過半数が経験している。また、男女差が見られるのは、「人間関係のトラブル」（$\chi^2(1) = 14.39$, p<.001）と「家庭内のトラブル」（$\chi^2(1) = 4.37$, p<.05）で、どちら

も女性の方が統計的に有意に多い結果となっている。

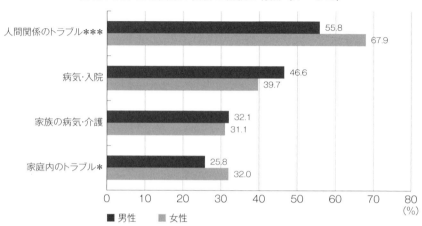

図6.1 大学生の困難や挫折の経験の有無（N＝949）

注：＊：p<.05, ＊＊＊：p<.001

第2節　困難や挫折の経験と進学大学偏差値

　困難や挫折の経験と、現在進学している大学入試偏差値（「（株）ベネッセコーポレーション進研模試（2013年7月高3生・高卒生）」の合格可能性判定基準偏差値）の平均を見たのが、表6.1である。

表6.1 経験の有無と大学偏差値の平均

	ある		なし		
	N	偏差値	N	偏差値	
人間関係のトラブル	585	61.9	362	63.1	t(945)＝1.90, n.s.
家族の病気・介護＊	300	61.4	647	62.8	t(945)＝2.21, p<0.5
病気・入院	404	62.1	543	62.6	t(945)＝.774, n.s.
家庭内のトラブル＊＊＊	274	60.7	673	63.1	t(945)＝3.50, p<.001

注：＊：p<.05, ＊＊＊：p<.001

経験の有無別に大学の偏差値の平均値を見たところ、その値に統計的有意差が認められたのは、「家族の病気・介護」（経験あり＜経験なし）、「家庭内のトラブル」（経験あり＜経験なし）であった。このことから、家族や家庭における否定的な経験は、直接学業に影響を与えている。一方、友人やクラスメイトなどの「人間関係のトラブル」や「病気・入院」の経験では、大学の偏差値の平均値に有意差が認められなかった。友人やクラスメイトなどの人間関係のトラブルは時間とともに解決し、学業に影響せずに乗り越えうる経験かもしれない。また、「病気・入院」は重篤なものでなければ、挽回可能であり、学業に影響を与えないということなのであろう。

　次に、「病気・入院」「家族の病気・介護」「人間関係のトラブル」「家庭内のトラブル」の4項目について、経験数ごとに偏差値を見てみた（図6.2参照）。4つの項目中、該当がないとの回答者（0項目）が、進学した大学入試偏差値が63.8と最も高く、1項目に該当する者は62.9、2項目に該当する者は62.2、3項目に該当する者は60.7となっている。4項目すべてに該当する者が61.2と3項目に該当する者よりも高いとはいえ、総じて、困難な経験をしていない者が、偏差値は高い結果と考えられる。つまり、否定的経験の種類が重なるにつれて、学業成績にはさらなるマイナスの影響があるという傾向が見てとれる。

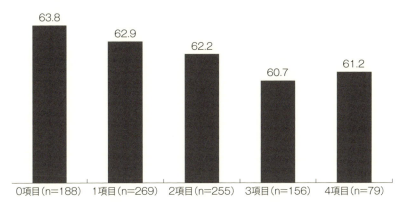

図6.2 困難や挫折の経験数と大学入試偏差値平均値（N＝949）

第3節　現在の満足度や相談相手との関係

　現在の生活全般についての満足度を、「1. 満足」「2. やや満足」「3. どちらともいえない」「4. やや不満」「5. 不満」の5段階で聞いた項目について、困難や挫折の経験の有無と満足度の平均値に差があるか見た結果、友人やクラスメイトなどの「人間関係のトラブル」（経験あり2.29＞経験なし2.15、$p<.05$）や「家庭内トラブル」（経験あり2.45＞経験なし2.15、$p<.001$）で、経験のある者の満足度の平均値が有意に低いことが明らかになった。このことから、友人、あるいは家庭内のトラブルなど、人間関係に関わる事項が現在の満足度と関係するひとつの要因になっていることが推測される。

　次に、友人やクラスメイトなどの人間関係、家庭内のトラブルの2項目に「経験あり」「経験なし」と回答した者を2群に分け、誰に相談しているかを聞いた項目を見てみる（表6.2参照）。「人間関係のトラブル」の経験の有無別で相談者の種類で有意差があるのは、「学外の友人・知人」の値である。「人間関係のトラブル」の経験があると回答した者の方が「学外の友人・知人」に相談する頻度が多い（経験あり（67.6％）＞経験なし（57.0％））。身近な友人よりも、少し距離のある友人・知人に相談する傾向があるということであろう。

表6.2 人間関係・家庭内のトラブルの有無別相談相手（％）

	人間関係のトラブル			家庭内トラブル		
	経験あり	経験なし	有意水準	経験あり	経験なし	有意水準
学内の友人	73.7	73.3		70.8	74.7	
学外の友人・知人	67.6	57.0	**	69.7	61.0	*
家族・親戚	65.5	64.2		56.2	68.6	**
学内の先輩・後輩	30.9	30.3		28.5	31.6	
ネット上	12.3	9.4		15.3	9.5	**
大学の教員	11.4	7.7		13.9	8.4	*

注：*：$p<.05$，**：$p<.001$

一方、「家庭内トラブル」の経験の有無別で有意差を見れば、「家庭内トラブル」の経験がある者は、「家族・親戚」に相談する頻度が少なく（経験あり（56.2％）＜経験なし（68.6％））、「学外の友人・知人」（経験あり（69.7％）＞経験なし（61.0％））、「ネット上」（経験あり（15.3％）＞経験なし（9.5％））、「大学の教員」（経験あり（13.9％）＞経験なし（8.4％））など、やはり身近でない者に相談する傾向があることがわかる。

第4節　困難や挫折の経験の種類と解決法

　それでは、大学生の困難や挫折の経験が具体的にどのようなものかを、自由記述から見てみたい。経験を振り返り、経験から学び、それを意味づけし、新しいものの捉え方を獲得する場合は、経験が糧になる。しかし、その経験が心理的な痛手を伴う場合も多い。ロスは、「つらい経験をするというのは、ちょうど大きな石を洗濯機で洗うようなものだ。ばらばらに壊れて出てくるか、ぴかぴかになって出てくるか、そのどちらかなのである」（ロス、2001、pp.17-18）と言っている。このように、「ばらばらになるか」「ぴかぴかになるか」の違いは、挫折経験をどのように乗り越え、意味づけるかによって異なるということである。それでは調査対象の大学生は困難や挫折をどのように乗り越えたと考えているのであろうか。

　困難や挫折の経験として、「つらく苦しい状況を乗り越えた経験」を具体的に記入した者は383名で、全体の40.4％である。その内容と具体的対処の仕方を明記した者の自由記述の抜粋を見てみよう。

4.1　人間関係のトラブル

4.1.1　いじめ

- 小、中学時代は、大半の同級生からいじめを受けていた。学校に行きたくないと思ったこともあった。しかし、少数ではあるが、自分にも友人や、高く評価してくれる先生がいたので、一度も不登校にはならなかった。日が経つ

ごとに、自分をいじめる人は減っていった。耐え抜いた甲斐あってのことだと思っている。(男性・文系・私立D) いじめ→理解者の存在、忍耐

- 小学校4年生のころにひどいいじめを受けていたが、クラスの一部の子や先生、親の力を借りていじめられないようになった。その後は児童会の役員などにもなるようになった。(男性・理系・私立B) いじめ→理解者の存在
- 中学2年次、いじめっ子の前の座席で殴られたり、押されたりした。家に帰っては泣き、運動部でストレスを発散した。(男性・理系・私立C) いじめ→運動部でのストレスの解放
- 同級生からの長期にわたるいじめを中学校3年間受け続け、正直死にたくなったときもあったがそれよりも、負けてたまるかという思いのほうが勝ち、乗り越えることができた。(女性・文系・私立A) いじめ→負けまいとする意志
- 高校時代に部活の部長だった先輩にいじめられ、同期にも無視され続けていたが、部活の個人部門の大会で優勝し全国大会出場を果たしたことで周りの目が変わり、その部長は予選敗退という結果に終わった。(男性・文系・私立A) いじめ→実績提示

4.1.2 失恋・恋愛

- 恋愛をすると相手を深く愛してしまうので、終わりを告げられるとそのたびにとてもつらい思いをしてきた。文章を書くことで気持ちを整理し、すべて受け入れることが愛することだと確信して、自分を信じてきた。(女性・文系・私立D) 失恋→気持ちの整理
- 失恋したが、「よくよく見たら可愛くないじゃん」と自分を納得させて気持ちを切り替えた。(男性・文系・私立D) 失恋→気持ちの切り替え
- 初恋に破れ、とてもつらく苦しい思いをしたが、原因は自分にもあると考え、自分を高める努力をすることで乗り越えた。(女性・理系・私立C) 失恋→自己向上
- 自身が同性愛者で、他人との相違と孤独に長い間悩まされ、一時期は自殺を考えるほどつらかったが、そんな中でできた友人に初めて勇気を出してカミング・アウトをして、容認されて同性愛者として生きることに肯定的になっ

た。(男性・理系・私立A) 同性愛→自己開示
- 恋愛関係にあった人から暴力を受けるなど、精神的にも肉体的にもダメージを受けたが、その人と会わなくなり、時間が解決した。(女性・文系・私立B) 恋愛DV→時間が解決

4.1.3 部活動

- 中学・高校で部活動をしていたが、トラブルにあい、結果として集団で何かを行うことに関して恐怖症になってしまった。精神面で問題を抱え始めていたため高校1年のとき退部したが、高校2年のとき文化祭委員になって、クラスをまとめた経験により自信を取り戻し、現在では回復しつつある。(女性・文系・私立B) 部活内のトラブル→成功体験による自信
- 高校のときに所属していたソフトテニス部での経験が私にとってとてもつらく苦しい経験だった。レベルの高いところを目指す部活だったため、精神的にも体力的にもつらく、なおかつ練習も普通の高校より多くあった。そんな中、私はレギュラーにはなかなかなれなかったので、余計つらく、けがをしてしまうなど、周りと大きく差が開く経験を感じた。そんな中でも同級生の仲間と支えあいながら、つらい経験は今後の糧になると思い、取り組み続け、レギュラーにも入ることができた。(女性・文系・私立A) 精神的・体力的に辛い部活→仲間の支え

4.2 転校・引っ越し

- 中学1年生頃に単身で海外留学したこと。言葉がまったく通じずつらかったが、一心不乱に言葉を覚え、周りに溶け込むことができた。(女性・文系・私立A) 海外留学→言語習得による関係づくり
- 留学中、ルームメイト(香港、台湾)と仲良くできなく、精神的につらい期間を過ごしたこと。(部屋で2人は中国語で話し、私の悪口を言っているのではと不安に思うようになってしまったため)自分の英語力が原因と考え、単語でもいいから伝える、ジェスチャーを交えるなど積極的に自ら英語で話しかけた。(女性・文系・私立B) 海外留学→言語習得による関係づくり

4.3 病気・入院

- 小学校低学年の頃に癌で数年入院し抗がん剤治療と手術を経験したが、家族や病院スタッフの支えもあり乗り越えることができた。（女性・理系・私立B）闘病→周りの支え
- うつ病になり、引きこもっていた時期がある。長い間外出ができなかったり、できても人が怖かったが、少しずつ考え方を変えたり、行動していくことで今では調子が良くなってきた。（男性・文系・私立B）引きこもり→考え方の変化変
- 高3で人間関係と受験のプレッシャーでうつ病になり、保健室登校で高校卒業後なおらなかったので3か月精神科に入院し、1年以上してやっと受験勉強を再開できた。うつの間は死んでしまいたいほどつらかった。現役で早慶以上は入れないのは恥ずかしいと思っていて結局入れなかったが学歴だけがすべてではない、プライドを高く持ちすぎるよりも大切なことがあることを教えてくれた経験だった。（女性・文系・私立A）うつ病→プライドよりも大切なことがあることを認識

4.4 家族の病気・介護

- 親が難病にかかったとき、それによって経済的に困窮した。しかし勉強を一生懸命やったおかげで、民間の財団から奨学金をいただけたので、大学に進学できた。（女性・文系・私立A）経済的困窮→勉強に打ち込み奨学金獲得
- 浪人時代に母が病気になったこと。大学に入ってからもそのことが原因で中々立ち上がることができなかったが、大学2年生になって「このままじゃいけない」と思い、大学でしかできない色々なことにチャレンジした。（男性・文系・私立B）母親の病気による心理的ダメージ→気持ちの切り替え
- 母親が死んで、本やネットで同じような体験の人の話を読んだり、自分の心に折り合いを付けようとひとりでたくさん考えごとをしたり、精神科にも行った。まだうき沈みも多く乗り越えたとは言い難いけど、時間は薬になって

いると思う。(女性・文系・国立A) 母親の死→時間が解決

- 父の死。時間が解決してくれたので、自ら乗り越えたという記憶ではない…。(女性・文系・私立C) 父親の死→時間が解決
- 最近、母親が脳腫瘍のため手術をしたところ、術後の反応で、もしかしたら急死するかもしれないと伝えられ、明日死ぬかもしれないと恐怖を覚えながらも、自分ひとりでも生きていけるように、家族を引っ張っていけるようにと決心した経験がある。(女性・文系・私立B) 母親の病気→決意と覚悟
- 父の病気の看病。緊急手術や長期入院など色々なことが大変で、精神的に苦しかった。都内の病院にほとんど毎日のように看病しに行った。家族で家事を分担し、お互いの負担を軽減して乗り越えた。現在父は元気である。(男性・文系・私立A) 父親の病気→家族の協力

4.5 浪人

- 浪人したが第一志望の学校には入学できず、その後、ひきこもりになった。これが大学2年の中ごろまで続いた。昼夜逆転し、大いに精神のバランスを崩した。自分の努力や能力に常に疑問を生じざるを得ない立場になってしまった。乗り越えられたのは、たまたまその大学に通学していた1年生のある日であった哲学書だった。それはソクラテスだった。この本には人間の限界を人間が決めることができないとの旨がかいてあった。これ以来少しずつではあるが、人生に希望がもてるようになった。それで今に至る。(男性・文系・私立B) 不本意進学→哲学書との邂逅
- 仮面浪人をしていたこと。両親から浪人を反対され、仮面なら……、と許してもらい1年間その時通っていた大学の単位をとることと受験勉強を両立した。つらかったのは周囲に仮面していることを隠していたので、応援してくれる人が母しかいなかったこと、予備校等通わず自分で勉強していたので相談できる先生・一緒に頑張れる仲間がおらず精神的に孤独だったこと。結局現役時第一志望の大学に合格し、自信にもつながった。(女性・文系・私立A) 仮面浪人→大学合格による自信

4.6 家庭内のトラブル

4.6.1 両親

- 中学生の頃、母の浮気により両親が離婚し、家族がばらばらになった。父の気持ちを理解しつつも、母の行いを許し、客観的に状況を見ることで、些細なことだと思うようになったときに乗り越えられたと思う。（女性・文系・私立B） 両親の離婚→客観視

- 大学入学したら両親が離婚した。部活をやっていたが、経済的な理由でやめざるを得なくなり、部活をやめたのがつらかった。アルバイトをがんばって生活費を稼ぐとともに遊ぶお金もつくるようにして自分なりの楽しみ方で乗り越えた。（女性・文系・私立B） 両親の離婚→楽しみの発見

- 特に乗り越えたわけではないが、家庭内での両親の不仲や歪みは見て見ぬ振りをして、自分の周りに無関心で塗り固めた壁を築いてやり過ごした。（男性・文系・国立A） 両親の不仲→無関心さを徹底

- 虐待されていた経験を乗り越えたこと。自分の中で親を許すことができた。（男性・文系・私立D） 虐待→親を許容

- 小学校かもしかすると幼稚園の頃から母に事あるごとに些細なことで怒られ、その時には必ずというくらい手を出す人間だったので、暴力を振るわれて毎日痣だらけだった。虐待をされていた。しかし我慢して我慢して、耐え、大学生になったらされなくなった。大きくなりすぎたのかもしれないが、我慢して乗り越えた気もする。（女性・文系・私立B） 虐待→乗り越える

4.6.2 きょうだい

- 小学生のころ兄が反抗期で私は包丁で脅されたり、マンションのベランダから落とされそうになったり、ベルトの金具の部分で殴られたりした。こんな中、小学校だけが自分をまもってくれる場所だった。（男性・理系・私立D） 虐待→居場所の確保

4.7　事故・天災

- 中学2年生のときに新潟県中越沖地震で被災したが、妹たちを不安にさせてはいけないと思い、明るく振るまった。また、避難所になっていた中学校で炊き出しのボランティアの手伝いなどをして、震災の経験を自分の強さに変えた。（女性・文系・私立D）　震災の経験→自分の強さとして認識

4.8　留年

- 中学のとき成績が240人中224位をとり、留年の危険があった（中高一貫私立だったので、中学での留年もありえた）。英語の勉強を定期的に計画的に行うことで全ての科目において学習のペースを作ることに成功した。（男性・理系・国立A）　留年の危機→学習ペースの獲得
- 中学〜大学の三度の受験に失敗し、大学でも留年が確定してしまったが、社会人になる前に自分を立て直す機会を神様にもらったと捉え、人間力を高めるために日々考えて行動している。（女性・文系・私立D）　留年→人生の機会と捉える

4.9　その他

4.9.1　不登校

- 小学校2年〜中学校2年まで不登校児だった。中学校3年の春に、将来に危機を感じ学校に行き始めた。学校に行ってなかった間は自分の存在価値がわからなかったが、中学校3年生から学校に行き、無事に高校に進学することが決まり、さらには大学、就職も決まった今になり、やっと自分が存在する価値のある人間だと感じるようになってきた。（男性・文系・私立B）　不登校→自尊感情の獲得

4.9.2 勉強・受験

- 高校入学後、学校やクラスの学習レベルとは自分はかけ離れたところにいて、さらに中学時代は塾や通信教育に任せきりだったため自分の勉強法がわからず自己嫌悪に陥った。部活の先生に話を聞いてもらったり、あまり高いところにハードルを持ってこないようにして高校時代は何とか乗り切り、その後は自分の気持ちや感情をうまくプラスに持っていけるように考えマインドセットしている。（男性・理系・私立B） 劣等感→マインドセット

- 学年の8割以上がそのまま進学する大学の付属校に通っていたが、外部受験を決意し取り組んだ。一般受験の受験勉強に加え、AO入試の対策、受験とはまったく関係のない内容とペースで進む高校の授業、部活、リーダーを務めていたボランティア活動など全てを並行して取り組んだ。体力や精神的に限界がきましたが、全てやりたいことであったのでなんとか周囲の力を借りつつやり遂げた。周りが遊んでいたり、反対してきたりしてつらかったが、自分で決めたことなのでやりきった。（女性・文系・私立A） 受験勉強→自分できめたことなのでやり通す

4.9.3 能力

- 大学で所属している国際交流団体の国際交流プログラム企画・運営委員長を務めていた際、英語があまりうまくなかったことやリーダーシップが足りないことを、帰国子女の友人たちに馬鹿にされた。その悔しさをばねに、必死で英語の勉強をして、アメリカへ留学し、英語や自分の意見を主張する方法を学んだ。（女性・文系・私立A） 英語力・リーダーシップ不足→米国留学

4.9.4 就職活動

- 就職活動。勉強のようにやればできるというものでなかったので面接に落ちるたびにつらい思いをした。働き方について改めてじっくり考えることで自分の納得した会社から内定をもらうことができた。（女性・文系・私立A） 就職活動の苦戦→納得した会社からの内定

4.9.5　経済状況

- 親が失業し、高校に進学出来ない状況になったが、当時の政府の政策や学校側の対応、奨学金などを活用し無事に卒業出来、親の仕事も安定し、大学にも進むことが出来た。（女性・文系・私立D）　親の失業→奨学金獲得

以上の例をみると、困難やつらいことに直面した後、「時間が過ぎ去ることを待つ」「考え方を変える」、あるいは「努力し新しい展開を得る」などの対応で、その状況を乗り越えることに成功していることがわかる。

大学生調査の自由記述に書かれた困難や挫折についてのエピソードは多く、人それぞれ様々なつらい経験を経ていることにあらためて驚かされる。

第5節　まとめ

シュロスバーグによれば、重大な転機は、「自分の役割」「人間関係」「日常生活」「考え方」のすべてに影響すると言う。そして、転機は、1）自分が選んだ場合、2）予期せぬことが起きるとき、3）予期したことが起きないとき、と類型化できるが、いずれの転機でも前向きか後ろ向きか、そして、どれだけ人生を変えるものかは当事者しかわからないとしている。転機がプラスになるかマイナスになるかは、「自分の役割」「人間関係」「日常生活」「考え方」が変化していく過程を、長い時間かけて判断することが必要であるという（シュロスバーグ、2000、pp.28-36）。

今回の調査によれば、自分が選んだ場合とは、「浪人する」「大学生になる」「親元を離れる」などである。しかし、これらは、自分で選んだ転機の場合もあるが、予期せぬ突然の転機の場合もある。

メリアムらは、成長と発達に対して否定的学習と名づけられる人生経験からの学習について研究を行っている。人生経験からの学習が「成長抑制的な結果」をもたらすことを想定し、自分を否定的に捉えている18人の成人対象に集中的インタビューを行った結果、自己を定義する際にライフイベントを問題視する場合、その経験は否定的に解釈されることが明らかになった。そのよう

な否定的な解釈は、「肯定的学習」として「成長」を伴って自己解放に至る前に、自分を閉じる傾向をもたらすと言う。同時に、マイナスと思われるライフイベントであっても、それを良いものとして認知するときに、より多くの学習活動の機会が生じるとされる。自己認識を変えるほどの変容をもたらす学習は、むしろマイナスと思われるライフイベントにおいて生じる。つまり、困難であると感じられれば感じられるほど、学習の潜在性はより高く、「自分が直面するつらく悲しい世界をどう考えるか」という学びから、自己変容しうる潜在性は高いとされている。しかし、「肯定的学習」として「成長」につながるには、長い時間を要し、有益なサポートが必要であることも指摘されている（メリアム＆カファレラ、2005、pp.125-126）。

　以上のように、大学生になるまでの困難や挫折といった経験は、人生途上のものであり、その後の人生にプラスになるかマイナスとして作用するか不明である。困難や挫折といった否定的経験はないには越したことはないだろうが、否定的経験に遭遇した場合には、その経験がプラスの影響を持つか、マイナスの影響になるかは、学習者の認知に大きく左右される。それゆえ、予期しない状況での困難や挫折の経験であっても、その事態を受け入れて適切に対処し、否定的経験から成長や発達の糧を見出す気概や勇気が大事と言えるのであろう。

参考文献

ロス，E. キューブラー（鈴木晶訳）（2001）『「死ぬ瞬間」と死後の生』中公文庫。
メリアム，シャラン B.＆カファレラ，ローズマリー S.（立田慶裕・三輪建二監訳）（2005）『成人期の学習－理論と実践－』鳳書房。
シュロスバーグ，ナンシー K.（武田圭太・立野了嗣監訳）（2000）『"選職社会"転機を活かせ』日本マンパワー出版。

◇ 第Ⅱ部 ◇
経験資本と現在

第7章

大学生の学習成熟度

伊藤 素江

第1節 はじめに

本章では「学習成熟度」について、第Ⅰ部の各章で個別に検討された項目を含めて過去の経験資本との関係を把握し、それが今の認知的スキルとどのような関係にあるのか確認すること、また現代の大学生がどの程度の学習成熟度を持ち合わせているのか、性別や学年、大学類型など学生の属性別に概観して大学教育への示唆を得ることを目的とする。

「学習成熟度」とは、岩崎（2013）がグロウによる成人学習者の学習段階説をもとに、「学習プロセスを自己決定的に実施できるかどうか」(p.22) を表すものとして設定した概念である。本調査では、岩崎（前掲）が社会人対象に行った学習成熟度調査から、「自己決定」因子に関する7項目[1]を取り上げ、「とてもそうである」から「まったくそうでない」の5件法で尋ねた（表7.1）。

表7.1 学習成熟度に関する調査項目

1	自分から学ぶ意欲がある
2	新しいことを学習する基礎的知識や能力がある
3	自分で学習の方法や場所を決定できる
4	学ぶことは楽しい
5	自分で情報を集め学習する準備ができる
6	ひとりで計画的に学ぶことができる
7	学習した成果がどの程度か自己評価できる

子どもの学習内容が各国のカリキュラムによって規定されているのと同じように、成人の学習も何ものからも孤立したものではなく、その成人が生きる社会のあり方によって大きな影響を受けるという（メリアム＆カファレラ、2005）。メリアム＆カファレラ（前掲）は、成人学習に大きな影響を与える社会的背景として、人口動態と経済のグローバル化、技術の進展を挙げており、これらの変化が、誰がどこで何をどのように学ぶかに大いに影響していると指摘している。そしてその変化が激しいほど、私たちはより多くの新しい知識や技術をより早く獲得することが求められるのである。高齢化や高学歴化、雇用形態の多様化に伴う労働者の多様化といった人口構造の変化、経済にとどまらないグローバル化、情報通信に代表される技術革新の激流に取り囲まれた、いまこの時代を生きる私たちがどれほど学習を求められているかは想像に難くない。実際、岩崎の調査（岩崎、2013）では88.8％が社会に出てからの学習が「かなり／ある程度重要である」としている。

　そして、成人にも子どもにとっても、学習を進める上で重要なのが自ら計画を立て、実行し、評価する力である。このような学習者の自律性は、21世紀を生きる私たちに必要な資質としてOECDが世界各国による能力定義を参考に2003年に作成した「キー・コンピテンシー」にも取り上げられている（ライチェン＆サルガニク、2006）。

　この成人の学習成熟度について、岩崎（2013）は社会人の中でも大学・大学院卒者は中学・高校卒者や専門学校・短大・高専卒者よりも自己決定度が高いことを明らかにしている。しかし大学・短大進学率は2015年度現在で54.6％まで伸びており、大学数は779校、短大数は346校[2]を数えている。高等教育への進学率の増加に伴うように入試形態も多様化しており、「大学卒」「短大卒」などと一括りにできない状況になっている。そこで、本章の後半では大学類型に着目して学生の学習成熟度を見ていくことにした。

第2節　経験資本との関係

　まず、第Ⅰ部の各章で検討された経験資本が学習成熟度とどのような関係に

あるのか、ひとくくりにして関係を見てみたいと思う。

　第2章では、小学校〜高校および大学での学習経験と学習成熟度との関係を検討した結果、経験の時期を問わず、文章の書き方やプレゼン、スピーチの仕方など方法論の学習と、各種レポートの作成やひとつのテーマについてまとめるといった実践のような「伝えること」に関する経験資本が、学習成熟度を高めることが明らかにされた。また第3章では、過去に計画に関する学習方略をとっていると現在も「ひとりで計画的に学ぶ」ことができるとする傾向にあり、また粘り強くあきらめずに取り組んでいると現在の学ぶ意欲や楽しさが高い傾向にあるなど、過去の学習方略の蓄積が現在にプラスに影響していることがわかった。一方で、まったく何もしてこなかった者、つまり学習方略の経験資本がない者は学習成熟度が低いことも確かめられている。

　このように過去の経験資本が現在の学習成熟度に影響を与えているわけだが、これらをまとめて検討するとどうなるだろうか。本調査の枠組みを図にすると図7.1のようになるのだが、本章では第Ⅰ部で取り上げられた経験（図中二重枠）をすべて取り上げてみることにする。

図7.1 本調査の枠組みと本章で取り上げる項目

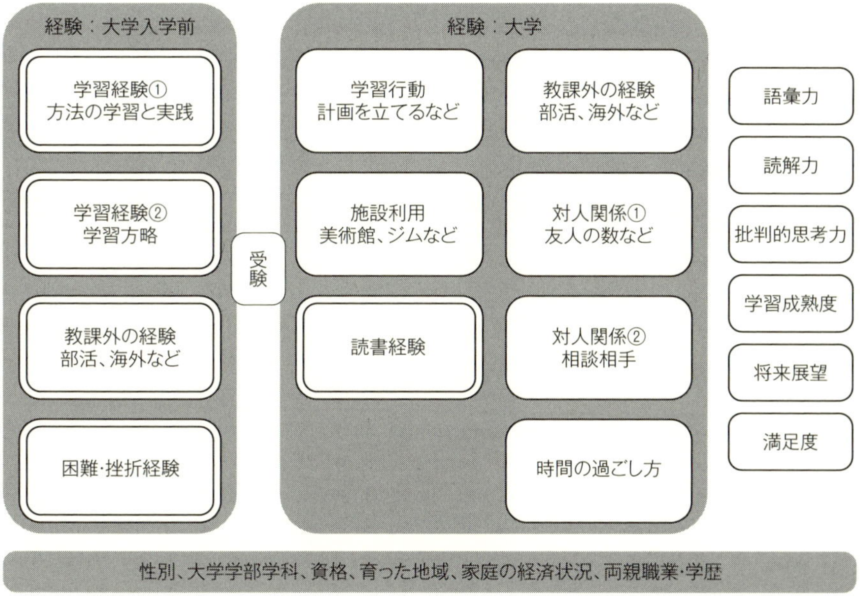

経験：大学入学前	経験：大学	
学習経験① 方法の学習と実践	学習行動 計画を立てるなど	教課外の経験 部活、海外など
学習経験② 学習方略	施設利用 美術館、ジムなど	対人関係① 友人の数など
教課外の経験 部活、海外など	読書経験	対人関係② 相談相手
困難・挫折経験		時間の過ごし方

（受験）

語彙力／読解力／批判的思考力／学習成熟度／将来展望／満足度

性別、大学学部学科、資格、育った地域、家庭の経済状況、両親職業・学歴

第Ⅰ部の各章でみられたように、経験資本には大学の入学偏差値、学年、性別、家庭の経済状況と関係があるものがあるため、分析ではこれらも独立変数として扱った。それらと経験資本の各項目を独立変数に、学習成熟度の各項目を従属変数として行った重回帰分析の結果が表7.2である。

分析概要
独立変数（項目の詳細は、第Ⅰ部の各章参照）
1) 学習経験①：（第2章）
　　文章の書き方の学習やレポート作成など、各種の学習と実践を大学入学前と入学後に行ったことがあるかどうかを尋ねた計20項目。「大学入学以前に学習したが、大学では学習していない。／大学入学以前に学習し、大学でも学習した。／大学入学以前はないが、大学に入学して初めて学習した。／学習したことはない。」のカテゴリについて、経験資本として大学入学前に行っていたかに着目して、大学入学前に行ったことがあるかどうかの2値変数にコーディングし、「なし」を参照カテゴリとした。
2) 学習経験②：（第3章）
　　生活リズムを見直す、計画を立てるなどの学習方略について、大学入学以前にやっていたかどうかを尋ねた計15項目。「当てはまる／当てはまらない」の2値変数で、「当てはまらない」を参照カテゴリとした。
3) 教課外の活動：（第4章）
　　小学校～高校で各種の教課外活動を行ったことがあるかを尋ねた50項目。「ある／なし」の2値変数で、「なし」を参照カテゴリとした。
4) 読書量：（第5章）
　　漫画、雑誌、小説など6ジャンルの読書頻度について、「読まない、年1～2冊、年4～5冊、月1冊、月2冊、月3冊、月4冊、月5冊～」のカテゴリを、それぞれ1、2、……8と変換して連続変数として投入した。
5) 困難経験：（第6章）
　　浪人や病気など、各種の困難を経験したことがあるか尋ねた8項目。「ある／なし」の2値変数で、「なし」を参照カテゴリとした。

6）受検者属性（4項目）：

「性別」「学校区分」をダミー変数として投入。それぞれ参照カテゴリは「男性」「私立」である。「偏差値」「学年」「経済状況」（「下の下」～「上の上」の9カテゴリ）は連続変数として投入した。

従属変数

学習成熟度：

7項目について、「まったくそうでない」=1から「とてもそうである」=5とコーディングし、連続変数として投入した。

　決定係数（調整済みr^2値）が小さいので、これらの経験資本では現在の学習成熟度をうまく語ることはできないが、その中でも学習方略は有意になった項目が多い。過去に計画を立てたり、力のおきどころを工夫したりして学習に取り組んでいると、現在も「ひとりで計画的に学ぶことができる（学習成熟度6）」ようだ。また「粘り強くあきらめない」で取り組んでいると、今も「自分から学ぶ意欲がある（学習成熟度1）」し、「学ぶことは楽しい（学習成熟度4）」と感じている。あきらめないという姿勢の涵養は、その後の学習との向き合い方を左右するようである。

　小中高校時代の学習・実践経験は、第2章でみられたとおり、情報の「発信」経験が有意になったが、項目数が少ない。これらの経験は、どちらかというと自発的にやるものではなく、学校で教えられる学習であることがこの結果に影響したとも考えられる。受け身の学習経験では、現在の学習成熟度を説明することが難しいのかもしれない。しかしこれらの項目は関連するカリキュラムを組むなど第三者による意図的な介入が可能と思われるので、自律した学習者の「育成」につながる手がかりと考えることもできる。

　読書については、この調査項目はこれまでにどれくらい読んできたかという経験の指標でもあるが、現在どれくらい読んでいるものかを示すものでもあるため、学習成熟度が高いゆえに「新書」「学術書」の読書量が高いのかもしれず、過去とのつながりという点では解釈が難しい。

表7.2 経験資本と学習成熟度（項目名は表7.1参照）の重回帰分析結果

		自分から学ぶ意欲がある	新しいことを学習する基礎的知識や能力がある	自分で学習の方法や場所を決定できる	学ぶことは楽しい	自分で情報を集め学習する準備ができる	ひとりで計画的に学ぶことができる	学習した成果がどの程度か自己評価できる
学習経験	ディベートで説得力のある主張をする方法		.09					
	スピーチの仕方	-.09						
発信経験	アンケート調査原稿の作成			-.11				
	一つのテーマについて、長期間かけて、自分で調べまとめる活動（授業含む）					.11		
学習方略	自分に合った勉強方法を工夫した	.08	.08	.17			.07	.11
	参考書を自分で選んだ			.07				
	中学や高校で苦手だった教科・科目を苦手なままにしてきた	-.07	-.10				-.13	-.10
	解けない問題でも粘り強くあきらめずに取り組んだ	.15	.11		.12	.09		
	インターネットや書籍などで効果的な勉強法について調べた					.10		
	学習時間を確保するために、自分の生活パターンを見直した							.09
	計画を立ててから定期テストの勉強をしていた						.15	
	基礎固めや苦手克服を早期に行うなど、時期により勉強の力のおきどころを工夫した		.08				.12	.09
小学校教課外	スポーツの対外試合や大会への出場（練習試合は除く）						.10	
	音楽、科学などのコンクールへの出場				-.07			
	海外旅行						-.07	
	習い事（学習塾）		-.07					
	習い事（野球、サッカー、ミニバスケ）					-.09		
中高教課外	部活動							-.08
	ボランティア活動（授業での活動も含む）						-.07	
	文化祭や学園祭の企画・運営					.07		
	音楽、科学などのコンクールへの出場				.08			
読書	小説		-.08					
	新書	.11	.09		.10	.11		
	学術書（教科書は除く）	.18			.14	.08	.09	
困難経験	病気・入院				.07			
	偏差値		-.11					
	学校区分	.10		.10		.10	.07	
	経済状況			-.09				-.09
	調整済みr²値	.18	.15	.16	.16	.16	.23	.13

注：学習成熟度7項目に1つでも有意（5％水準）な結果が見られた経験資本項目のみ取り上げた。

第3節　学習成熟度と認知的スキル

　続いて、学習成熟度と語彙力、読解力、批判的思考力との相関をみた（これら3つの認知的スキルについては第1章を参照）。結果は表7.3であるが、各認知的スキルと1つでも関係が見られた項目は3つしかなく、また係数も小さいか負値になってしまっている。

表7.3 学習成熟度と認知的スキルとの関係

	語彙力	読解力	批判的思考力
学ぶことは楽しい	.08		
自分で情報を集め学習する準備ができる	.11		
ひとりで計画的に学ぶことができる	-.17	-.13	
偏差値	.37	.39	.37
学校区分	-.14	-.22	-.20
性別	-.10		
調整済み r^2 値	.21	.23	.19

注：各認知的スキルに1つでも有意（5％水準）な結果が見られた項目のみ取り上げた。

　過去の経験資本が学習成熟度を高めそれが実際のスキルを高めていることを期待したわけであるが、学習成熟度ではなく、偏差値に代替される基礎的な学力の影響が大きく出る結果となってしまった。「ひとりで計画的に学ぶことができる」が負値になったことについては、今のところ妥当な解釈が見当たらないので検討を続けていきたいと思う。

第4節　大学生の学習成熟度

さて、学習成熟度はここに取り上げただけではない様々な経験を経て高まっていくわけだが、今の大学生は実際どの程度の学習成熟度を持ち合わせているのだろうか。ここからは、属性別に確認してその姿を捉えてみたいと思う。

まず大学生全般でみると（図7.2）、「自分から学ぶ意欲がある」や「学ぶことは楽しい」など学習そのものに対する意識の肯定的回答（「とてもそうである」と「ややそうである」）は7〜8割と高いことがわかる。また、学習のための情報収集や場所の決定、新しい学習のための知識・能力の保有など、学習の準備と言える項目も6〜7割と高い。一方で、「ひとりで計画的に学ぶことができる」と「学習した成果がどの程度か自己評価できる」は肯定的回答が5割程度と少なく、自己をメタ的に捉え学習を進めることが比較的苦手であることがわかった。

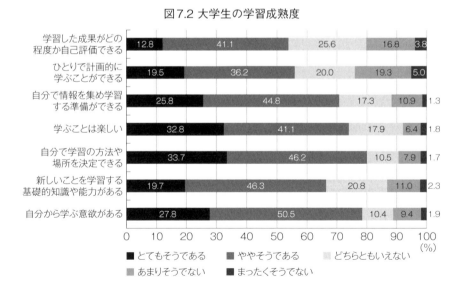

図7.2 大学生の学習成熟度

ではこれを属性別でみるとどうなるか。男女別・学年別・大学類型別に見てみよう。

男女別の結果は図7.3のとおりであるが、10ポイント以上の大きな差が見られた項目はなかった。「とてもそうである」と「ややそうである」を足した肯定的回答で最も大きな差があった項目は「ひとりで計画的に学ぶことができる」で、女子の方が7.8ポイント高い。この項目は男子学生の中で最も低い項目でもある。

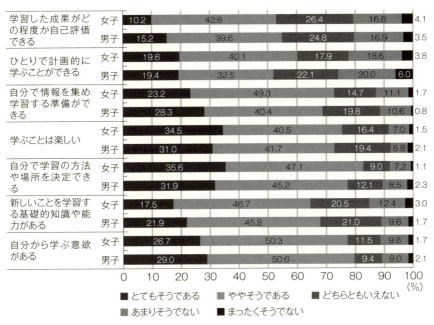

図7.3 大学生の学習成熟度_男女別

武内ら（2009）が行った学生調査では、授業出席率が8割以上の学生比率は男子よりも女子の方が20ポイントほど高く、また「面白い授業がある」など授業に対して肯定的な意識を持っている「向授業」志向も女子の方が高いという結果が出ている。今回の結果からは、男子学生が学習に消極的であるわけではなく、「学ぶ意欲がある」など基本的な姿勢を持ち合わせている様子がうかがえた。

学年別にみた学習成熟度は、図7.4のとおりである。大学院生を含む「5年生以上」はサンプル数が少なかったため分析から除外した。

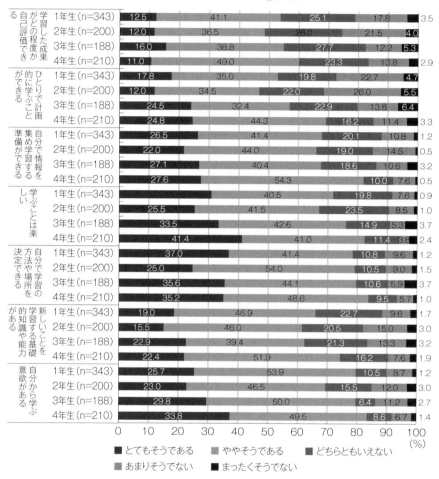

図7.4 大学生の学習成熟度_学年別

一時点のデータであるため学年変化を正確に捉えてはいないが、学年が上がるにつれて肯定的回答が特に増加するのが「学ぶことは楽しい」と「自分から学ぶ意欲がある」という、学習そのものに対する積極的な意欲であるという点が興味深い。大学生は在学中に授業やサークル、友人関係などを通して様々な

経験をする。どの経験がどの程度効いているかはわからないが、何らかの大学教育の成果（アウトカム）がここに表れていると解釈することができないだろうか。もしくは、楽しくなくて学ぶ意欲のない人はドロップアウトしていったためこのような差が見られたとするならば、この2つの意識が学習の継続と関係があることが考えられる。

　さらに興味深いのは、肯定的回答の割合が2年生でいったん落ち込むという傾向が、程度の差はあれ、すべての項目で見られた点である。2年次生は「自ら学ぶ意欲がある」「学ぶことは楽しい」など学業に対する意欲を失い、また「新しいことを学習する基礎的知識や能力がある」といった自己肯定感につながる意識も減退してしまっている。2年次に学習意欲や自己効力感が落ちたりする、いわゆるSophomore Slump（2年次スランプ）[3]と言われる傾向が表れていると考えられる。

　Sophomore Slump（2年次スランプ）とは、2年次になって「何を学んだらよいのか」「自分はなぜ大学で学んでいるのか」「今後どうなるのか」など、学業や生活そのものについてやる気の喪失を起こすことを指す（Gump, 2007）。最悪の場合、退学につながる。アメリカでは高校も含めた「2年次」特有のスランプとして問題視され研究が行われており、今でも様々な大学で2年次スランプ対応策がとられている[4]。

　日本では2年次スランプの研究・対策はほとんど行われていないが、労働政策研究・研修機構（2015）が中途退学者を対象に行った調査を参照すると、日本も2年次スランプを無視できない状況にあることがわかる。というのも、労働政策研究・研修機構の調査の結果、中退した時の学年で最も多かったのは男女ともに2年生で、中退者の約6割を占めることが明らかになったのである。そしてその理由で最も多いのが「学業不振・無関心」だ。図7.4の結果とこれらを合わせて考えると、ひとりで計画的に学習できないなど学習成熟度の低さが学業不振を招き（もしくはできないこと自体が学業不振）、2年次スランプから中退へとつながっている可能性が大いに考えられる。

　学生にとって卒業とは学業の達成だけでなく、その後の社会で生きていく上でも重要な意味を持つ。中退者は卒業者に比べて、就職するまで・正社員になるまでの時間が長いことが指摘されている（労働政策研究・研修機構、

2015)。2年次スランプに陥るのは個人の特性ではなく、専門教育が3年次からしか始まらないことなど大学教育の制度的な問題だと捉えて、解決に向けて大学が主体となって取り組む余地は大いにあると考える。例えば玉川大学では「2年次セミナー」を実施し、1年次から途切れることなく学習への自己効力感を持続させる取り組みを行っている（菊池、2010）が、このような取り組みを行っている大学はごく少数というのが現状である。

　ではこの2年次スランプの状況をより詳しく把握するため、学年差を男女別・大学類型別（大学の類型化については第1章第4節を参照）に見てみよう。学年別・男女別に回答の平均値をみると、明らかに女子学生の方が学年による差が激しい（図7.5）。学習成熟度の観点から見た2年次スランプは、女子に顕著であることが明らかとなった。その中でも落ち込みが大きい項目が、「自分から学ぶ意欲がある」（-0.32ポイント）や「学ぶことは楽しい」（-0.23ポイント）という学習そのものへの積極的意欲と、「ひとりで計画的に学ぶことができる」（-0.33ポイント）である。これらを含めた全項目は3年生で回復し、最終的に4年生で大きく上昇するが、回復しないで退学した学生はこの結果に反映されていない。本調査で同時に尋ねた「満足度」（各種人間関係、健康、経

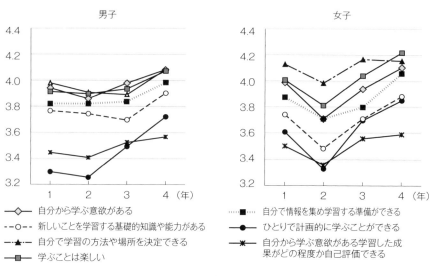

図7.5 学習成熟度_男女別にみた学年差（平均）

済状況、生活全般など）を属性別に見てみたところ、このような落ち込みは見られなかった。学習という点において2年生、とりわけ女子学生を注意深く見守り、効果的な対策を検討する必要がある。

　図7.6は、国立・私立別に偏差値帯上位からA〜Dに類型化した「大学類型」別に学年別にみた結果である[5]。大学を問わず、とにかく新しい環境に進んだ効果だろうか、1年次では大学類型別にほとんど差が見られない。興味深いのは、学年を追うごとに差が広がる点である。

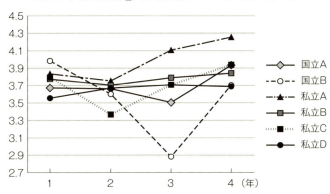

図7.6 学習成熟度_大学類型別にみた学年差（平均）

　2年次スランプの傾向が見られるのは、国立Bと私立Cの学生で、国立Aおよび私立A・B・Dには1年次と2年次の差がほとんどない。問題は、3年次で大きく下がる国立Bだろう。2年次で下がった私立Cは3年次で持ち直している。国立Aも3年次で落ち込む傾向がみられるところを見ると、国公立大学の3年次に始まる専門教育が学生に自信を失わせているのかもしれない。しかし私立大学でも3年生は専門教育が始まるので、その難度に差があるということだろうか。いずれの大学群も4年次で持ち直しているから良いものの、1年次とほぼ同水準の自己評価で卒業することになっている。2年次や3年次のスランプがなければ、卒業時にはより高い自己評価とならないだろうか。

　なお一方の私立大学群では前述の私立Cの2年次の落ち込み以外、学習成熟度に関する自己評価は下がることがない。私立B・Dは4年間ほぼ一定、私立A・Cは3年次〜4年次と自己評価を上昇させ卒業していくようである。

国公立大学にみられた3年次スランプについて、対策を提案するのは筆者の力量を超えるが、解決のためのヒントを得るためもう少し詳しくみてみようと思う。学習成熟度の項目別に、国立A・Bの学年差（平均）を見たのが図7.7である。

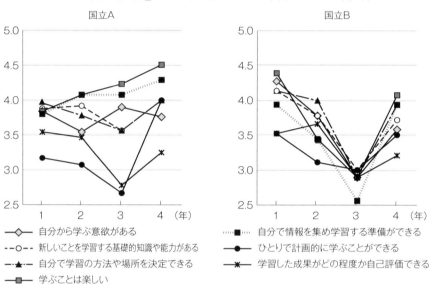

図7.7 学習成熟度_国立大学に見られる3年次スランプ（平均）

　国立Aの3年次の学習成熟度に関する自己評価を押し下げているのは、「ひとりで計画的に学ぶことができる」と「学習した成果がどの程度か自己評価できる」だということがわかる。これらの項目が下がるところを見ると、国立Aにみられた3年次スランプの原因は専門教育ではないかと考えられる。これまでに経験したことのないような学習に直面したため、学習そのものは楽しいが、計画の立て方や評価方法がわからないという状況にあるのだろう。

　しかし国立Bは、様子が違うようである。すべての項目が大きく下がっているのだ。「学ぶことは楽しい」も下がってしまっており、初めて触れる専門教育にもおもしろさを見いだせないでいる様子がうかがえる。

第5節　在学中の学習成熟度の低下を防ぐ手掛かり

2年次スランプについて研究を行ったWang & Kennedy-Phillips（2013）は、学業上の自己効力感と大学機関の積極的な関与が2年次スランプとかかわりがあると指摘している。そこで、スランプ脱出は学生本人の努力だけでなく第三者の働きかけにも解決の可能性があると考え、対策の手掛かりを検討するために困ったときに相談する相手として「学内友人」と「先輩後輩」に着目して学習成熟度の違いをみることにした[6]。困ったときに相談する相手を選んだのは、例えば学内でのコミュニケーションをとりやすくする措置をとるなど、大学による何らかの介入の余地があるのではないかと考えたからである。その結果が、図7.8である。

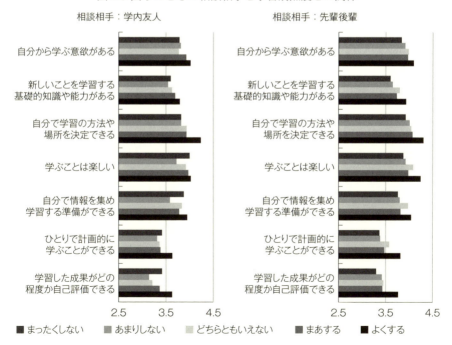

図7.8 困ったときの相談相手と学習成熟度との関係

図のとおり、学内の友人や先輩後輩に相談をよくするほうが学習成熟度が高いというゆるやかな傾向が見られた。特に先輩・後輩については、相談を「よくする」と、「自分で学習の方法や場所を決定できる」「ひとりで計画的に学ぶことができる」「学習した成果がどの程度か自己評価できる」の「とてもそうである」が多い傾向が見られる。いつでも気軽に相談ができるよう、学内でのコミュニケーションを円滑にする取り組みによって少しでも学習成熟度の落ち込みを小さくすることができないだろうか。

第6節　まとめ

　本章では、大学入学前に蓄積した各種経験資本について（読書は現在も含む）、学習成熟度との関係を同時に見てみた。その結果、過去にとっていた学習方略が関連する現在の学習成熟度にプラスの影響を与えていること、学習そのものへの肯定的な態度を涵養していることが示唆された。学習成熟度と認知的スキルとの顕著な関係は見られなかったが、満足度など非認知的スキルや生活態度などとの関係を検討したうえで、学習成熟度の持つ意味を考えるべきだろう。

　また現在の大学生の学習成熟度については、女子に「2年次スランプ」の傾向が見られること、また国公立大学の学生に「3年次スランプ」の傾向があることが示唆された。学習成熟度がどのように培われるのか、そしてそれが維持されるのかについて、本調査からわかることは少ない。しかし、例えば学習方略を教えたり、学内でのコミュニケーションをとりやすくする措置をとるなど、第三者の介入の有効性については検討の余地は十分にある。学習成熟度を伸ばし・維持するためにはどうすればよいか、有効な手段の探究を今後の研究課題としたい。

注

1. 岩崎（2013）は学習成熟度をみる計10項目から、2因子を見いだしている。「自己決定因子」に含まれなかった残りの3項目は、「先生がいないと学べない」など学習支援を必要とする「支援必要因子」に分類された。
2. 文部科学省（2015）「平成27年度学校基本調査（速報値）」による。(http://www.mext.go.jp/b_menu/toukei/chousa01/kihon/kekka/k_detail/1360721.htm、最終アクセス：2015年12月24日）
3. 「sophomore jinx」「sophomore jitter」とも呼ばれる。
4. 例えばBECKER COLLEGEでは、大学のウェブサイトに2年次スランプのページを設けている。そこでは2年次スランプの症状として10の悩みが示され、当てはまるものがあればとった方が良い行動が提案されている（http://www.becker.edu/academics/academic-resources/sye/about-the-sophomore-slump、最終アクセス：2015年12月24日）。
5. 大学類型別にすると、特に国立ＡＢは各学年の人数が10人を下回る。サンプル過少ではあるが、本調査のデータから考えうることという前提で、この結果を使って論を進めたい。なお、人数は少ないが彼らの所属大学は異なるので、特定の大学の学生にみられる傾向というわけではなさそうである。
6. 困った時の相談相手「学内友人」「先輩後輩」は、「あなたは、困ったことがあった時に以下のそれぞれの人にどの程度相談しますか」について「よくする～まったくしない」の5件法で尋ねた結果を使う。相談相手として「大学教員」についても尋ねたが、2年次生で「よくする＋まあする」が5名しかいなかったため取り上げなかった。

参考文献

Gump, S.E. (2007), "Classroom Research in a General Education Course: Exploring Implications Through an Investigation of the Sophomore Slump", *The Journal of General Education*, Vol.56 (2), pp.105-125.

岩崎久美子（2013）「就労形態別属性の特徴と学習成熟度」（国立教育政策研究所「生涯学習の学習需要の実態とその長期的変化に関する調査研究（研究代表：立田慶裕）」pp.22-38）。

菊池重雄（2010）「初年次教育を基盤とした学士課程教育の構築　玉川大学における初年次・二年次教育の展開」『大学と学生』Vol.80、pp.31-39。

メリアム，S.B. & カファレラ，R.S.（立田慶裕・三輪建二監訳）（2005）『成人期の学習－理論と実践－』鳳書房。

ライチェン，D.S. & サルガニク，R.H. 編（立田慶裕監訳）（2006）『キー・コンピテンシー－国際標準の学力をめざして－』明石書店。

労働政策研究・研修機構（2015）「大学等中途者の就労と意識に関する研究」『JILPT調査シリーズ』No.138。

武内清（研究代表）（2009）「キャンパスライフと大学の教育力－14大学・学生調査の分析－」『平成19～21年度文部科学省研究補助金報告書』。

Wang, X. and Kennedy-Phillips, L. (2013), "Focusing on the Sophomores: Characteristics Associated with the Academic and Social Involvement of Second-Year College Students", *Journal of College Student Development*, Vol.54 (5), pp.541-548.

第8章
◇
大学生の時間の過ごし方

岩崎 久美子

　大学の学習時間を焦点において議論がなされた第6期中央教育審議会大学分科会大学教育部会では、日本の大学生の学習時間が不足していることを指摘し、学士課程教育の質的転換を求めている（中央教育審議会では「学修」の言葉を用いているが、ここでは混乱を避けるため「学習」に統一して用いる）。そこで提出された資料によれば、日本の大学生の活動時間は1日8.2時間であり、その内訳は、学習時間（授業・実験、授業に関する学習、卒論）4.6時間、読書0.8、サークル0.9、アルバイト1.8とのことである（中央教育審議会大学分科会大学教育部会、2012）。

　また、東京大学経営・政策研究センターが2007年に実施した全国の大学生48,233人を対象にした大規模調査『全国大学生調査』では、大学生の典型的な一週間の平均的な生活時間を学期中と休暇中別に調査しており（東京大学大学院教育学研究科大学経営・政策研究センター、2008）、ベネッセ教育研究開発センターの調査でも大学生の生活実態として大学生が過ごす時間の内訳やサークルや部活動、アルバイトなどの実態を同様に明らかにしている（ベネッセ教育研究開発センター、2009）。

　本章では、これまで行われてきたこれらの大学生調査が行ってきた時間数などの量的な把握を行うと同時に、大学生の夏休みの過ごし方に関する自由記述から、大学生の時間の過ごし方の傾向を捉える。また、夏休みにおいて一定数の者が従事する資格の勉強の観点から、夏休みの過ごし方の自由記述に見られた資格の勉強として多く挙がっていたTOEIC® (Test of English for International Communication) とTOEFL® (Test of English as a Foreign

Language）の取得状況についても併せて紹介したい。

　大学生の時間は、社会人に比べて自由度が高いと推察されるが、この自由度の高い時間は、過ごし方によって大きく異なる経験をもたらすものである。この点から、「経験資本」が大学生の時間に蓄積される者とそうでない者、そして経験の種類についても概観しようと思う。

第1節　大学生の一週間の「予復習・課題」「自主的学習」「アルバイト」の時間数

　大学生は一週間をどのように過ごしているのか。「予復習・課題」「自主的学習」「アルバイト」の時間の3つから、大学生の時間の過ごし方を見てみたい（図8.1参照）。

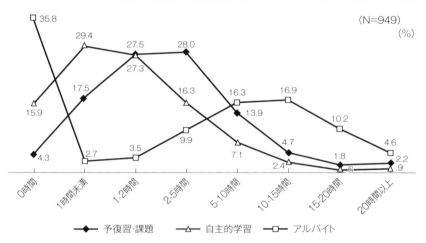

図8.1　大学生の「予復習・課題」「自主的学習」「アルバイト」の時間（一週間）

　調査対象者全体の予復習・課題のために一週間で費やす時間では、2～5時間が最も多く全体の28.0%、次いで1～2時間の27.5%である。一週間のうち、まったく予復習・課題をしない学生は4.3%いる。「自主的学習」の時間数で

は、一週間のうち、1時間未満が29.4%、1〜2時間が27.3%であり、2時間未満の勉強が全体で約6割となっている。また、「自主的学習」をまったくやっていないとの回答は15.9%である。「アルバイト」の時間数では、「アルバイト」をしていない者が35.8%、「アルバイト」をしている者の中では、一週間10〜15時間が16.9%、5〜10時間が16.3%となっている。

以上から、調査対象となった大学生の典型的な一週間の時間の過ごし方は、「予復習・課題」のために1〜5時間、「自主的学習」は2時間未満、「アルバイト」に関しては、約4割がしていないものの、している場合は5〜10時間行っている、というものである。

第2節 「予復習・課題」に費やす時間数

2.1 文系理系別・大学分類別「予習復習・課題」に費やす時間数

「予復習・課題」に費やす学習時間数は、個人の学習志向とともに、大学が「予復習・課題」を求めるかどうかといった大学側のカリキュラムや指導内容・方法に影響を受ける。特に実験などがある理系については、実験レポートなど予復習が多く課されることが予想される。

学習時間を「2時間未満」「2時間以上15時間未満」「15時間以上」の3群に分類し、文系と理系の学習時間の差異を見ると、文系（N=708）は、「2時間未満」（53.1%）が最も多く、次いで、「2時間以上15時間未満」（44.4%）、「15時間以上」（2.5%）である。一方、理系（N=239）では、「2時間以上15時間未満」（53.6%）、「2時間未満」（38.1%）、「15時間以上」（8.4%）の順であり、相対的に、理系の方が予復習を行っている者の割合が高い傾向がある。

次に、大学入試偏差値により国立大学を2区分（国立A、国立B）、私立大学を4区分（私立A、私立B、私立C、私立D）した中で（6つのグループの構成については、本書pp.28-29参照のこと）、国立2区分（「国立A」「国立B」）と、私立4区分のうち2区分（最も高位群である「私立A」と最も下位群である「私立D」）の計4つの区分を選び、文系理系別に傾向を見てみたい（図8.2参照）。

図8.2 文系理系別・大学分類別の「予復習・課題」に対する学習時間数
【文系】

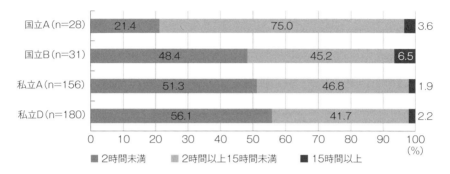

【理系】

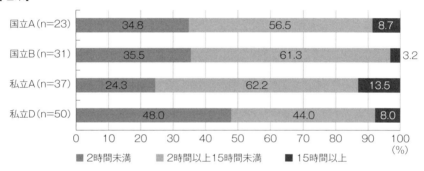

　文系では、「15時間以上」の「予復習・課題」を行う者は、どの大学群においても1割に満たない。国立Aの学生は、約4分の3が「2時間以上15時間未満」の勉強をしていると回答しているが、私立A、国立B、私立Dの学生で「2時間以上15時間未満」の勉強をしているとの回答は、いずれもが半数以下にとどまる（国立A（75.0%）＞私立A（46.8%）＞国立B（45.2%）＞私立D（41.7%））。
　理系では、「15時間以上」の者の回答が文系に比べ多く、私立Aでは1割強、国立A、私立Dも8%程度の者が「15時間以上」の「予復習・課題」を行っている（私立A（13.5%）＞国立A（8.7%）＞私立D（8.0%）＞国立B（3.2%））。私立A、国立B、国立Aは「2時間以上15時間未満」の学習を行っている者が6割前後、私立Dにあっても4割以上にのぼる（私立A（62.2%）＞国立B（61.3%）＞国立A（56.5%）＞私立D（44.0%））。

2.2 「予復習・課題」を多く行う者の属性

それでは、「予復習・課題」について、「一週間に20時間以上」と回答した者はどのような者であろうか。該当者は、21名（2.2%）である（表8.1参照）。

表8.1 「一週間に20時間以上予復習・課題を行う」と回答した者の属性

No.	分野		大学名・専攻	性別	自主的学習	アルバイト
1	理系	理工系（9）	私立D・工	女	20時間以上	2-5時間
2			私立D・工	女	10-15時間	20時間以上
3			私立B・理	女	5-10時間	2-5時間
4			私立B・理	女	2-5時間	15-20時間
5			私立A・理工	女	2-5時間	0時間
6			私立B・創造理工	女	1-2時間	2-5時間
7			私立C・工	女	1-2時間	0時間
8			私立C・生命科学	女	1時間未満	15-20時間
9			私立D・建築	女	1時間未満	0時間
10		薬学系（3）	私立D・薬	女	20時間以上	5-10時間
11			私立A・薬	女	10-15時間	5-10時間
12			私立C・薬	女	0時間	0時間
13	文系	文系（6）	私立B・文	女	20時間以上	0時間
14			私立B・経済	女	15-20時間	2-5時間
15			私立D・コミュニケーション	女	15-20時間	15-20時間
16			私立A・法	女	2-5時間	0時間
17			私立B・国際日本文化	女	2-5時間	0時間
18			私立D・人間	女	2-5時間	15-20時間
19		芸術系（3）	私立D・音楽	女	20時間以上	2-5時間
20			国立B・音楽	男	5-10時間	0時間
21			私立C・美術	女	1時間未満	0時間

ここでは、表8.1に大学名・専攻、性別とともに、「自主的学習」「アルバイト」の時間の過ごし方を付記した。これらの者が属する分野を見ると、理系とされる理工系と薬学系がそれぞれ9名と3名、文系とされる文学・政治経済系と芸術系がそれぞれ6名と3名になっている。理工系や芸術系などが、実験や制作といった点で時間を多く費やしているということかもしれない。なお、「予復習・課題」について、「一週間に20時間以上」との回答をした21名のうち20名が女性である。

第3節　「自主的学習」に費やす時間数

3.1　文系理系別・大学分類別「自主的学習」に費やす時間数

　「自主的学習」に費やす時間数は、個人の学習志向、学習習慣、将来への目的意識などに影響されると推察される。

　「自主的学習」の時間数は、文系と理系を全体的に比較すれば、「2時間未満」が文系（N=708）72.3%、理系（N=239）73.6%と際立った差異はない。

　次に大学群別に見ると、「15時間以上」の「自主的学習」を行う者は、いずれの大学群においても、文系理系ともに1割に満たない。

　「2時間以上15時間未満」では、文系は私立Aと国立Aが3割強（（私立A（32.7%）、国立A（32.1%））、理系では、私立Aが35.1%である。一方、国立Aでは約8割が自主的勉強は「2時間未満」との回答になっている（図8.3参照）。

　このことから、「自主的学習」の時間数は、文系では、国立Aと私立A、理系では私立Aの学生において相対的に多い傾向がある。理系の国立Aの「自主的学習」が少ないのは、回答者数が少なく偏りがあるとの推察もなされるが、実験等の課題に追われることにより、「自主的学習」が少ないとの解釈もあるかもしれない。

　「自主的学習」を行うには、自分で学習を計画し実行しなければならない。そのため、「ひとりで計画的に学ぶことができる」ことが肝要となる。「ひとりで計画的に学ぶことができる」という学習スキルと「自主的学習」の時間とは

図8.3 文系理系別・大学分類別の「自主的学習」に対する学習時間数

【文系】

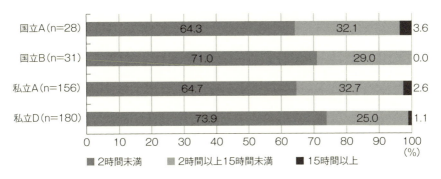

【理系】

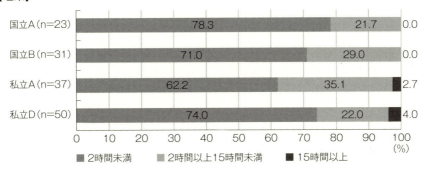

関係があるのだろうか。

　表8.2によれば、「自主的学習」の時間数が「0時間」以外では、「ひとりで計画的に学ぶことができる」の問いに対し、肯定的な「とてもそうである」「ややそうである」のいずれかが多い。それに対し、「自主的学習」の時間数が「0時間」との回答では、「ひとりで計画的に学ぶことができる」との回答は、「あまりそうでない」と「まったくそうでない」を足し上げると約5割にのぼる。このような「ひとりで計画的に学ぶことができず、実際自主的に勉強を行っていない」大学生に対しては、学習スキルを身につけさせ、ひとりで計画的に学ぶ学習スタイルを定着させる指導が事前に必要であろう。

第8章　大学生の時間の過ごし方　　153

表8.2「自主的学習」の時間と「ひとりで計画的に学ぶことができる」とのクロス表

ひとりで計画的に学ぶことができる	あなたが「大学の授業以外の自主的な勉強をする時間」は、一週間で平均してどれくらいですか。授業期間中の典型的な一週間についてお答えください。								合計
	0時間	1時間未満	1-2時間	2-5時間	5-10時間	10-15時間	15-20時間	20時間以上	
とてもそうである	20 (13.2%)	34 (12.2%)	56 (21.6%)	34 (21.9%)	24 (35.8%)	10 (43.5%)	2 (33.3%)	5 (55.6%)	185 (19.5%)
ややそうである	27 (17.9%)	112 (40.1%)	110 (42.5%)	61 (39.4%)	23 (34.3%)	8 (34.8%)	3 (50.0%)	0 (0.0%)	344 (36.2%)
どちらともいえない	30 (19.9%)	67 (24.0%)	48 (18.5%)	33 (21.3%)	7 (10.4%)	4 (17.4%)	0 (0.0%)	1 (11.1%)	190 (20.0%)
あまりそうでない	52 (34.4%)	55 (19.7%)	38 (14.7%)	23 (14.8%)	11 (16.4%)	1 (4.3%)	1 (16.7%)	2 (22.2%)	183 (19.3%)
まったくそうでない	22 (14.6%)	11 (3.9%)	7 (2.7%)	4 (2.6%)	2 (3.0%)	0 (0.0%)	0 (0.0%)	1 (11.1%)	47 (5.0%)
合計	151 (100.0%)	279 (100.0%)	259 (100.0%)	155 (100.0%)	67 (100.0%)	23 (100.0%)	6 (100.0%)	9 (100.0%)	949 (100.0%)

注：網掛けのセルは30％以上の回答。

3.2 「自主的学習」を多く行う者の属性

「自主的学習」の時間数が「0時間」である者に対し、逆に「自主的学習」を「20時間以上」行っている者の属性を見てみたい。「自主的学習」を「20時間以上」行っている者は、9名（0.9％）であり、「15時間以上20時間未満」の者は6名（0.6％）である。

「自主的学習」を「20時間以上」行っている者の将来の希望職種は、大学院進学が2名、医師・弁護士などの専門職が2名、教員・公務員採用試験1名、企業就職1名、その他3名である。「自主的学習」を「15〜20時間」行っている者の将来の希望職種は、企業との回答のみである。

入試形態を参考に見てみると、必ずしも一般入試の者だけでなく、AO入試、推薦入試、内部進学など多様である（表8.3参照）。

表8.3 自主的勉強を15時間以上している者の属性

No	自主的学習	大学名・専攻	性別	入試形態	将来の希望職種	予復習・課題	アルバイト
1	20時間以上	私立D・音楽	女	内部進学	その他	20時間以上	2-5時間
2		私立B・文	女	一般入試	その他	20時間以上	0時間
3		私立D・薬	女	推薦入試	医師・弁護士などの専門職	20時間以上	5-10時間
4		私立D・工	女	AO入試	大学院進学	20時間以上	2-5時間
5		私立A・法	女	一般入試	教員・公務員採用試験等	10-15時間	5-10時間
6		私立A・文	女	一般入試	大学院進学	10-15時間	10-15時間
7		国立A・文科一類	男	一般入試	その他	5-10時間	5-10時間
8		私立B・商	女	一般入試	企業就職	2-5時間	0時間
9		私立A・医	女	内部進学	医師・弁護士などの専門職	1時間未満	0時間
10	15-20時間	私立B・経済	女	推薦入試	企業就職	20時間以上	2-5時間
11		私立D・コミュニケーション	女	AO入試	企業就職	20時間以上	15-20時間
12		私立A・経済	女	内部進学	企業就職	10-15時間	15-20時間
13		不明	不明	編入学・学士入学	企業就職	10-15時間	0時間
14		私立A・商	女	一般入試	企業就職	1時間未満	2-5時間
15		私立B・政治経済	女	内部進学	企業就職	1時間未満	1時間未満

第4節 「アルバイト」に費やす時間数

4.1 文系理系別・大学分類別「アルバイト」に費やす時間数

次に大学生の一週間の「アルバイト」の時間数を見てみたい。全体では、週に「15時間以上」アルバイトをしている者は、国立Aが7.8%、国立Bが9.7%、私立Aが11.4%、私立Dが18.3%であり、私立Dは、一週間当たりの「アルバイト」時間数が15時間以上の者が約2割を占める。

文系と理系を比べれば、「15時間以上」は文系（N=708）が16.5％、理系（N=239）が10.0％、反対に「2時間未満」は、文系が37.4％、理系が55.2％であり、文系の方が「アルバイト」を長時間行っている傾向がある。

　文系では、学校群を問わず、4割から6割弱が週に「2時間以上15時間未満」の「アルバイト」を行っている。理系では、文系よりも割合が低く、「2時間以上15時間未満」は、学校群を問わず3割から5割である（図8.4参照）。

図8.4　文系理系別・大学分類別のアルバイト時間数

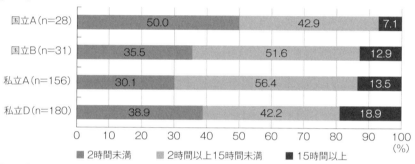

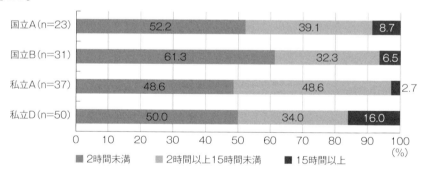

4.2　「アルバイト」を多く行う者の属性

　「アルバイト」を「20時間以上」行っていると回答した者は44名であり、回答者全体の4.6％にあたる。これらの者たちの属性を見てみると、大学は国公

立3名、私立41名、文系理系の別にみると文系が38名、理系が6名であり、学年は1年生が9名、2年生が6名、3年生が10名、4年生が19名である。性別では、男性17名、女性27名となっている。これらを総合すると、「アルバイト」を「20時間以上」行っていると回答した中心層は、私立大学の文系4年生女子ということであろうか。

第5節　夏休みはどのように過ごしているか

5.1　自由記述の分類

　大学の授業がある日常の過ごし方の他に、大学生の夏休み期間中の過ごし方を見てみたい。大学の夏休みは、通常2か月にわたる長期間である。この間、大学生はどのように過ごしているのであろうか。

　夏休みの過ごし方として、自由記述に書かれた内容から、頻出単語と類似単語をグループ化し、分類した結果が表8.4である。それぞれの言葉を調査対象者数（N = 949）で割り、割合を求めてある。

　夏休みの過ごし方として最も多かったのは、「アルバイト」で全体の56.2％にのぼる。次いで「旅行」47.3％、「語学・資格」40.6％、「部活・サークル」37.0％、「友達づきあい」34.8％の順になっている。

　また、資格では、「語学・資格」とは別にカウントした「運転免許」が6.8％と多く、「語学・資格」では、TOEIC®、TOEFL®などの語学試験、就職適性試験であるSPI試験、宅地建物取引士資格試験などの試験名を具体的に記す者もいる。

5.2　夏休みの過ごし方の例

　夏休みの過ごし方の例について、自由記述を学年・性別ごとに分類し、具体的な内容が書かれているものを次に抜粋する（表8.5.1、表8.5.2参照）。

表8.4 [1/2] 夏休みの過ごし方（949人中）

No	カテゴリー（人）	検索語	出現数	％
1	アルバイト（533）	バイト（アルバイト）＋単独語（日雇い＋派遣＋お金を稼ぐ）	533	56.2
2	旅行（449）	旅行＋旅	371	39.1
		海外（旅行を含む）、タイ・韓国・グアム・東南アジア・インドネシア・フランス・カンボジア・ニューヨーク・アメリカ・インド（に行く・旅行）	78	8.2
3	語学・資格（385）	語学（○○語、TOEIC®、TOEFL®）＋留学（短期留学、留学準備を含む）＋英会話	88	9.3
		勉強＋資格＋講座＋試験（卒業試験を除く）＋学習＋予習＋復習＋宅建＋検定＋ダブルスクール＋サマースクール＋SPI	297	31.3
4	部活・サークル（351）	部活＋サークル（活動・合宿）	351	37.0
5	友達づきあい（330）	友人＋友達＋旧友＋親友＋交友＋仲間	281	29.6
		彼氏＋彼女＋恋人＋デート	21	2.2
		飲み会＋同窓会	27	2.8
		新しい人間関係の構築	1	0.1
6	家族・親戚とのつきあい（211）	帰省＋実家＋里帰り	137	14.4
		家族＋弟＋姉	50	5.3
		親戚＋祖母＋祖父母＋従姉妹＋法事	24	2.5
7	夏の遊び（124）	花火＋プール＋海＋バーベキュー＋BBQ＋祭＋ボウリング＋納涼船＋阿波踊り＋心霊スポット＋競馬	94	9.9
		イベント＋夏コミ・夏フェス・展	30	3.2
8	鑑賞（124）	映画＋DVD鑑賞	28	3.0
		舞台鑑賞＋芸術鑑賞＋美術鑑賞（ライブを除く）	31	3.3
		音楽＋コンサート＋ライブに行く＋カラオケ	65	6.8
9	実習・体験・ゼミ（109）	実習＋集中講義＋宿題＋課題＋介護等体験＋農業体験	46	4.8
		ゼミ	63	6.6

表8.4 [2/2] 夏休みの過ごし方（949人中）

No	カテゴリー（人）	検索語	出現数	%
10	論文・研究（83）	卒論＋卒業論文＋卒業制（製）作＋卒業研究＋卒業試験（卒業旅行を除く）	64	6.7
		レポート＋論文（卒業論文を除く）＋小説＋興味ある分野の研究	19	2.0
11	進路・就職（79）	就職（活動・準備）、企業（研究、訪問、調べ）、内定	73	7.7
		再受験＋仮面浪人＋大学院受験＋教員試験受験	6	0.6
12	スポーツ（76）	スポーツ（観戦を含む）＋体力＋運動＋ダンス＋筋トレ＋ジム＋体を鍛える＋水泳＋トレーニング＋バスケット＋フットサル＋プール	76	8.0
13	ボランティア・インターンシップ（66）	ボランティア	27	2.8
		インターンシップ	39	4.1
14	免許（65）	免許＋教習所	65	6.8
15	習い事（59）	稽古＋レッスン＋練習＋習い事＋習う	59	6.2
16	読書（38）	読書＋本を読む＋小説	38	4.0
17	漠然とした有益な活動（38）	将来＋夢＋目標＋やりたいこと＋やりたかったこと＋社会経験＋経験	31	3.3
		悔いが残らない＋やったことがないことに手を出す＋やらなかったことをする	7	0.7
18	趣味（32）	趣味＋服をつくる	32	3.4
19	学習施設利用（27）	水族館＋美術館＋博物館＋図書館＋アートアクアリウム	27	2.8
20	健康維持（24）	健康＋病院＋検査入院	11	1.2
		生活習慣の改善＋生活リズム＋規則正しい生活	3	0.3
		リラックス＋息抜き＋のんびり＋ゆったり＋だらだら	10	1.1
21	登山・キャンプ・天体観測（21）	登山＋キャンプ＋天体観測	21	2.2
22	買い物（9）	買い物	9	0.9
23	演劇（9）	演劇（鑑賞を除く）＋舞台練習＋ボイストレーニング＋ライブをする＋役者をする	9	0.9

表8.5.1 [1/3] 夏休の過ごし方の事例【男性】

学年	自由記述内容
1年	・家に篭らず、常に外に出ることを目標とする・学校のジムでトレーニングする・合宿にいってくる（私立C・国際食料・男性）
	・草野球する・運転免許を取る（私立D・国際食料・男性）
	・アルバイトなど社会経験を積む・親しい友人と日頃あうことのできない友人と交流する・バスケットの技術を磨く・英語、中国語の知識をふかめる・本を読む。・毎日を健康的に過ごす（私立D・経済・男性）
	・大学のサイクリング部で東北を自転車で一周・りんご音楽祭にボランティアとして参加・高校の友達と遊ぶ・ゼミの飲み会（私立C・社会・男性）
	・本を読む・英語、化学を勉強する・筋トレする・遊ぶ（私立B・工・男性）
	・サークルの合宿（合唱）（5日間）・海外に帰省（10日間）・サークルの合宿（劇団）（3日間）（国立A・国際社会・男性）
	・スカッシュの合宿で静岡へ3泊4日・友人とあるいて長野へ2泊3日・スカッシュ大会・広告研究部の先輩を見送る（私立B・商・男性）
	・アルバイト・サークル活動・TOEIC®の勉強・旅行・友人との交友・自動車教習所・卒業後の進路について見通しを立てる・体を鍛える（私立B・文・男性）
	・高校や小学校の友人と集まったり遊びに行く・塾講師のバイトを始める・プログラミングの勉強をする・テニスサークルの活動に参加する（国立A・第5類・男性）
	・ギターの練習・キーボードの練習・バイト・ドイツ語・英語（私立A・理工・男性）
	・臨海生物の実習・友人と旅行・企業への訪問・学習セミナー・ダンスの大会（参加・観戦）・サンバのカーニバルへ参加・東京観光・自分について考え直す・高校の後輩の部活指導・東北へのボランティア・自動車免許の取得（私立A・教養・男性）
	・キャンプ・アルバイト・TOEIC®の勉強・農業体験・旅行・サークル活動・花火大会（私立A・理工・男性）
	・8月前半はアルバイト・8月後半はインドへの旅行・9月はサークル活動（私立A・文化構想・男性）
	・バンドの練習・アルバイト・数学、中国語の学習・旅行・合宿（国立A・経済・男性）
	・サークルの合宿に行く・運転免許の教習所に通う・自宅近くの図書館で勉強をする・短期のアルバイトをする（私立A・政治経済・男性）
	・宮城の母の実家に帰る・学部の友達とBBQ・サークルの友達と名古屋旅行・中学の友達と甲子園を見に行く・地元の友達とドライブ・サークルで沖縄に合宿・高校の友達と海に行く・そのためにがんばってバイト（私立D・グローバル・男性）
	・一週間ニューヨークにいき現代美術を学ぶ（国立B・美術・男性）
	・普通四輪免許会取得・初めての東京ディズニーランド・二度目のユニバーサルスタジオジャパン（私立C・獣医・男性）

表8.5.1 [2/3] 夏休の過ごし方の事例【男性】

学年	自由記述内容
2年	・飲み会・レポート（私立C・獣医・男性）
	・サークルの合宿・一眼カメラで写真撮影・アルバイト・バードウォッチング・友達のライブ・博物館・宅地建物取引主任者と中国語検定四級の取得目指して勉強する（私立C・法・男性）
	・サークルの活動に参加する・ゼミの合宿に行く・他大学の人に会いに行く・一人旅をする（私立C・人間環境・男性）
	・友達と旅行をする・本を10冊読む・映画を10本見る・アルバイトをする・後期の目標を立てる（私立C・人間環境・男性）
	・一人で富士山に登る・イギリスロンドンへの短期語学研修・部活動（硬式野球）・資格に向けた勉強（国立B・都市教養・男性）
	・サークルでの合宿・友達の家に泊まりに行く・納涼船・展覧会への出品・アルバイト・作品制作・勉強、レポート（私立B・理工・男子）
	・一人旅・友人との旅行・演劇サークルの稽古・合宿・友人と遊園地・カラオケ・ボウリング等（私立B・商・男性）
	・実家に帰る・競馬をする・芸人になりたいのでネタを書く・テニスサークルの大会に出る・飲み会にいく・どこかに旅行に行く（私立B・商・男性）
	・所属しているNPO法人での活動　合宿・ビジコンコンテストのための合宿参加・アルバイト（私立A・教育・男性）
	・地元でボランティアをした後、海外に短期留学をする予定（国立A・理科一類・男性）
	・今年の夏休みは海外に旅行し、自分の見識を広げまた新しい風景や人々に出会うことによって更なる飛躍をしたい・また、ディベートの国際大会に出場し自分を試す場としたい（私立A・政治経済・男性）
	・8月のほとんどを塾講師としてのアルバイトに費やす・9月の夏休みは免許合宿に行く・たまにパチンコに行く・休みの日は寝て過ごすことが多い（私立D・理工・男性）
3年	・北海道を自転車で一周する。旭川から宗谷岬→知床半島→札幌・大体3週間くらいのたび（国立B・システム・男性）
	・東南アジアを貧乏旅行（私立C・外国語・男性）
	・オーディション、舞台練習、筋トレ、体力作り、発声練習、アルバイト、デート、納涼祭、飲み会、旅行（私立C・理工・男性）
	・カンボジアに10日間のスタディツアーへ行く・インターンシップ・実家に帰る（私立B・スポーツ・男性）
	・企業のインターンシップに合格すれば参加する・英語と中国語の勉強・バイト・ダイビングの免許を取ること・減量（私立A・商・男性）
	・論文執筆および研究・小説執筆・映画（DVD）鑑賞・読書・その他レジャー（私立A・文・男性）

表8.5.1 ［3/3］ 夏休の過ごし方の事例【男性】

学年	自由記述内容
3年	・父親の実家への帰省・家族旅行・海外旅行・ゼミ旅行・アルバイト・ゼミ発表の準備・課題レポートの作成（国立A・理三・男性）
	・平日毎日卒業研究、バイト、月、木、土たまに部活に行く・黒部ダム旅行・帰省・テニス部合宿・OBとの飲み会・テニスの個人戦・卒論準備・海外旅行・プール（国立B・海洋工・男性）
4年	・北海道旅行・九州旅行・研究室旅行・夏フェス・お祭り・ハリーポッター展・ライブ・映画祭・研究・富士登山（私立C・工・男性）
	・フィリピン語学研修・テニスサークル合宿・ゼミ合宿・父方の実家への帰省・来日留学生の成田空港ピックアップ・アルバイト（私立C・法・男性）
	・友人と旅行・部活の合宿・FPの勉強・教員採用2次試験（私立C・社会・男性）
	・もっとアルバイトなどをして、自分の力でお金を稼いでみたい・卒業論文の準備など、主に哲学を勉強する時間に当てると思う・その他は、プールにいったりして、健康面などでも丈夫な人間になれるように気をつける・体つきをたくましくする・体幹重視の筋トレをしたい・筋肉をつけて、立派な体になりたい・あとは座禅などをして精神的にももっと成長したい（私立B・文・男性）
	・サークルの大会・サークルの合宿・旅行・帰省・研究・ゼミ合宿・大学院入試・教育実習先の学園祭への参加等（私立B・理工・男性）
	・花火大会・サークル合宿・ハワイ・富士山・プール・宅建勉強・ゼミ合宿・地元帰省（私立B・商・男性）
	・サークルの友達と1泊でキャンプ・ゼミ合宿・ゼミの友達と納涼船・高校の友達とタイへ旅行・サークル関係で名古屋に2泊で行き従姉妹と12年ぶりに会う・サークルの合宿（東京）・東北に一人旅に行きたい（私立A・経営・男性）
	・積んでて読んでいない本の消化・親の実家への帰省・一泊二日の旅行・江ノ島や花火大会へ行く・富士山登頂（私立A・法・男性）
	・ベトナムでの短期海外インターンへの参加・ベンチャー企業でのインターン・アルバイト・沖縄旅行・ダンスサークルの活動（私立A・商・男性）
	・英語のスキルアップを行い、簿記と証券アナリストの資格を取得する・自分の希望する部署に行くための時間としたい（私立B・経済・男性）
	・実家に帰ってのんびりとすごす・地元および首都圏で友人と遊ぶ（大きな旅行ではない）・アルバイト・新たに治験に登録したので合計で一週間ほどの入院を予定している（私立A・文化構想・男性）
	・旅行（国内・海外）・宅建資格取得・自動車免許・スキューバーダイビング免許・アルバイト・花火・アーティストのライブやイベント・内定者の集まり・ジム（私立A・社会科学・男性）
	・函館旅行・カンボジア渡航・ボストン旅行・野球観戦・サッカー観戦・ライブ（私立A・商・男性）
	・サークル活動・アルバイト・旅行・Web製作の勉強・美術館めぐり（私立A・法・男性）

表8.5.2 [1/3] 夏休の過ごし方の事例【女性】

学年	自由記述内容
1年	・サークルで北海道旅行に行きます・家族でフランス旅行に行きます・友達と沖縄旅行に行きます・民俗調査に行きます・新しくアルバイトを始めました・博物館について勉強をします（私立D・人間文化・女性）
	・ドイツ語学習・ペン字習得・宅建の勉強（私立D・文・女性）
	・高校で学ばなかった生物の勉強・危険物取扱者の資格の勉強・大学の友達や高校時代からの友達と遊ぶ・塾講師のバイト（国立B・理・女性）
	・実家に帰る・おじいちゃん家に行く・花火大会にいく・コンサート・納涼船・サークルの合宿（私立C・国際地域・女性）
	・サークル合宿・年始年末バイト応募・ゼミ発表の準備・夏コミに行く・サークル（私立C・文・女性）
	・友人との遊び・養護施設でのボランティア・北海道旅行・母校での受験体験演説、文化祭訪問・家族での舞台鑑賞・サークルの学園祭準備（国立B・教育・女性）
	・アルバイトをする・ナンジャに行く・ジャニーズフィルムを見に行く・北海道に行く・スイーツ食べ放題に行く・課題の写真を撮りに行く・映画を見に行く・キャラデコクッキーを作る・病院に行く・お台場に行く（私立C・文・女性）
	・とりあえず今までできなかった日本一周旅行をやる（私立C・現代教養・女性）
	・サークルの合宿に行く・ロボットを作る・花火大会を見に行く・楽器を練習する・好きなアーティストのライブを見に行く（私立B・理工・女性）
	・毎日美術館または博物館またはコンサートに通う・実家に帰る・英語の学習をする（国立B・文教育・女性）
	・サークル活動・インターンシップ・アルバイト・海外旅行・TOEIC®の勉強・帰省（私立B・商・女性）
	・江ノ島へ小旅行・アートアクアリウムを見に日本橋へ行く・博物館、美術館巡り（上野や横浜）・カラオケ・スイーツ食べ歩き・花火大会に行く（いずれもサークルの同期や先輩と）・同じサークルの先輩の家に泊まる・短期バイト・お盆に地元へ帰省（私立B・政治経済・女性）
	・バイトでお金をたくさん稼ぐ・中高の友達と遊ぶ・東北地方のボランティアに行く・DVDで映画をいっぱい見る（私立B・政治経済・女性）
	・アルバイトをする・地元の友達と遊ぶ・家族と観光に行く・大学や寮の友達と遊ぶ・授業の課題をやる・授業の予習をする・TOEFL®の勉強と受験・趣味のために時間を使う・美術館に行く・コンサートに行く・本を読む・サークルの合宿（国立A・文教育・女性）
	・8/1花火大会・8/12- 8/17家族と旅行・8/18- 8/20友人と旅行・8/22- 8/23大学のサークルでの合宿・9/11- 9/14大学のサークルでの合宿 等（私立B・法・女性）
	・本をたくさん読む・考えていることを文章化する練習をする・学内外の知人、ネットで知り合った人と会う・サークル活動に参加する・単発のアルバイトをする・親戚に挨拶しに行く（私立B・現代心理・女性）
	・サークルの合宿・サークル友達とカラオケ・アルバイト・友達の家に泊まる・ディズニーシーに行く・横浜観光・花火大会・友人とご飯・買い物（私立B・教育人間・女性）
	・美術館や博物館をたくさん巡る・フルートを習う（私立A・法・女性）
	・2週間アメリカ旅行・宿題やる・バイトの面接、単発バイト（私立A・異文化コミュニケーション・女性）

表8.5.2 [2/3] 夏休の過ごし方の事例【女性】

学年	自由記述内容
1年	・大学の同じ専攻の人たちと花火大会・母校へ遊びに行く・親戚の家へ遊びに行く・アルバイト・阿波踊り大会に出場する・部活（国立A・言語文化・女性）
	・彼氏と遊園地に行く・彼氏と花火大会に行く・高校の友達と映画に行く・高校の友達と誕生日会をする・サークルで高知県のお祭りに出る・大学の友達と新宿で遊ぶ・サークルの友達と手持ち花火をする・試験監督のバイトをする・サークルで原宿のお祭りに出る（私立A・教育・女性）
	・中国語を学ぶために留学・短期アルバイトをたくさんする・初めての好きなバンドのライブ・インターネット上の友人とオフ会・小中高の友人と再会・サークルの展覧会主催（私立A・文・女性）
	・サークルの練習及び合宿に参加する・北海道に一人旅に行く・祖父母に会いに行く・友達と遊びに行く・TOEIC®とTOEFL®と中国語の勉強をする（私立A・政治経済・女性）
2年	・天文部の合宿・学祭のための天文部の夜間作業・祖母の家に行く・バイト・久しぶりに会う友達とご飯・ピアノの練習・京都旅行・お祭り（よさこい）・集中講義（私立D・音楽・女性）
	・部屋の掃除をする・プログラミングについて勉強する・見たかった映画を見る・ためていた録画番組を見る・英語の勉強をし直す・連絡の取れなかった古い友人とどこかに遊びに行く・サークルの合宿・家族で京都に旅行・本格的に絵の勉強をする（私立C・文・女性）
	・公務員試験の勉強・企業調べ・自分の能力を知る・友達と遊ぶ・サークル・アルバイト（私立B・法・女性）
	・祖母の家に行く・サークルの集まりに行く・友人と食事をする・中学時代の友人とプールに行く・サークルで知り合った人とドライブに行く・高校時代の友人と一週間中国・四国地方を旅行する・アメリカのボストンに留学する（私立B・国際文化・女性）
	・サークルのライブ、イベント、合宿・友人と遊ぶ・家でDVD鑑賞・ライブ遠征・買い物・英語、スペイン語の勉強・政治経済の勉強・楽器の練習・カラオケ・ボイストレーニング（私立A・総合人間・女性）
3年	・インターンシップ（3社予定）参加・五泊六日のサークル合宿に参加・友人と二泊三日の箱根旅行・姉と三泊四日の広島旅行（私立D・文・女性）
	・家族と旅行・恋人と旅行・サークルの合宿・CM製作コンペへの参加・外部のコピーライティングの講座への参加・出版社でのアルバイト・広告会社へのインターン（私立C・芸術・女性）
	・アルバイト・英語ミュージカルの練習・友達との飲み会、ご飯・帰省・海などレジャー施設に行く・ゼミのプレゼン考案・大学のレポート作成・企業研究（私立B・学芸・女性）
	・好きなミュージシャンのライブに行く・韓国へ旅行に行く・TOEIC®の勉強をする・海へ行く・インターンをする（予定）・企業研究をする・祖母の家（九州）へ行く（私立B・国際文化・女性）
	・インターンシップ・フリーペーパー作成・コンペへの応募・前衛集団での活動・アルバイト・TOEIC®などの勉強（私立A・文化構想・女性）
	・アルバイト・友人と遊びや食事に出かける・家族と遊びや食事に出かける・趣味（舞台鑑賞）など（私立A・国際教養・女性）
4年	・旅行（沖縄・北海道）・卒論のインタビュー調査30名・部活の合宿（私立D・人間・女性）
	・花火大会に行く・アルバイトをする・プールに行く・ライブに行く・家族旅行に行く・海に行く・美術館に行く・卒論をすすめる・勉強をする・映画を見る（私立D・社会情報・女性）
	・論文を書くための論文（英語、ドイツ語）を読み、要約・学内の夏期講習に参加する・お盆期間に3日間だけ単発のアルバイトをする・友人と、コンサート、ライブ、美術館、国会図書館、に出かける用事がある・ピアノの練習をいつもより集中して多くする・ピアノのレッスンへ行く（私立D・音楽・女性）
	・保育園でアルバイト・保育園実習（私立D・文・女性）

表8.5.2 [3/3] 夏休の過ごし方の事例【女性】

学年	自由記述内容
4年	・アルバイト・論文の資料集め・飲み会・同窓会・夏祭り・ボランティア・法事・デート・ゼミ合宿・美術館めぐり・ラーメンめぐり（私立D・法・女性）
	・運動部連盟のリーダーズ合宿・卒業論文の執筆、研究・引退した部活の試合の応援・アルバイト・祖母の家に行く・友人と出かける（私立D・芸術・女性）
	・就職活動・卒論収集・学科の課題・アルバイト・サークル合宿・サークル活動・ゴミ拾いイベント参加・地域のゴミ拾い活動・花火大会・芸術鑑賞（ミュージカル、写真展）・映画鑑賞・食べ歩き・飲み会・老人ホーム訪問・ショッピング・資格の勉強・部屋の掃除・後輩の就職活動支援・環境系団体訪問（私立C・文・女性）
	・ボランティアキャンプ・海・花火大会・プール・海外ボランティア・九州旅行・韓国旅行・グアム旅行（私立C・文芸・女性）
	・国家試験勉強。卒業研究（私立B・看護・女性）
	・3泊4日の沖縄旅行（大学の友人と4人で）・8泊9日のフランス旅行（高校の友人と3人で）・アルバイト・3日のテニスサークルの夏合宿・大学内テニス大会への参加（私立B・学芸・女性）
	・海外一人旅・友人と海外旅行・学生団体の活動・簿記の勉強・卒論・アルバイト探しとアルバイト（私立C・現代教養・女性）
	・アルバイト・友人と国内旅行・卒業論文の執筆、参考文献の読み込み・資格（TOEIC®）の勉強・買い物や食事、飲み会　など（国立B・文・女性）
	・院試の勉強をする・部活の練習をする・帰省する・卒論の研究をしにインドネシアに行く（国立A・言語文化・女性）
	・サークルで九十九里浜に遊びにいく・宅建取得のための勉強・家族で花火大会にいく・恋人と京都旅行・ゴルフトーナメントのアルバイト（住み込み）・スポーツジムでのアルバイト（私立B・法・女性）
	・国内旅行（5日間）・海外旅行（8日間）・ダンスサークル合宿（3日間参加）・ダンス練習・ダンスレッスン参加・ダンスバトル・プール・卒業研究の予備実験（国立A・第4類・女性）
	・家でのんびりする・卒論のために文献をよむ・TOIEC®でよい点をとるために、英語の勉強・飲み会・バイト・企業の研修・部活の合宿（私立A・教養・女性）
	・卒論・旅行・友人と出かける・簿記三級への勉強・TOEIC®の勉強（私立A・文化構想・女性）
	・海外旅行・国内旅行・美術館・博物館めぐり・読書・DVD鑑賞（私立A・文・女性）
	・アルバイトで20万程度稼ぐ・友人3名と一緒に国内旅行に行く・司法書士試験の勉強を始める・洋書を5冊読む・ボディー・ケーンの経済学書を読み終わる・卒論の資料集めを行う（国立A・法・女子）
	・友達とイタリア旅行・新しいバイトを始める・卒業旅行の資金を稼ぐ・友達とコンサートにいく・論理的思考力を身につける勉強をする・卒業論文を書き始める（私立A・総合政策・女性）
	・八丈島旅行・北海道旅行・ゼミ合宿（佐賀県）・サークルでの陶芸合宿（益子）・大阪旅行・バイト・卒業論文製作（私立A・経済・女性）
	・アルバイト・芝居の稽古・ダンスなどのレッスン・読書・旅行（国立A・文科一類・女性）

第6節　資格をどのぐらい取得しているか

　夏休みの過ごし方では、資格を取得しようとする者が4割近くにのぼっている。本調査では、別途、英検®、漢検®、TOEIC®、TOEFL®の4つの資格の取得の有無と点数について聞いている。
　英検®や漢検®は高校までに学校で受験を推奨することがあることから、ここでは、自主的な勉強を要する英語の資格（TOEIC®、TOEFL®）に限り、調査対象の大学生の受験状況を見てみよう。

6.1　TOEIC®

　TOEIC®は、ListeningとReadingによる英語のコミュニケーションスキルを測定するテストであり、米国留学に課せられるTOEFL®とともに、米国の非営利テスト開発機関であるETS（Educational Testing Service）により開発されたものである。
　現在、企業の海外進出や市場のグローバル化に伴い、英語によるコミュニケーション能力は益々重要視されるようになってきている。TOEIC®は、企業の人材育成・派遣における英語能力指標として用いられることが多いが、近年では、大学の入試判定や単位認定においても活用する動きがある。
　TOEIC®の満点は990点であるが、企業が期待するスコアはどの程度であろうか。表8.6に掲げたように、企業が期待するスコアとして、最も高い点数が挙げられている国際部門では660-840点である（表8.6参照）。
　それでは、今回の調査対象者はどの程度TOEIC®を受験し、また、そのうち受験している者の得点は何点ぐらいなのかを見てみよう。
　調査対象者のうち、TOEIC®の受験経験者は、全体で50.3%、文系で51.7%、理系は46.4%（覚えていないを除く）である。ほぼ半数の者が受験している。受験をしたことがある者の得点分布は、図8.5のとおりである。
　このうち、900点以上をとった者について、具体的な属性を見てみよう（表

8.7参照)。900点以上は、「自分の専門分野の高度な専門書を読んで理解できる」「英語を話す人達が行っている最近の出来事・事件についての議論を聞いて内容を理解することができる」(TOEIC®／コミュニケーション英語能力を測る世界共通のテスト, http://www.toic.or.jp) レベルとされる。

表8.6 企業が期待するスコア

部門	期待するスコア	平均点
国際部門	660-840	――
営業部門	535-765	494
技術部門	520-715	458
海外赴任	605-785	657
中途採用	610-815	――
新入社員	465-670	514

資料:「上場企業における英語活用実態調査-2013年」「TOEIC®プログラム・DATA & ANALYSIS2013」(TOEIC®／コミュニケーション英語能力を測る世界共通のテスト, http://www.toic.or.jp)

図8.5 TOEIC®の得点分布

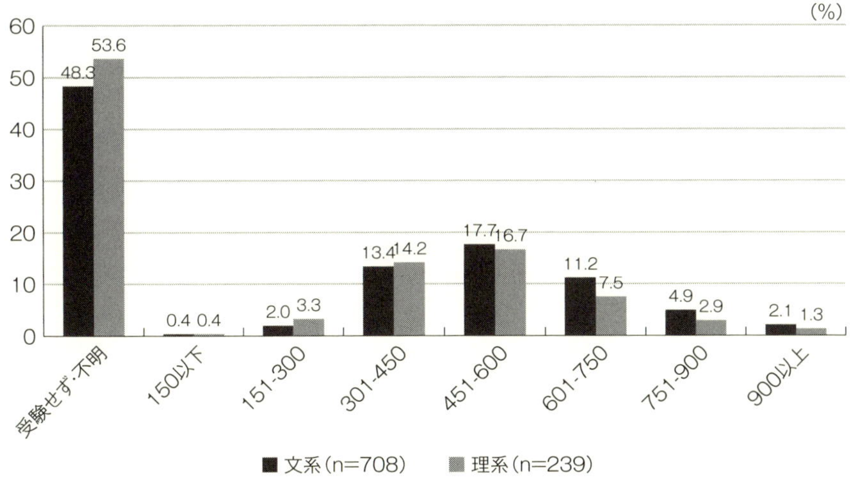

(%)

	文系(n=708)	理系(n=239)
受験せず・不明	48.3	53.6
150以下	0.4	0.4
151-300	2.0	3.3
301-450	13.4	14.2
451-600	17.7	16.7
601-750	11.2	7.5
751-900	4.9	2.9
900以上	2.1	1.3

表8.7のとおり、TOEIC®900点以上の者の属性を見ると、ほとんどの者が過去に海外滞在経験を経ていることがわかる。このことから、英語コミュニケーション能力を測定するTOEIC®の高得点者については、海外で過ごすという経験が大きく影響していることがわかる。

表8.7　調査対象者のうちTOEIC®900点以上の者

No	性別	所属大学	大学入試	将来のキャリア	小学校 旅行	小学校 滞在	小学校 習い事	中学・高等学校 旅行	中学・高等学校 滞在	大学 旅行	大学 短期滞在	大学 長期滞在	TOEFL®
1	女	私立A・経済	一般入試	企業就職	●	●	●	●	●	●	●		受験せず
2	女	私立A・総合政策	一般入試	企業就職	●		●	●		●			91－120
3	女	私立A・経済	一般入試	企業就職	●		●	●		●		●	91－120
4	女	私立A・法	帰国子女	企業就職									受験せず
5	女	私立A・異文化コミュニケーション	一般入試	企業就職	●					●		●	61－90
6	女	私立A・法	AO入試	企業就職	●					●			91－120
7	女	私立A・薬	一般入試	企業就職	●					●			91－120
8	女	私立A・法	センター利用	教員・公務員採用試験	●		●			●			91－120
9	女	私立A・異文化コミュニケーション	内部進学	教員・公務員採用試験	●		●	●					91－120
10	女	私立A・国際教養	一般入試	企業就職	●					●		●	91－120
11	男	国立A・法	一般入試	企業就職	●					●	●		受験せず
12	女	私立A・教養	内部進学	企業就職	●			●	●				91－120
13	男	国立A・第4類	一般入試	大学院進学	●								61－90
14	女	私立A・法	一般入試	企業就職						●	●	●	91－120
15	女	私立A・文化構想	帰国子女	企業就職				●	●				91－120
16	男	国立B・理工	一般入試	大学院進学				●		●			受験せず
17	男	国立B・文	推薦入試	企業就職			●				●		受験せず
18	女	私立A・法	センター利用	医者・弁護士などの専門職			●						受験せず

注：小学校における「習い事」は英語に関するものである。

6.2 TOEFL®

TOEFL®は、米国の大学に留学する際に主に用いられるもので、Reading、Listening、Speaking、Writingの4つのセクションからなり、総合スコアの満点は120点である。

TOEFL®の受験者は、欧米の大学・大学院に留学する目的の者が多く、その数は非常に限られている。調査対象者全体での受験率は6.4%であり、文系では全体の7.8%、理系では1.7%にとどまる。得点分布は図8.6のとおりである。

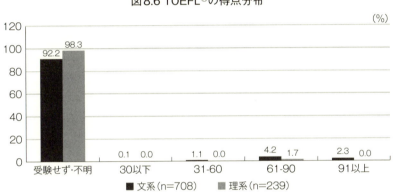

図8.6 TOEFL®の得点分布

表8.8に、90点以上の高得点者の属性を掲載した。ここでのTOEFL®の高得点者は、中学・高等学校までの間に海外に滞在する経験をした者が多い。これは、保護者の帯同によるもの、あるいは高校における留学の可能性もある。いずれも家庭の経済力や教育力を推察させるものである。一方、大学に入ってから自分の意志で留学することで、英語力をつけているものもいる。TOEIC®と比較すると、TOEFL®の方がWriting能力を測定し、Readingにおいても学術的内容が出される傾向があることから、知的能力も問われ、滞在経験以上に学習経験が必要とも考えられる。

TOEIC®は、英語に触れる機会や外国人との接触頻度に影響される性質のものであるが、TOEFL®は一部座学による独学が可能であり、TOEIC®と

TOEFL®の得点は相関があると同時に、一部異なる能力の測定とテストの性格から、必ずしも一致しないことが推測される。いずれにせよ、できるだけ早い段階で海外での生の英語に触れることが、TOEIC®やTOEFL®の高得点を可能にすることは間違いない。このことは、本人の努力以上に、それを可能にする環境や機会に左右されるということであろう。

表8.8 調査対象者のうちTOEFL®90点以上の者

No	性別	所属大学	大学入試	将来のキャリア	小学校			中学・高等学校		大学			TOEFL®
					旅行	滞在	習い事	旅行	滞在	旅行	短期滞在	長期滞在	
1	女	私立A・総合政策	一般入試	企業就職	●	●	●	●	●	●	●		900以上
2	女	私立A・経済	一般入試	企業就職	●	●	●	●	●	●	●	●	900以上
3	女	私立A・経済	一般入試	企業就職	●	●	●	●	●	●	●		900以上
4	女	私立A・法	帰国子女	企業就職		●		●	●	●			900以上
5	女	私立A・文	帰国子女	まだ決めていない	●	●	●	●	●	●			受験せず
6	女	私立A・法	AO入試	企業就職	●			●	●	●			900以上
7	女	国立A・法	一般入試	企業就職	●	●		●	●	●			900以上
8	女	私立B・法	一般入試	教員・公務員採用試験				●		●			601－750
9	女	私立A・国際教養	AO入試	企業就職	●			●		●		●	751－900
10	女	国立A・文化一類	一般入試	その他	●			●		●	●		751－900
11	女	国立A・法	センター利用	教員・公務員採用試験				●				●	900以上
12	男	私立A・教養	内部進学	企業就職	●		●		●				900以上
13	男	私立A・法	一般入試	企業就職						●	●	●	900以上
14	女	私立B・キャリア	一般入試	まだ決めていない	●								受験せず
15	男	私立A・法	センター利用	医師・弁護士など専門職			●						900以上
16	男	私立A・教育	一般入試	企業就職									751－900

注：小学校における「習い事」は英語に関するものである。

第7節　まとめ

　本章では、大学生が過ごす時間の内容から経験の差異を見てみた。
　ところで、大学関係者からよく口にされる「日本の大学生は勉強しない」というのは本当であろうか。確かに本調査でも、そのような主張が支持される結果が提示されている。もちろん、米国や他国の大学生の学習時間を偏差値レベルなどで比較する精緻な調査を行えば、日米の学生の学習時間についても、思ったほど差がないということになるかもしれない。米国の一部の優秀な大学にあっては、週に何十時間も勉強をするかもしれないが、すべての米国の大学生がそうであるとは限らないであろうし、日本であっても大学によっては相当の勉強を課すところもあれば、そうでないところもあり、一概に比較はできない。
　とはいえ、本調査に限っていえば、日本の学生の多くは、課題を課せられる場合は最低限勉強を行い、それゆえに理系は勉強時間が平均的に長いものの、文系理系を問わず、予復習以外の自主的勉強は進んで行っていないことが明らかとなっている。一週間にまったく勉強しないとの回答も散見され、大学生活とは、アルバイトやサークル活動などが中心の生活と言える様相の者も多い。また、自主的勉強の基盤となる学習スキルやスタイルが確立していない者もおり、これらの者に対しては、大学における学習を保証するために、学習スキルに対する補償教育が必要との示唆が提示される。
　夏休みの過ごし方を見ると、多くの者がアルバイトや旅行など、長期間、かつ時間の余裕がある時にしかできないことを計画している。夏休み期間は、即座に結果を得られる免許、資格試験の勉強などにも充てられている。どの大学生にもほぼ同様に存在する夏休みであるが、この期間をどう過ごすかによって、学生それぞれの経験は異なるものになる。保護者の経済的支援やアルバイトなどで経済的な裏付けがある場合、夏休みに行うことのレパートリーは広く多彩になることも推測される。
　さらに、今回の調査で明らかになったことは、大学に入るまでの経験として、学校教育を通じた学習スタイルを身につけることは最も重要であるが、そ

れ以外に個人ではどうにもならない家庭の経済力に伴う経験の格差があるということである。例えば、TOEIC®やTOEFL®などの英語の資格試験を見れば、当然ながら海外での滞在経験のある者が高得点に結びついている。義務教育までになされた海外体験は、通常保護者の帯同によるものである。海外での長期滞在にあっては、海外勤務という一定以上の地位を推定される保護者の社会経済的地位を背景に、恵まれた能力と資質の上に、通常の教育では付加できない特異で貴重な機会により、社会的に優位なキャリアにつながる経験がなされている。このことは、経験資本の最も顕著な例ともいえよう。例えば、海外滞在の機会とそこで培われた英語力を顕在化する入試や、TOEIC®、TOEFL®などの資格試験により、海外での経験は英語力を媒介に大学入試や就職に影響し、社会での地位獲得に一層有利に働く可能性がある。

海外滞在という例をとって、ここでは経験が有利に働く例を提示したが、その他、家庭の経済力によって、大学生に至る成育の過程で、表面化しないが、子どものキャリア形成にプラスに働く豊かで有益な多様で多量な経験の差が生じていると思われる。学校教育以外の場で獲得される経験は、目に見えない差異として、直接的に学力やより良い教育機会に結びつくのみならず、創造的な発想、危機管理、柔軟な対応力、複眼的思考への礎となり、学力を活用し、応用する際に有効に機能する可能性もある。あるいは、多様で多量な経験は、資本として蓄積され、テストでは測定されない非認知的な資質・能力として、教育、就職の場面で目に見えない形で有利に働くことも予想される。もし、この仮定が正しいとすれば、格差是正のためには、有益な経験や体験と考えられることへの公的制度による機会提供が望まれるのであろう。

大学生活について言えば、自由な時間における時間の過ごし方は、人それぞれ異なる。しかし、大学生の時間の過ごし方の相違は、大学生時代の経験の質と量を左右し、その後の人生にも大きく影響を与えるものとなるであろう。その意味では、大学生の時代における学習や時間の過ごし方は、その人の生き方を規定するものであり、その後のキャリア形成の基盤となるのである。

参考文献

ベネッセ教育研究開発センター（2009）「大学生の学習・生活実態調査報告書」『研究所報』Vol.51。
中央教育審議会大学分科会大学教育部会（2012）「予測困難な時代において生涯学び続け、主体的に考える力を育成する大学へ」（審議まとめ）。
東京大学大学院教育学研究科大学経営・政策研究センター（2008）「全国大学生調査 第1次報告書」。

第9章

大学生の人間関係

下村 英雄

第1節　大学生の人間関係を検討する意義

　本章では、大学生の人間関係と経験資本との関連を検討する。
　大学生の人間関係は、およそ大学生のどのような問題を考えるにあたっても、常に重要な要因であり続けた。特に、大学生の日常生活の2つの大きな領域は、学業と人間関係であることは多くの研究で繰り返し明らかにされてきた。そして、この2つの要因は、大学生の就職や進路とも密接に関連することが何度も指摘されてきた。
　大学生の本分は勉強することである以上、学業面で大きな問題を抱えた場合、それが大学生自身にとって重大事であると感じられやすいことは十分に了解しうる。自分が志した学問を学び、知識を吸収し、相応の成績を上げる。このことは、大学生の最も根本的な目的であり、それが何らかの理由で阻害され、妨げられ、立ち行かなくなった時は、本人にとって問題となりやすい。
　では、人間関係は、大学生にとってなぜ問題となるのか。仮に、大学生の人間関係を何らかの機能という側面から捉えれば、例えば、ソーシャル・サポート研究で言うような「情報的」な機能と「情緒的」な機能といった両面がまず想定される。大学の主目的である学業を続けていくにあたって、試験や休講の情報など、人間関係を介して流通する情報が考えられる。また大学生は青年期でもあり、心理面・精神面で様々な葛藤を抱える。そうした葛藤を何らかの意味で慰撫し、緩和し、軽減させるものとして、人間関係を介して提供される情

緒的な交流は有益な機能を果たすであろう。

　それ以外にも、大学生にとっての人間関係には幾重にも意味を持たせることが可能である。例えば、大学生活で人間関係をうまく取り結ぶことができなかった学生は、その状態の延長線上に、自分の就職活動や進路選択の失敗を予期するかもしれない。学生生活で友人関係ひとつ満足に作り上げられなかった自分は、社会人として社会生活を送るには不適格であろうことを予想するかもしれない。

　同様に、大学生の人間関係は、青年期から成人期への移行にあたってひとつの重要な発達課題となる結婚やその前提となる異性の友人・知人の獲得、さらにはその前提となる同性の友人・知人の獲得は、青年期の渦中にある大学生にとって重い意味を持つ。大学生活で人間関係を上首尾に作れなかった大学生は、その現状に、遠く自分が家族形成の機会に恵まれないのではという不安を感じ取る。

　このように、大学生の期間に学業が本分であるのは当然としても、その間、人間関係が上首尾にこなせないということが、著しく大学生活全体の質を低下させるということは容易に想定される。

　したがって、本章の目的は、まずは、大学生にとって極めて重要な人間関係の実態を詳細に検討することである。その上で、本章では、大学生の人間関係が本書全体で取り扱っている経験資本といかなる関係にあるのかを検討したい。

　大学生の人間関係と経験資本の関連性は、比較的、容易に結びつけうる。例えば、幼い頃に質・量ともに豊富な経験をした子どもは、長じて大学生になった際、豊かな人間関係を取り結ぶことが可能であろうとする仮説が立つ。しかし、どのような経験がどのように蓄積した時に、どのような人間関係を豊かにするのか。そして、その両者の対応関係は、何に由来するものと考察されるのか。人間関係と経験資本の相互の結びつきは、表面的には理解が容易であるだけに、ひとたび掘り下げて考えた場合、様々な疑問に行き当たることとなる。

　本書で、我々は、幼い頃からの経験を、個人内に蓄積し、その後、豊かな利益を生むある種の資本として捉えようとしている。そして、この経験資本という概念が有効に活きるひとつの方向は、その後の人生の人づきあいの詳細を説明することであろう。

以上の議論に基づいて、本章では、まず第一に、大学生の人間関係の実態を詳しく検討し、その後、第二に、人間関係と経験資本の関係について知見を得ることを目的とする。

第2節　大学生の人間関係の概要

2.1　大学生の人間関係

　まず、大学生の人間関係の大まかな傾向について、以下に見ていく。

　まず、SNSで友人登録をしている人数で最も多かったのは「100人程度」だった。次いで「200人程度」が多かった。携帯・スマートフォンの連絡先で登録している人数で最も多かったのは「100人程度」、次いで「50人程度」だった。よく一緒に食事したり、会って話したりする人数で最も多かったのは「5人程度」、次いで「10人程度」だった（図9.1参照）。

図9.1　SNS、携帯・スマートフォンの登録人数、食事する等の人数

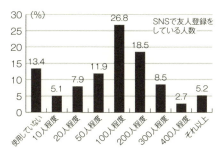
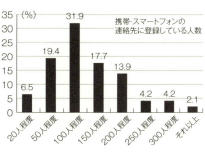
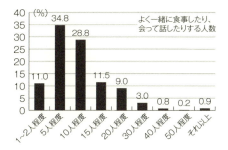

これらの結果から、本調査に回答した大学生は、おおむねSNSで100～200人ぐらいを友人登録し、携帯・スマートフォンでは50～100人ぐらいの連絡先を登録しており、そのうち、実際に会って食事をしたり話をしたりする人数は5～10名程度であったとまとめられる。

2.2　大学生の人間関係の性別・学年別の違い

　性別による違いもみられた。
　携帯・スマートフォンの連絡先に登録している人数については、わずかではあるが女性の方が統計的に有意に多かった。一方、よく一緒に食事したり、会って話したりする人数はやはりわずかではあるが男性の方が統計的に有意に多かった（図9.2参照）。
　若干、解釈が難しいが、携帯・スマートフォンの連絡先に登録している人数と、一緒に食事したり会って話したりする人数は、質的に異なる人間関係の指標となっているものと考えておくことができる。

図9.2 携帯・スマートフォンの登録人数（左）、食事する人数（右）の性別による違い

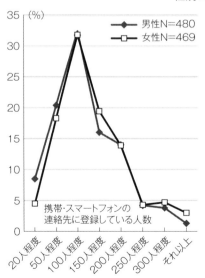
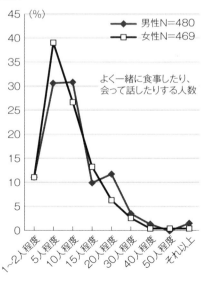

実際、図9.3に示すとおり、SNSで友人登録している人数と携帯・スマートフォンの連絡先に登録している人数は相関係数（スピアマンの順位相関係数）が高いが、一緒に食事や会話をする人数とは相関係数がやや低い。広く浅いつながりであるSNS、携帯、スマートフォンの人間関係と、食事や会話をする狭く深いつながりである人間関係に、一応の区別をつけて考えることができる。

図9.3 SNS、携帯・スマートフォンの登録人数、食事等をする人数との相関関係

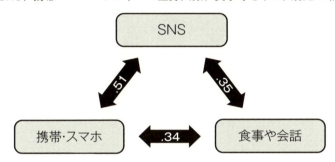

図9.4 SNS、携帯・スマートフォンの登録人数、食事をする人数の学年による違い

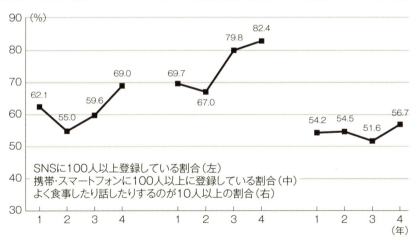

なお、この広く浅いつながりであるSNS・携帯・スマートフォンの登録人数と、狭く深いつながりである食事をしたり話したりする人数の質的な違いは、学年差によっても観察される。図9.4に示したとおり、SNS・携帯・スマートフォンの登録人数は、U字、S字の形状の違いはあっても、1年生から4年生に

第9章　大学生の人間関係　179

かけて増加している。一方で、よく食事をしたり話したりする人数は1年生から4年生でおおむね変わらない。これは、広く浅いつながりが大学生活での年数に伴って増加するのに対して、そのうち深いつきあいをする人数は基本的には年数によっては変化しないものと解釈できる。

2.3　学業達成と人間関係

　SNS・携帯・スマートフォンの登録人数、食事や会話をする人数は、おおまかに学力・学業成績・知的能力とみなせる各種の指標とも関連がみられた。
　まず、表9.1に示すとおり、SNSに100人以上登録している割合、携帯・スマートフォンに100人以上登録している割合は、回答者が在学する大学の偏差値ランクとおおむね関連していた。大学ランクが高いほど登録人数は多かった[1]。

表9.1　SNS、携帯・スマートフォンの登録人数、食事等をする人数の大学ランクによる違い

SNSに100人以上登録している割合		携帯・スマートフォンに100人以上登録している割合		よく食事したり話したりするのが10人以上の割合	
私立A	76.7%	私立A	86.5%	私立A	63.7%
国立A	74.5%	国立A	82.4%	国立A	54.9%
私立B	59.8%	私立C	80.7%	私立C	53.0%
私立C	59.4%	私立B	68.4%	私立B	52.2%
国立B	56.5%	私立D	63.9%	国立B	51.6%
私立D	51.3%	国立B	62.9%	私立D	50.0%

注：％の値の大きいものから順に並べた。なお、国立AはN=51、国立BはN=62、私立AはN=193、私立BはN=209、私立CはN=202、私立DはN=230。

　ただし、食事や会話をする人数とは統計的に有意な関連はみられなかった。
　類似の結果は、センター試験の得点（自己申告）でもみられた。図9.5では、センター試験「数学Ⅰ・A」および「国語」の得点と大学生の人間関係の直線的な関連性がみられる。ただし厳密には、「数学Ⅰ・A」では携帯・スマートフォンの登録人数との関連が統計的に有意であり、「国語」ではSNSの登録人数との関連が統計的に有意であった。
　ただし、「数学Ⅰ・A」および「国語」の得点ともに、食事や会話をする人数とは、統計的に有意な関連がみられなかった。

図9.5 SNS、携帯・スマートフォンの登録人数、食事をしたり会って話す人数の
センター試験の得点（自己申告）による違い

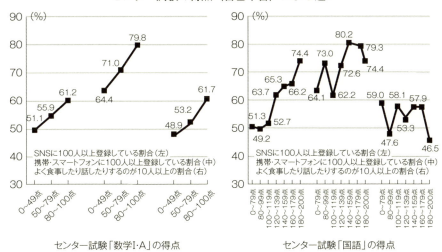

なお、SNSの登録人数は、英検®やTOEIC®の得点など、英語力と強い関連がみられた。図9.6に示したとおり、英検®の級が上位であるほど、また、TOEIC®の得点が高いほど、SNSの登録人数は統計的に有意に多かった。また、TOEIC®の得点は、携帯・スマートフォンの登録人数とも緩やかな関連がみられていた。

図9.6 英検®の級およびTOEIC®の点数とSNSの登録人数の関連

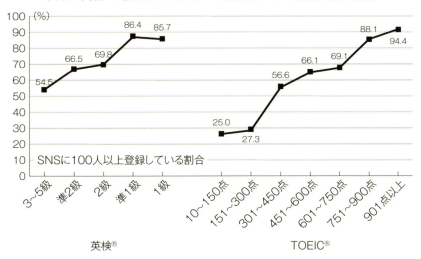

第9章　大学生の人間関係　181

ただし、漢検®やTOEFL®の成績とは関連がみられなかった。なお、数学Ⅰ・A、国語、英検®、漢検®、TOEIC®、TOEFL®の成績と、食事や会話をする人数では統計的に有意な関連がみられなかった。

2.4　自分が育った地域や家庭の暮らしと人間関係

図9.7に示したとおり、育った地域とは若干関連がみられており、都会の都市部に育った者の方が地方や山村部等で育った者よりも、SNSの登録人数は統計的に有意に多かった。

また、図9.8に示したとおり、自分が育った家庭の経済状況によって、SNSの登録人数、携帯・スマートフォンの登録人数、食事や会話をする人数に統計的に有意な違いがみられた。いずれも、自分が育った家庭の経済状況が上であると回答した学生で人数が多かった。

また、表9.2に示したとおり、親の職業・学歴との関連がみられた。父親または母親の職業が専門職や大企業の社員であると回答した学生は、SNSの登録人数が100人以上である割合が高かった。また、父親の学歴が大学卒である学生は、SNSの登録人数が100人以上である割合が高かった。母親の学歴でも類似の傾向はみられたが、父親の学歴ほどは明確な傾向がみられなかった。

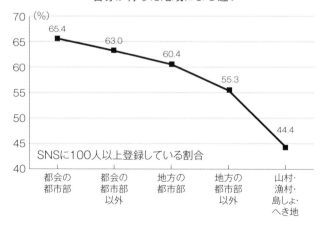

図9.7 SNS、携帯・スマートフォンの登録人数、食事や会話をする人数の自分が育った地域による違い

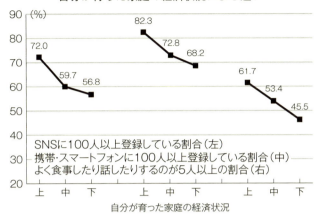

図9.8 SNS、携帯・スマートフォンの登録人数、食事や会話をする人数の自分が育った家庭の経済状況による違い

表9.2 SNSの登録人数（100人以上）の父親・母親の職業・学歴による違い

父親の職業		母親の職業	
専門職N=36	75.0%	大企業の社員N=16	81.3%
大企業の社員N=280	67.9%	教員・公務員N=55	69.1%
質問に答えないN=81	64.2%	専門職N=57	66.7%
中小企業の社員N=250	58.8%	中小企業の社員N=50	66.0%
教員・公務員N=109	58.7%	専業主婦N=270	61.5%
自営業N=112	57.1%	パート・アルバイトN=373	60.3%
不明・その他N=69	55.1%	不明・その他N=27	59.3%
パート・アルバイトN=10	40.0%	質問に答えないN=61	59.0%
専業主夫N=2	0.0%	自営業N=40	52.5%
父親の学歴		母親の学歴	
大学（地方の国公立）N=86	72.1%	大学院N=4	75.0%
大学（地方の私立）N=53	67.9%	大学（地方の国公立）N=22	72.7%
大学（都会の国公立）N=88	65.9%	大学（都会の私立）N=187	72.2%
大学（都会の私立）N=370	65.1%	短大N=195	64.1%
大学院N=23	60.9%	専門学校N=102	62.7%
高等専門学校N=17	58.8%	高等専門学校N=22	59.1%
質問に答えないN=63	57.1%	高校N=209	57.4%
専門学校N=41	56.1%	質問に答えないN=61	55.7%
高校N=143	54.5%	大学（地方の私立）N=57	54.4%
中学N=8	50.0%	大学（都会の国公立）N=28	53.6%
不明その他N=52	44.2%	中学N=4	50.0%
短大N=5	20.0%	不明その他N=58	48.3%

2.5　大学生の人間関係の概括と影響を与える要因の特定

ここまで、大学生の人間関係に関する結果をまとめると、以下の諸点となる。

1) SNSで友人登録をしているのは100～200人程度、携帯・スマートフォンの登録人数は50～100人程度、一緒に食事したり、会って話す人数は5～10人程度であった。
2) SNS・携帯・スマートフォンの連絡先に登録している人数と、一緒に食事したり会って話したりする人数は、質的に異なる人間関係を示しており、例えば、前者の数が女性が多く、後者の数は男性が多かった。また、前者は学年が上がるにつれて増えるが、後者はそうではなかった。
3) SNS・携帯・スマートフォンの連絡先に登録している人数は、大学ランクやセンター試験の得点が高いが多かった。
4) SNS・携帯・スマートフォンの連絡先に登録している人数は、育った地域が都会である方が、育った家庭の経済状況が「上」である方が多かった。また、両親の職業が専門職か大企業の社員である者にその割合が多く、父親の学歴も高かった。

以上の結果から、大学生の人間関係は、SNS・携帯・スマートフォンの登録人数に示される広く浅い人間関係と、一緒に食事に行ったり話したりする狭く深い人間関係の2つに分けて捉えることができ、学業的な達成や育った家庭状況等と密接に関連するのは前者であると集約して整理することができる。

また、ここまで見た要因のうち、どの要因が大学生の人間関係に大きな影響を与える要因なのか、重要な要因を絞り込む分析を行った（変数選択式のロジスティック回帰分析）。

その結果、表9.3に示すとおり、食事等をする人数は性別による影響が強く、携帯・スマートフォンの登録人数は学年の影響が強かった。大学類型の影響も強く、SNSおよび携帯・スマートフォンの登録人数は、学業達成の水準の高い国立A類型、私立A類型で多かった[(2)]。また、SNSの登録人数はTOEIC®

との影響、父親の学歴の影響が強かった。自分が育った家庭の経済状況の影響も携帯・スマートフォンの登録人数および食事等をする人数に影響を与えていたが、若干、弱いものであった。

以上の結果をまとめると、1）本人の学業達成に影響を受けるSNSの登録人数、2）本人の学業達成をベースに学年とともに増える携帯・スマートフォンの登録人数、3）性別に影響を受ける食事に行く人数と整理できるが、その背景に、父親の学歴や育った家庭の経済状況などの社会経済的な変数を想定することができると言えよう。

表9.3 SNS、携帯・スマートフォンの登録人数および
食事等をする人数に影響を与える要因

	SNSに登録している人数 100人以上		携帯・スマートフォンに登録している人数 100人以上		よく食事したり話したりする人数 10人以上	
	Exp（B）	sig.	Exp（B）	sig.	Exp（B）	sig.
性別（女性と比べて男性の場合）			0.69	*	1.51	**
学年（1年生と比べて）						
2年生			0.85			
3年生			1.46			
4年生			1.94	**		
大学類型（「私立D類型」と回答した学生に比べて）						
国立A類型	2.98	**	3.57	**		
国立B類型	1.43		0.96			
私立A類型	2.70	**	3.27	**		
私立B類型	1.27		1.18			
私立C類型	1.34		2.44	**		
TOEIC®の得点（「10～450点」の学生と比べて）						
451～600点	1.68	*				
601点以上	2.37	**				
未受験	1.61					
自分が育った家庭の経済状況（「下」と回答した学生に比べて）						
「上」と回答した学生			2.21	*	2.08	*
「中」と回答した学生			1.33		1.45	
父親学歴（「大卒以外」と回答した学生に比べて「大卒」の場合）	1.51	**				

注：変数選択式のロジスティック回帰分析。Exp（B）は回帰係数の指数をとったものであり、当該変数が1単位増加した場合の確率として解釈できる。例えば、「よく食事したり話したりする人数が10人以上」である確率は男性の場合、女性の1.51倍となる。なお、sig.は有意水準。＊＊はp.<01、＊はp<.05。1％水準で有意な箇所に網掛けを付した。

第9章 大学生の人間関係　　185

第3節　経験資本との関連

　ここからは、小学生・中高生時代の様々な経験、すなわち経験資本と大学生の人間関係との関連について検討する。

3.1　経験資本と大学生の人間関係の関連性（相関係数による分析）

　まず、表9.4には、SNS、携帯・スマートフォンの登録人数および食事に行く人数と小学生・中高生時代の経験との関連を検討するために、両者の順位相関係数を示した。SNS、携帯・スマートフォンの登録人数のいずれとも関連が深い経験として、小学生時代の「学級委員や児童会の役員」「学芸会の主役」「スポーツの対外試合や大会への出場」、中高生時代の「学級委員や生徒会の役員」「スポーツの対外試合や大会への出場」がみられた。総じて、役員であったり、主役であったり、選手であるなど、何らかのかたちで中心的な役割・立場で経験をしたことと大学生の人間関係が関連していたと言える。

　類似の結果としては、中高生時代の「部活動の部長、副部長」「部活動のマネージャー」「文化祭や学園祭の企画・運営」などもある。これらも、部長、副部長、マネージャー、企画者・運営者としての活動・経験が大学生の人間関係に関連していると解釈ができるものであろう。

　なお、その他、目につくところでは、小学生時代の「海外滞在経験（1か月程度以上）」、中高生時代の「海外旅行」「海外滞在経験（1か月程度以上）」がSNSの登録人数と関連していた。海外経験は、どちらかと言えば、SNS登録人数のような広がりのある人間関係と関わりが深いものと考えられる。また、小学校時代の「子ども会などの集団活動」「地域のお祭りへの参加」「登山やキャンプなどの自然体験」などについては携帯・スマートフォンの登録人数と関連していた。小学生の段階で、子ども会、お祭り、登山・キャンプといった家庭や学校とは異なる活動をすることに意味があったことがうかがえる。

表9.4 SNS、携帯・スマートフォンの登録人数、食事に行く人数と小学生・中高生時代の経験との関連（順位相関係数）

	SNSに登録している人数		携帯・スマートフォンに登録している人数		よく食事したり話したりする人数	
【小学生】学級委員や児童会の役員	.16	**	.15	**	.11	**
【小学生】学芸会の主役	.12	**	.17	**	.09	**
【小学生】ボーイスカウト、ガールスカウトの活動	.01		.03		.06	
【小学生】子ども会などの集団活動	.03		.11	**	.03	
【小学生】スポーツの対外試合や大会への出場	.13	**	.16	**	.11	**
【小学生】音楽、科学などのコンクールへの出場	.04		.07	*	.01	
【小学生】地域のお祭りへの参加	.07	*	.10	**	.04	
【小学生】登山やキャンプなどの自然体験	.06		.09	**	.03	
【小学生】海外旅行	.09	*	.00		.07	*
【小学生】海外滞在経験（1か月程度以上）	.09	**	-.01		.04	
【小学生】習い事（ピアノ、バイオリンなどの音楽系）	.07	*	.08	*	.00	
【小学生】習い事（英語などの語学系）	.06		.06		.05	
【小学生】習い事（そろばん）	-.01		.02		-.02	
【小学生】習い事（習字）	.02		.04		-.03	
【小学生】習い事（学習塾）	.10	**	-.03		.08	*
【小学生】習い事（野球、サッカー、ミニバスケ）	.08	*	.06		.11	**
【小学生】習い事（上記以外のスポーツ：水泳、バレエ、ダンス、体操など）	.05		.10	**	.06	
【中高生】学級委員や生徒会の役員	.12	**	.14	**	.11	**
【中高生】部活動	-.02		.02		.03	
【中高生】部活動の部長、副部長	.03		.11	**	.05	
【中高生】部活動のマネージャー	.09	**	.07	*	.05	
【中高生】地域のお祭りへの参加	.04		.12	**	.06	
【中高生】アルバイト	.06		.05		.01	
【中高生】ボランティア活動（授業での活動も含む）	.07	*	.03		.02	
【中高生】文化祭や学園祭の企画・運営	.21	**	.14	**	.08	*
【中高生】スポーツの対外試合や大会への出場（練習試合は除く）	.12	**	.17	**	.10	**
【中高生】音楽、科学などのコンクールへの出場	.02		.04		.03	
【中高生】登山やキャンプなどの自然体験	.06		.06		.03	
【中高生】寮生活	.04		-.05		-.04	
【中高生】海外旅行	.09	**	.01		-.03	
【中高生】海外滞在経験（1か月程度以上）	.13	**	.06		.04	

注：数字はスピアマンの順位相関係数。＊＊はp.<01、＊はp<.05。1％水準で有意な箇所に網掛けを付した。

3.2　経験資本と大学生の人間関係の関連性（クロス表による分析）

　表9.5には、SNS、携帯・スマートフォンの登録人数をそれぞれ100人未満・100人以上、10人未満・10人以上に分けて、どちらがどのような経験を何％していたかを表にした。

　SNS、携帯・スマートフォンの登録人数のそれぞれに比較的共通して傾向がみられた箇所を中心にみていくと、以下の経験で顕著な結果が示されていた。まず、小学生時代の「学級委員や児童会の役員」「学芸会の主役」「スポーツの対外試合や大会への出場」で顕著な結果がみられており、総じて、人数が多いほど経験している割合は高かった。また、中高生時代の「学級委員や児童会の役員」「スポーツの対外試合や大会への出場」でも同様の結果が見られた。

　なお、その他の結果としては、小学校時代の「地域のお祭りへの参加」「習い事（学習塾）」「習い事（野球、サッカー、ミニバスケ）」の経験がSNSの登録人数に関連がみられていた。また、小学校時代の「海外旅行」、中高生時代の「海外旅行」もSNSの登録人数と関連がみられていた。お祭りへの参加や習い事、海外旅行などがSNSのような広い人間関係と関連していたと言える。

表9.5 SNS、携帯・スマートフォンの登録人数、食事に行く人数と小学生・中高生時代の経験との関連（クロス表による検討）

	N	SNSに登録している人数 100人未満	SNSに登録している人数 100人以上	sig.	携帯・スマートフォンに登録している人数 100人未満	携帯・スマートフォンに登録している人数 100人以上	sig.	よく食事したり話したりする人数 10人未満	よく食事したり話したりする人数 10人以上	sig.
【小学生】学級委員や児童会の役員	522	31.4%	68.6%	**	22.0%	78.0%	**	41.4%	58.6%	**
【小学生】学芸会の主役	186	26.9%	73.1%	**	17.2%	82.8%	**	37.1%	62.9%	**
【小学生】ボーイスカウト、ガールスカウトの活動	84	36.9%	63.1%		21.4%	78.6%		40.5%	59.5%	
【小学生】子ども会などの集団活動	658	36.6%	63.4%		24.5%	75.5%		44.5%	55.5%	
【小学生】スポーツの対外試合や大会への出場	506	32.0%	68.0%	**	19.4%	80.6%	**	41.5%	58.5%	**
【小学生】音楽、科学などのコンクールへの出場	488	35.0%	65.0%	*	25.0%	75.0%		45.9%	54.1%	
【小学生】地域のお祭りへの参加	861	36.8%	63.2%	**	25.1%	74.9%		45.1%	54.9%	
【小学生】登山やキャンプなどの自然体験	819	37.1%	62.9%		24.9%	75.1%		45.1%	54.9%	
【小学生】海外旅行	330	32.4%	67.6%	**	24.2%	75.8%		41.2%	58.8%	*
【小学生】海外滞在経験（1か月程度以上）	67	26.9%	73.1%	*	26.9%	73.1%		38.8%	61.2%	
【小学生】習い事（ピアノ、バイオリンなどの音楽系）	513	35.9%	64.1%		23.8%	76.2%		46.0%	54.0%	
【小学生】習い事（英語などの語学系）	422	34.8%	65.2%		24.9%	75.1%		42.9%	57.1%	
【小学生】習い事（そろばん）	102	41.2%	58.8%		26.5%	73.5%		47.1%	52.9%	
【小学生】習い事（習字）	262	34.4%	65.6%		23.7%	76.3%		46.9%	53.1%	
【小学生】習い事（学習塾）	652	35.4%	64.6%	**	27.0%	73.0%		43.1%	56.9%	*
【小学生】習い事（野球、サッカー、ミニバスケ）	279	31.2%	68.8%		23.7%	76.3%		40.1%	59.9%	*
【小学生】習い事（上記以外のスポーツ：水泳、バレエ、ダンス、体操など）	662	36.9%	63.1%		22.1%	77.9%	**	42.6%	57.4%	**
【中高生】学級委員や生徒会の役員	477	32.9%	67.1%	**	22.0%	78.0%	**	41.1%	58.9%	**
【中高生】部活動	928	38.3%	61.7%		25.8%	74.2%		45.4%	54.6%	
【中高生】部活動の部長、副部長	389	36.0%	64.0%		21.6%	78.4%	*	41.6%	58.4%	*
【中高生】部活動のマネージャー	34	23.5%	76.5%		8.8%	91.2%	*	41.2%	58.8%	
【中高生】地域のお祭りへの参加	659	37.2%	62.8%		22.9%	77.1%	**	44.9%	55.1%	
【中高生】アルバイト	272	33.8%	66.2%		23.5%	76.5%		46.0%	54.0%	
【中高生】ボランティア活動（授業での活動も含む）	663	36.0%	64.0%	*	25.3%	74.7%		45.6%	54.4%	
【中高生】文化祭や学園祭の企画・運営	463	28.1%	71.9%	**	22.2%	77.8%	*	44.3%	55.7%	
【中高生】スポーツの対外試合や大会への出場（練習試合は除く）	566	33.6%	66.4%	**	21.0%	79.0%	**	42.2%	57.8%	**
【中高生】音楽、科学などのコンクールへの出場	396	36.1%	63.9%		23.7%	76.3%		47.6%	52.4%	
【中高生】登山やキャンプなどの自然体験	645	36.1%	63.9%		24.5%	75.5%		44.7%	55.3%	
【中高生】寮生活	42	28.6%	71.4%		38.1%	61.9%		50.0%	50.0%	
【中高生】海外旅行	401	33.4%	66.6%		25.9%	74.1%		47.9%	52.1%	
【中高生】海外滞在経験（1か月程度以上）	50	22.0%	78.0%	*	22.0%	78.0%		36.0%	64.0%	

注：sig.は有意水準。＊＊は1%水準、＊は5%水準で統計的に有意。1%水準で値が大きい方に網掛けを付した。

3.3　経験資本が大学生の人間関係に与える影響

　続いて、前節で取り上げた小学生・中高生時代の経験が、大学生の人間関係にどのように影響を与えているかを回帰分析の手法を用いて検討した。回帰分析では、変数間（経験間）の複雑に絡みあった関連性を調整して、結局、どのような経験が大学生の人間関係に影響を与えるのかが明らかになる。

　以上の目的から、変数選択式のロジスティック回帰分析を行った結果、表9.6のとおり結果が示された（なお、経験資本が、子ども時代の暮らし向きによって左右されることは常識的に考えられることから調整変数として含めることとし、暮らし向きの変数を投入して統制した[3]）。

1) SNSに登録している人数には、小学生時代の「学級委員や児童会の役員」「地域のお祭りへの参加」「習い事（学習塾）」、中高生時代の「文化祭や学園祭の企画・運営」「スポーツの対外試合や大会への出場」「海外滞在経験（1か月程度以上）」が影響を与えていた。
2) 携帯・スマートフォンに登録している人数には、小学生時代の「学芸会の主役」「スポーツの対外試合や大会への出場」「習い事（上記以外のスポーツ：水泳、バレエ、ダンス、体操など）」、中高生時代の「部活動の部長、副部長」「地域のお祭りへの参加」が影響を与えていた。興味深い結果として、中高生時代の「寮生活」は負の影響を与えていた。
3) 食事をしたり話したりする人数には、小学生時代の「学級委員や児童会の役員」「習い事（野球、サッカー、ミニバスケ）」「習い事（上記以外のスポーツ：水泳、バレエ、ダンス、体操など）」、中高生時代の「部活動の部長、副部長」が影響を与えていた。

表9.6 SNS、携帯・スマートフォンの登録人数に影響を与える小学生・中高生時代の経験（変数選択式のロジスティック回帰分析）

	SNSに登録している人数100人以上		携帯・スマートフォンに登録している人数100人以上		よく食事したり話したりする人数10人以上	
	Exp(β)	sig.	Exp(β)	sig.	Exp(β)	sig.
暮らし向き	1.46	*	1.64	**	1.37	*
【小学生】学級委員や児童会の役員	1.52	**			1.40	*
【小学生】学芸会の主役			1.60	*		
【小学生】ボーイスカウト、ガールスカウトの活動						
【小学生】子ども会などの集団活動						
【小学生】スポーツの対外試合や大会への出場			1.88	**		
【小学生】音楽、科学などのコンクールへの出場						
【小学生】地域のお祭りへの参加	1.73	*				
【小学生】登山やキャンプなどの自然体験						
【小学生】海外旅行						
【小学生】海外滞在経験（1か月程度以上）						
【小学生】習い事（ピアノ、バイオリンなどの音楽系）						
【小学生】習い事（英語などの語学系）						
【小学生】習い事（そろばん）						
【小学生】習い事（習字）						
【小学生】習い事（学習塾）	1.39	*				
【小学生】習い事（野球、サッカー、ミニバスケ）					1.43	*
【小学生】習い事（上記以外のスポーツ：水泳、バレエ、ダンス、体操など）			1.76	**	1.53	**
【中高生】学級委員や生徒会の役員						
【中高生】部活動						
【中高生】部活動の部長、副部長			1.43	*	1.32	*
【中高生】部活動のマネージャー						
【中高生】地域のお祭りへの参加			1.40	*		
【中高生】アルバイト						
【中高生】ボランティア活動（授業での活動も含む）						
【中高生】文化祭や学園祭の企画・運営	1.97	**				
【中高生】スポーツの対外試合や大会への出場（練習試合は除く）	1.61	**				
【中高生】音楽、科学などのコンクールへの出場						
【中高生】登山やキャンプなどの自然体験						
【中高生】寮生活			.44	*		
【中高生】海外旅行						
【中高生】海外滞在経験（1か月程度以上）	2.39	*				

注：変数選択式のロジスティック回帰分析。Exp（B）は回帰係数の指数をとったものであり、当該変数が1単位増加した場合の確率として解釈することができる。なお、sig.は有意水準。**はp.<01、*はp<.05。

3.4　経験資本と大学生の人間関係との関わりについて

　ここまで、小学校時代・中高生時代に経験したこと（≒経験資本）と大学生の人間関係との関連について、相関係数、クロス表、回帰分析の3つの手法を用いて検討を行った。こうした多角的な手法を用いた結果、SNSの登録人数、携帯・スマートフォンの登録人数、食事や会話をする人数のそれぞれの指標について少しずつ異なる結果が得られた。しかしながら、一方で、3つの手法および3つの指標におおむね共通して得られた結果も見られた。

　この共通点を整理すると、大学生の人間関係に広く関連する経験として、小学校時代の「学級委員や児童会の役員」、中高生時代の「学級委員や生徒会の役員」がある。小学校、中学校、高校で、クラスの中心的な役割を担った経験は、そのまま大学生の人間関係に関連すると言ってよいであろう。

　次いで、大学生の人間関係に関連した経験として、小学校時代の「スポーツの対外試合や大会への出場」、中高生時代の「スポーツの対外試合や大会への出場」がある。スポーツが得意で選手として選ばれ、出場した経験が、大学生の人間関係に関連すると素朴に解釈できるであろう。

　さらに、小学校時代の「学芸会の主役」の経験も、検討手法によらず、比較的多く大学生の人間関係と関連していた。小学校時代の学芸会の主役が選ばれるにあたっては、幼少の頃から主役としてセリフを暗記し、ハキハキとセリフが言え、ある程度の演技ができるという言語能力の高さ、表現力の豊かさを合わせ持っていたことが推測可能であろう。

　以上、基本的に、大学生の人間関係に影響を与える小学校時代、中高生時代の経験とは、クラスの中心人物であり、スポーツが得意で、言語能力の高さ・表現力の豊かさに裏打ちされた経験であると言えよう。さらに、これらの結果を集約すれば、すなわち、小学校、中学校、高校時代に、クラスなり学校なりの中心人物として何らかの役割や活動を行った経験が大学生の人間関係に関わっているとまとめることができる。

第4節　本章のまとめ —— 経験資本と人間関係

　本章では、大学生の人間関係の実態を詳しく検討し、人間関係と経験資本の関係について知見を得ることを目的とした。

　本章の結果、大学生の人間関係は、SNS・携帯・スマートフォンの登録人数に示される広く浅い人間関係と、一緒に食事に行ったり話したりする狭く深い人間関係の2つに分けて捉えることができ、学業的な達成や育った家庭状況等と密接に関連するのは、どちらかと言えば、前者であると整理できそうであった。ただし、食事や会話をする深い人間関係についても、自分が育った家庭の経済状況と関連がみられていた。この点、総じて、人間関係は、本人の学力と育った家庭環境に影響を受けていたのであるが、しかし、それがなぜなのかについては疑問が残される。

　この疑問にある程度まで答えうる結果として、本章の後半では、基本的に小学校時代、中学校・高校時代にクラスなり学校なりの中心人物として活動したり経験したりしたことが、遠く大学時代の人間関係に影響を与えていたことが示された。結局、こうしたクラスなり学校なりで目立つ存在として活躍するための資質や機会が、本人の学力や育った家庭環境に影響を受けるのだと言えるであろう。

　こうして、本章に限って言えば、本人の学力等の恵まれた資質や育った家庭環境は、小中高時代に何らかの意味で中心人物として活躍した経験を媒介して、大学生の人間関係に遠く影響を与えるという、ある種のモデルが描けることとなる。ただし、これは経験資本が持つ曰く言い難い負の側面をも同時に浮かび上がらせる結果となる。この点については、終章で改めて取り上げたい。

注

1. SNSに100人以上登録している割合は、回答者の専攻が文系の場合64.4%、理系の場合53.6%であり、統計的に有意に文系の方が多い。同様に、携帯・スマートフォンに100人以上登録している割合も、文系は75.7%、理系は69.0%で、統計的に有意に文系の方が多い。なお、回答者が所属する大学が、国立か私立かでは違いはみられなかった。
2. なお、携帯・スマートフォンの登録人数は、私立C類型でも多かった。若干、解釈が難しいが、ここでは私立D類型との対比で結果が示されているので、私立D類型に比べて私立C類型は登録人数が多いといった解釈となる。
3. 具体的に、本調査で尋ねた「暮らし向き」の変数と関わりが深い経験は次の8つのものである。小学校時代の「海外旅行（ρ =.20；順位相関係数p<.01以下同じ）」「海外滞在経験（1か月程度以上）（ρ =.14）」「習い事（ピアノ、バイオリンなどの音楽系）ρ =.14」「習い事（学習塾）（ρ =.14）」「習い事（上記以外のスポーツ：水泳、バレエ、ダンス、体操など）（ρ =.10）」、中高生時代の「海外旅行（ρ =.17）」「海外滞在経験（1か月程度以上）（ρ =.11）」。総じて、海外経験は育った家庭の暮らし向きと関わりが深いということが言える。また、ピアノ・バイオリン、学習塾、野球・サッカー以外のスポーツの習い事も育った家庭の暮らし向きと関連していた。興味深いのは、中高生時代のアルバイトであり、これは育った家庭の暮らし向きと負の相関関係があった（ρ =-.11）。つまり、暮らし向きが豊かでなかったほど、中高生時代にアルバイトの経験があったということになる。

第10章

◇

諸経験のつながりとその作用

堀 一輝

第1節　はじめに

　本書はここまで、第Ⅰ部で各経験資本の実態を、第Ⅱ部で経験資本とその周辺事項の関係を扱ってきた。各章テーマをひとつに絞って議論を進めることで、経験資本という新しい概念の諸様相を細かく捉え、大学生の生活や意識の多様性、そして彼らが過去に歩んできた道筋をスナップショットのように一つひとつ映し出してきた。本章の目的はそのスナップショットを一冊のアルバムにまとめることである。すなわち本章の目的は、ここまで個別に分析されてきた経験資本とその周辺事項をひとつの統計モデルの下で分析・解釈することで、これまでの章で得られた知見をまとめるとともに、すべてを同時に分析することで初めて得られる新たな知見を提供することにある。

　これまでの章では各テーマの下で、受検者属性や家庭状況がどの程度影響力を持つのか、そして過去の経験が現在の経験・スキル・態度にどのような影響を与えているのかという点に注目して分析が行われてきた。前者は先天的要因による経験量の違いに注目した分析であり、後者は経験の累積性（積み重なっていく性質、継続性）と自己強化性（ある経験が同じ経験を誘発する性質）に注目した分析である。序章でも触れられているように、これらの特性はともに経験資本の重要な特性であるため、本章の分析モデルは属性による経験の偏在性と経験の累積性・自己強化性を同時に表現できるものにしなければならない。また、これも序章で述べられているが、経験資本には認知的側面と非認知

的側面の2つの側面がある。したがって、分析モデルはこの両方の側面を含んでいる必要があるだろう。

以上のことを踏まえ、本章では調査項目を経験資本とその関連事項、そして属性という3つのカテゴリに分類し、属性による経験の偏在や経験の累積性、自己強化性を表現できるモデルを構築し、そのモデルにしたがってパス解析を行うことで、前述の目的を達成することを目指す。

第2節　分析方法

本節ではまず本調査で用いた項目を時間の流れに沿って3つのカテゴリに分類し、次元縮約を行う。その後、その分類に基づいて経験資本の特性を表現するようなモデルを考え、パス解析によってそのモデルの妥当性をデータによって検証していく。

2.1　変数の分類

本章の分析では変数を次の3つのカテゴリに分類する。

属性：属性カテゴリには受検者自身の属性（性別、学年、育った地域、居住形態）や家庭に関する属性（両親学歴、両親職業、経済状況）、大学に関する属性（設置区分、文理）が含まれる。学年と経済状況以外はすべてダミー変数として投入した（女性ダミー、地方出身ダミー、自宅・親戚宅ダミー、父親非大卒ダミー、母親非大卒ダミー。両親職業は専門職を参照カテゴリとして、残りの6職種をダミー変数化）。

大学以前の経験資本（過去経験）：教課外経験や学習経験、学習事項実践経験、学習方略など、複数時点で同様のことを問うた項目のうち、大学入学以前（過去）のことを聞いた項目がこのカテゴリに含まれる。また、困難・挫折経験に関する項目もこのカテゴリに含まれる。以降、「過去経験」と呼ぶ。

大学以降の経験資本（現在経験）：教課外経験や学習経験、学習事項実践経験、学習行動など、複数時点で同様のことを問うた項目のうち、大学入学以後（現在）のことを聞いたものがこのカテゴリに含まれる。また、読書経験や学習成熟度、人間関係に関する項目もこのカテゴリに含まれる。以降、「現在経験」と呼ぶ。

認知的スキル：語彙力テスト・読解力テスト・批判的思考力テストのスコアがこのカテゴリに該当する。なお、非認知的スキルというカテゴリは設定しないが、学習方略、学習成熟度が非認知的スキルに対応する変数となる。

満足度：経済状況や健康、大学の授業といった観点に対する満足度、そしてそれらを総合して判断した満足度を問うた項目がこのカテゴリに含まれる。

2.2　因子分析による次元縮約

　本調査の総項目数は200を超えるため、項目単位で全体を扱うモデルの分析を進めると、分析・議論がともに困難になると予想される。そこで変数群ごとに因子分析を行うことで、全体の分析に投入する変数の数を事前に減らし、見通しがつきやすくなるようにした。

　因子分析に際し、因子数の決定は平行分析（Horn, 1965）やMAP法（最小平均偏相関法；Velicer, 1976）などの結果と、因子負荷量行列・因子間相関行列の解釈可能性の両方を考慮して行った。また、因子抽出法には最尤法、因子回転法には斜交ジオミン回転（Yates, 1987）、因子得点算出法には相関保存法（ten Berge et al., 1999）を採用した。なお、認知的スキルは科目ごとに項目反応理論（IRT）を使った分析を行っているため、ここでの因子分析には含めていない。

　因子分析の結果得られた因子は表10.1のとおり。結果的に変数群ごとに1〜4因子を抽出し、200個以上あった項目を33個の因子にまでまとめることができた。これらの因子から算出される得点と、認知的スキルのIRTスコア、そして属性変数を次節以降の分析の対象とした。

表10.1 抽出因子一覧

カテゴリ	変数群	因子名	カテゴリ	変数群	因子名
現在経験	読書・施設利用経験	文化・芸術経験	過去経験	困難・挫折経験	困難・挫折経験
		学術的読書経験		教課外経験	海外経験
		娯楽的読書経験			スポーツ経験
		スポーツ経験			イベント参加経験
	教課外経験	リーダー経験			習い事経験
		海外経験		学習経験	プレゼンテーション法学習経験
		イベント参加経験			ライティング法学習経験
		自活経験		学習方略	環境調整方略
	学習経験	プレゼンテーション法学習経験			学習継続方略
		ライティング法学習経験			学習計画設定方略
	学習成熟度	学習成熟度			外部リソース方略
	学習行動	目標設定		学習事項実践経験	学習事項実践経験
		外化	満足度	満足度	生活満足度
		情報整理			人間関係満足度
	学習事項実践経験	学習事項実践経験			大学満足度
	人間関係	知人			
		相談相手			
		相談頻度			

2.3 分析モデル

図10.1は本章で採用する分析モデルを図示したものである。基本的には認知的スキルと満足度を従属変数に、現在と過去と属性を独立変数にした多変量回帰分析であるが、独立変数内にパスが引かれている点で通常の多変量回帰分析とは異なっている。すなわち、独立変数間の時間的な前後関係を反映したパスが引かれている。受検者の属性や家庭の属性は過去の経験の量やバラエティに影響を与えると考えられるし（経験の先天的偏在性）、過去に経験したことが大学生になった現在の経験の取捨選択にも影響を与えると考えられる（経験の

累積性・自己強化性)。このような考えに基づき、本章の分析モデルでは、時間的に後の変数は前の変数からのパスを受けるようにした。図10.1における独立変数のプレートの重なりはこのような時間的前後関係を表している [1]（下にあるプレートほど過去の変数で、上に乗っている変数に影響を与える）。また、図中では省略しているが、学習成熟度と学習方略（現在経験）のように時間的に同じグループに属する変数間には（残差）相関を設定した。そして認知的スキルと満足度は、現在経験・過去経験・属性からのパスを受けており、さらに満足度は認知的スキルからのパスも受けているモデルとなっている。なお満足度の項目のうち、「現在の生活全般」に対する満足度（総合満足度）を問うた項目は単独で従属変数として扱い、認知的スキルと満足度からパスを受けるようした。このように総合満足度を独立させることで、大学生の主観的満足度（subjective well-being）(OECD, 2013; OECD, 2015) を構成する要素の検討を行うことができるようになる。

以上のような分析モデル（初期モデル）を出発点として、パス係数の有意確率や適合度指標を見ながらパスの削除を繰り返し行い、十分な適合度を持つ最終モデルを確定した [2]。

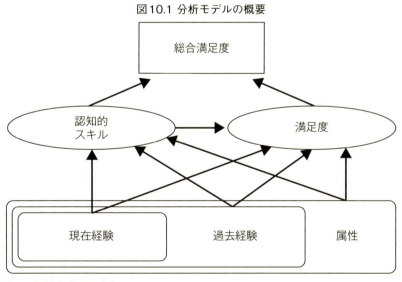

図10.1 分析モデルの概要

注：誤差項および相関は省略。

第3節　分析結果

本節では最終モデルの推定結果を見ていく。はじめに属性が過去経験を規定する部分を見ていく（属性→過去経験）。その後、現在経験に関わる部分、認知的スキルに関わる部分、満足度に関わる部分、同時間枠内の残差相関という順に推定結果を見ていく。

3.1　過去経験

表10.2は過去経験へのパスについて、その係数の推定値をまとめた表である。表から11個ある過去経験のすべてが、何らかの属性と有意な関係にあることがわかる。それぞれの経験（因子）に影響を与える属性の数はそれほど多くなく、1つの経験につき有意な係数が1〜2個ある程度だ。ただし、係数の大きさ（絶対値）は次節以降で述べられる経験の係数よりも大きく、そのほとんどが負値となっている。つまり、特定の属性を持つ人、特定の家庭状況に生まれ育った人は、対応する経験の蓄積量が平均的に低くなる傾向にあるということになる。例えば、女性は男性に比べて大学入学以前のスポーツ経験が少ないが、男性はピアノや習字、水泳、バレエといった習い事の経験の蓄積が少ない。また、プレゼンテーション法学習経験に対する学年の効果が負であることから、学年が上の人、つまり早く生まれた人ほどプレゼンテーションのやり方や資料作成方法を学ぶ機会が少なかったということになる。これら結果は、経験資本の分布は先天的に、あるいは家庭の環境によって偏りが生じることを示唆するものであり、第Ⅰ部の結果とも一致する（第3章・第4章）。なお、属性として投入した変数の中には、現在の属性を表すもの（例えば住居や大学の設置区分、文理など）が含まれているが、これらに関する結果は時間的前後関係が逆になるため解釈時に注意が必要である。

表10.2 過去経験へのパスの係数

属性	独立変数	困難挫折	海外	スポーツ	イベント	習い事	プレゼン	ライティング	学習継続	学習計画	外部リソース	学習実践
性別	女性ダミー			-.91		.38				.27		.23
住居	自宅・親戚宅ダミー					-.32						
父親職業	専業主夫ダミー(父)				-2.50							
父親職業	パートダミー(父)	-.92										
母親職業	パートダミー(母)											-.22
母親職業	中小企業社員ダミー(母)											-.46
母親学歴	非大卒ダミー(母)										-.20	
文理	理系ダミー							-.33				
大学設置区分	私立ダミー								-.44			
経済状況	経済状況			.31		.15						
学年	学年						-.16			.14		

注：5%水準で有意な係数のみ掲載。

3.2　現在経験

3.2項では現在経験が従属変数となる部分の分析結果を変数群ごとに見ていく。

読書・施設利用経験

　読書・施設利用に関する因子は、「文化・芸術経験」（美術館・博物館・コンサートホールなどの利用頻度など）、「学術的読書経験」（学術書・新書の読書量、大学の図書館・地域の図書館の利用頻度など）、「娯楽的読書経験」（漫画・小説・雑誌の読書量、書店の利用頻度など）、そして「スポーツ経験」（スポーツ観戦・スポーツジム利用頻度など）の4つの因子にまとめられた。これらの因子を過去経験と属性に回帰させた結果が表10.3である。以下、因子別に結果を見ていく。

　4つの因子の中で、最も多くの係数が有意となったのは学術的読書経験であった。これは主に属性変数の係数が有意となったためである（統計的に有意と

なった7変数のうち、5変数が属性変数)。過去経験の中では海外経験と外部リソース方略の2つが有意となった。また、学術的読書経験の場合、学年の係数が有意になっているのも特徴的である。

表10.3 現在経験（読書・施設利用頻度）へのパスの係数

カテゴリ	変数群	独立変数	芸術経験	学術読書	娯楽読書	スポーツ経験
過去経験	一般経験	海外経験		.10		
		スポーツ経験				.34
	学習方略	外部リソース方略		.20		
	学習事項実践経験	学習事項実践経験	.15			
属性	性別	女性ダミー		-.36	-.37	-.35
	父親職業	大企業社員ダミー（父）		-.26		
		中小企業社員ダミー（父）		-.29		
	母親職業	中小企業社員ダミー（母）		.58		
	文理	理系ダミー	-.46		-.33	.29
	大学設置区分	私立ダミー				.31
	学年	学年		.08		

注：5％水準で有意な係数のみ掲載。

次に多くの変数の影響を受けているのはスポーツ経験である。過去のスポーツ経験と同様、女性ダミーの係数が負値になっているが（過去：β =-.31、現在：β =-.35）、過去のスポーツ経験、理系ダミー、私立大ダミーはそれを相殺できる影響力を持っている（過去スポーツ経験：β =.34、理系ダミー：β =.29、私立大ダミー：β =.31）。特に過去のスポーツ経験が性別の効果を相殺しうる影響力を持っていることは、経験の自己強化性が先天的な経験資本の偏在を相殺するほど強いものであることを示唆しており、非常に興味深い結果だと言える。

続いて文化・芸術経験を見ると、学習事項実践経験と理系ダミーが有意となっている（学習事項実践経験：β =.15、理系ダミー：β =-.46）。これらの結果の解釈は推測の域を出ないが、考えられる解釈として、「過去の探究的学習の

中で、美術館や博物館に通う習慣ができた」（学習事項実践経験）、「理系学部、特に工学部などの実学志向・実践志向の人は芸術にあまり興味を持たない傾向にある」、または逆に「文系の人は文化や芸術に対して非常に興味関心が高い」（理系ダミー）といったものがあるだろう。あるいは理系ダミーの負の係数は、娯楽的読書でも理系ダミーが負の係数になっていることから、「日々の学習やレポート作成に時間が取られてしまい、美術鑑賞や娯楽としての読書をする時間がない」と解釈することができるかもしれない（詳細は省略するが、今回の調査データでは一週間のうち大学へ行く日数や、授業関連の学習時間は理系学生の方が多いことがわかっている）。

教課外経験

　大学での教課外経験は「リーダー経験」（ゼミ幹事、飲み会幹事、部長・副部長などの経験）、「海外経験」（短長期の海外滞在、海外旅行などの経験）、「イベント参加経験」（地域のお祭り、コンクール、ボランティアなどへの参加経験）、「自活経験」（ひとり暮らし、寮生活などの経験）の4因子からなる（表10.4）。これらを過去経験と属性に回帰したところ、現在と過去で同様のことを聞いた海外経験とイベント参加経験で有意な係数が得られた（海外経験：$\beta=.25$、イベント参加経験：$\beta=.19$）。このことから、海外経験とイベント参加経験もスポーツ経験と同様、自己強化性の強い経験だということになる。また、教課外経験は学年の効果も大きいことから、累積性が高い経験だと言える。ただし、自活経験に対する学年の係数は非有意となっており、経験によって累積性の高低があるようである（リーダー経験：$\beta=.48$、海外経験：$\beta=.36$、$\beta=.23$、自活経験：n.s.）。

　教課外経験の中でもうひとつ注目すべき点は、困難・挫折経験の係数がリーダー経験とイベント参加経験に対して有意になっていることである。困難・挫折経験は過去の「人間関係のトラブル」や「家庭内のトラブル」、「家族の病気・介護」といった経験の有無から構成されている因子であるが、第6章の自由記述抜粋からもわかるように、中には精神的にも肉体的にも激しく消耗するような、かなり深刻なトラブルも多く含まれている。そういった辛い経験を持つ人の方が後にゼミや部活のリーダーになったり、ボランティア活動やアウト

ドア活動が多くなるという結果は、過去のネガティブな経験が時間の経過にともなって変容し、リーダーとして活躍できる資質やイベントに積極的に参加する活発さといった、ある種の非金銭的な資産に変化しうることを示唆している。ただし、係数の大きさはそれほど大きくなく、過度に一般化することはできない。今後、さらにデータを積み重ねていき、本当に変容があったのか検証していく必要があるだろう。

表10.4 現在経験（教課外経験）へのパスの係数

カテゴリ	変数群	独立変数	リーダー経験	海外経験	イベント参加経験	自活経験
過去経験	困難・挫折経験	困難・挫折経験	.10		.10	
	一般経験	海外経験		.25		
		スポーツ経験		-.13		
		イベント参加経験			.19	
	学習方略	学習継続方略	.13		.17	
	学習事項実践経験	学習事項実践経験	.09			
属性	性別	女性ダミー				-.26
	住居	自宅・親戚宅ダミー				-1.52
	出身地	地方出身ダミー	-.21			
	母親職業	大企業社員ダミー（母）		.75		
	父親学歴	非大卒ダミー（父）		-.26		
	学年	学年	.48	.36	.23	

注：5%水準で有意な係数のみ掲載。

学習行動

次は学習行動に属する因子たちの結果を見ていく（表10.5）。学習行動は、目標の明確化や優先順位の設定などを行う「目標設定」、まとめや要約によって学習内容を自分の言葉で表出させる「外化」、そしてメモをとったり付せんやアンダーラインによって学習内容の整理を図る「情報整理」の3つの因子からなる。

表10.5 現在経験（学習行動）へのパスの係数

カテゴリ	変数群	独立変数	目標設定	外化	情報整理
過去経験	一般経験	スポーツ経験	.13		
	学習方略	環境調整方略	.13		.18
		学習継続方略	.17		
		学習計画方略	.19		
		外部リソース方略		.19	
	学習事項実践経験	学習事項実践経験		.20	.10
属性	性別	女性ダミー			.67
	父親職業	教員・公務員ダミー（父）	-.46		
		大企業社員ダミー（父）	-.51		
		中小企業社員ダミー（父）	-.53		
		自営業ダミー（父）	-.56		
	経済状況	経済状況	.12		
	学年	学年		.09	

注：5％水準で有意な係数のみ掲載。

　3つの因子のうち、目標設定は過去の学習方略との結びつきが強く、4分の3の方略で有意な係数が得られた（環境調整方略・学習継続方略・学習計画方略）。また父親職業も有意となったものが多い（教員・公務員、大企業社員、中小企業社員、自営業、いずれも負値）。

　独立変数側からこの結果を見てみると、過去の学習事項実践経験が目標設定と情報整理において有意となっている。学んだことの実践や探究学習には調べ学習やレポート作成、ディベートなど、事前に大量の情報を収集・整理し、自分の言葉で発信するというプロセスが含まれているが、これらのプロセスは情報整理や外化そのものであるといえる。このことから、中高生のときの実践経験や探究的学習の中で自律的な学習に必要な「学習作法」を身につけた人は、大学入学以降もそれに基づき学習を進めていると考えられる。これら学習事項の実践経験と学習行動の結びつきや、学習方略と学習行動の結びつきは、学習にまつわる経験資本の累積性・継続性がデータとして表れたものだと言えよう。

学習成熟度／学習経験／実践学習経験

続いて、学習成熟度、学習経験、学習事項実践経験の分析結果を見ていく（表10.6）。

表10.6 現在経験（学習成熟度・実践学習経験・学習経験）へのパスの係数

カテゴリ	変数群	独立変数	学習成熟度	プレゼンテーション法学習経験	ライティング法学習経験	目標設定	学習事項実践経験
過去経験	困難・挫折経験	困難・挫折経験					.10
	一般経験	海外経験					.14
		スポーツ経験			.10	.13	
	学習経験	ライティング法学習経験		.24			
	学習方略	環境調整方略				.13	
		学習継続方略	.28			.17	
		学習計画方略	.17			.19	
	学習事項実践経験	学習事項実践経験	.12				.20
属性	性別	女性ダミー	-.16				-.32
	父親職業	教員・公務員ダミー（父）				-.46	
		大企業社員ダミー（父）				-.51	
		中小企業社員ダミー（父）				-.53	
		自営業ダミー（父）				-.56	
	文理	理系ダミー			-.47		
	経済状況	経済状況				.14	.12
	学年	学年					.14

注：5％水準で有意な係数のみ掲載。

学習成熟度は学習方略（学習継続方略・学習計画方略）と過去の実践経験の係数が有意となった。どの程度自律的な学習ができるかを測定している学習成熟度が、過去に使用していた学習方略や過去の実践経験の影響を受けているという結果は、学習方略が重要な要素と考えられている自己調整学習（self-regulated learning）の観点から考えても妥当といえよう。

学習事項実践経験は困難・挫折経験、海外経験、過去の実践学習経験からの正の影響を受けている。過去の実践経験が正の係数になっていることから、学

習事項実践経験も多少の自己強化性がある経験だと考えることができる。ただし、学んだことを実践する機会があるかどうかは通う学校の影響を大きく受けると考えられるため、スポーツ経験や海外経験といったより個人的な経験とは質の違う自己強化性であるといえる。すなわち、学習事項実践経験の自己強化性は、学校という環境が経験の積み重ねを促進し、その積み重ねが実践に対する自身の考え・態度・好みをポジティブに変えて（強化して）、次の経験を誘発したのではないと考えられる[(3)]。

学習経験はプレゼンテーション法学習経験に対して過去のライティング法学習経験が有意になったほか、ライティング法学習経験に対して過去のスポーツ経験・理系ダミー・経済状況が有意となった。

人間関係

表10.7は人間関係に関する分析結果である。人間関係の各因子に対して有意となった独立変数は少ない。知人の数や相談相手の数・バラエティは過去経験の影響をやや受けているが、相談頻度については女性ダミーが有意となっただけで、過去経験の影響は受けていないようである。どの程度頻繁に相談をするかは、過去にどんな経験を積んできたかということには影響されないようである。相談相手の数は学習調整方略の係数が有意となっているが、その倍以上の影響力を母親の職業と大学の設置区分が持っている（環境調整方略：$\beta=.20$、母親大企業社員ダミー：$\beta=.68$、私立大ダミー：$\beta=.40$）。

表10.7 現在経験（人間関係）へのパスの係数

カテゴリ	変数群	独立変数	知人	相談相手	相談頻度
過去経験	一般経験	スポーツ経験	.14		
	学習方略	環境調整方略		.20	
		学習継続方略	.18		
属性	性別	女性ダミー			.23
	母親職業	大企業社員ダミー（母）		.68	
	大学設置区分	私立ダミー		.40	
	学年	学年	.09		

注：5％水準で有意な係数のみ掲載。

3.3 認知的スキル

表10.8は認知的スキルへのパスの係数の推定結果をまとめたものである。語彙力と読解力は様々な現在経験からの影響を受けているが、中でも語彙力は読書・施設利用因子から、読解力は学習関連の因子（学習経験、学習成熟度、学習行動）から影響を受けている。これらの関係はこれまでの章でも確認されている（読書経験については第5章、学習成熟度については第7章）。ただし、個々の変数の影響力（係数の絶対値）は属性変数の方が大きい。

表10.8 認知的スキルへのパスの係数

カテゴリ	変数群	独立変数	語彙力	読解力	批判的思考力
現在経験	読書・施設利用経験	文化・芸術施設	.11		
		学術読書	.19	.10	
		一般読書	.17		
		スポーツ経験	-.24	-.18	
	学習経験	ライティング法学習経験		.12	
	学習成熟度	学習成熟度		.10	
	学習行動	目標設定	-.11	-.13	-.11
		外化	.09		.18
過去経験	困難・挫折経験	困難・挫折経験	.08		
	学習方略	学習継続方略			.11
属性	性別	女性ダミー	-.36		
	母親職業	中小企業社員ダミー（母）			.44
	父親学歴	非大卒ダミー（父）	-.26		
	大学設置区分	私立ダミー	-.58	-.77	-.75

注：5％水準で有意な係数のみ掲載。

多くの係数は正の値となっているが、一部の変数は負の係数となっている。例えば目標設定の係数は、語彙力・読解力・批判的思考力のすべてに対してす

べて負値となっている。これは他のすべての変数をコントロールしたときに、目標設定を積極的に行う人ほど認知的スキルテストのスコアが低くなる傾向があるということを意味している(4)。一方で、同じ学習行動の因子である外化の係数は、語彙力と批判的思考力に対して正の有意な結果となった。このように同じ変数群の因子であっても、認知的スキルに対する影響は多様である。

3.4 満足度

　次に満足度に関するパス係数を見ていく（表10.9参照）。初期モデルでは生活満足度・人間関係満足度・大学満足度の3変数から総合満足度にパスが伸びていたが、最終モデルでは大学満足度からのパスが有意にならなかった。また、人間関係満足度の係数が生活満足度よりも大きいことから、周囲の人たちと良好な関係を築くことが大学生の総合的な満足感、すなわち主観的な幸福感をもたらしていることがわかる。

　その人間関係満足度に対して影響力を持っているのは、当然ながら知人や友人の質や量に関わる変数で、相談相手（の数）と相談頻度の係数が有意となっている。しかし「人間関係」には、SNSの友人登録数や携帯電話に連絡先を登録している人数など、知人の数を聞いた項目が含まれるが、こちらは人間関係満足度に対して統計的に有意な結果とはならなかった。このことから、人間関係の満足度をもたらすのは、SNS上で繋がりがある人の数ではなく、相談ができるような深い仲にある人の数であると言える。換言すれば、満足度に関しては弱い紐帯ではなく強い紐帯が重要であるということである。

　大学に関する満足度は、学習成熟度や学習行動（情報整理）など学習関連の係数が有意となっているほか、人間関係（相談頻度）や批判的思考力の係数も有意となっている。批判的思考力は人間関係に対しても有意となっているが、認知的スキルが満足度に対して影響力を持っているという結果は興味深い。

　困難・挫折経験の係数は生活満足度・人間満足度に対して負の係数となった。一方で満足度の中でも大学満足度に関しては有意な係数が得られなかった。3.2節において、困難・挫折経験の係数が教課外経験（リーダー経験・イベント参加経験）に対して正となったことから、ネガティブな経験がポジティ

ブな資質に変容した可能性を指摘したが、満足度の分析結果からは同じ経験であってもその影響の出方（係数の正負）は従属変数によって様々であることがわかる。

表10.9 満足度へのパスの係数

カテゴリ	変数群	独立変数	総合	生活	人間関係	大学
満足度	満足度	生活満足度	.35			
		人間関係満足度	.69			
認知的スキル	認知的スキル	批判的思考力			.11	.11
現在経験	読書・施設利用経験	学術読書			−.08	
	学習成熟度	学習成熟度				.19
	学習行動	目標設定		.22	.20	
		情報整理				.10
	人間関係	相談相手			.13	
		相談頻度		.18	.16	.11
過去経験	困難・挫折経験	困難・挫折経験		−.18	−.11	
属性	経済状況	経済状況		.26		

注：5%水準で有意な係数のみ掲載。

3.5 残差相関

3.5節では同じ時間枠に属する因子間に設定した残差相関の推定結果を見ていく（過去経験内、現在経験内）。

過去経験内

表10.10は過去経験内の（残差）相関の推定値を表している。表から、変数群内の相関（因子間相関）は高くなりやすく変数群間の相関は低くなる傾向にあることがわかる。その中でも学習事項実践経験は比較的多くの因子と相関を持っている。特に学習経験との相関が大きく、属性を統制してなお大学入学以前の学習経験と実践経験の間には正の相関が残っている。このことから高校ま

での教育の中では、方法論の教授とその実践が比較的リンクして行われていたと考えることができる。

他にはライティング法学習経験と学習方略および習い事経験、困難・挫折経験と習い事経験の間に有意な相関が残った。ライティング法学習計画は「文章の書き方」「要約のしかた」「文献収集のやり方」「レポートの書き方」などを習ったことがあるかどうかという質問項目からなっている。これらはある種のお作法、型の学習経験を聞いていると考えられるが、そういった型をつくる部分が「生活のリズムを整える」「学習時間確保のための生活パターンの見直し」といった環境調整方略や、「計画を立ててから勉強する」「計画通りに進まないときは計画を練り直す」といった学習計画設定方略と共通する部分があるということであろう。このことは、即興的側面をもつプレゼンテーション法の学習経験と学習方略の相関がないことからも推察される。

表10.10 過去経験間の残差相関

		困難・挫折	教課外経験				学習経験		学習方略				学習実践
		困難・挫折	海外	スポーツ	イベント	習い事	プレゼン	ライティング	環境調整	学習継続	学習計画	外部リソース	学習実践
困難・挫折	困難・挫折	.98				.11							
教課外経験	海外		.93	.36	.33	.16							
	スポーツ		.36	.79	.21	.14							
	イベント		.33	.21	.97	.25							.09
	習い事	.11	.16	.14	.25	.90		.09					.14
学習経験	プレゼン						.95	.38					.32
	ライティング					.09	.38	.96	.17		.12	.09	.30
学習方略	環境調整							.17	.99	.29	.37	.18	.15
	学習継続								.29	.98	.34	.24	
	学習計画							.12	.37	.34	.94	.20	.10
	外部リソース							.09	.18	.24	.20	.98	
学習実践	学習実践				.09	.14	.32	.30	.15		.10		.94

注：数値がないところは残差相関を0と設定している。対角要素は属性で説明されなかった分散の割合。

現在経験内

表10.11は現在の経験・態度・行動内の相関の推定値をまとめたものである。

表10.11 現在経験間の残差相関

		文化・芸術			教課外					学習経験		学習成熟	学習方略			学習実践	人間関係		
		文化芸術	学術読書	一般読書	スポーツ	リーダー	海外	イベント	自活	プレゼン	ライティング	学習成熟	目標設定	外化	情報整理	学習実践	知人	相談相手	相談頻度
文化芸術	文化芸術	.91	.27	.21					.08			.08				.09		.08	
	学術読書	.27	.83	.28					.08			.17		.17					
	一般読書	.21	.28	.96															
教課外	スポーツ				.76	.09		.13										.17	.10
	リーダー				.09	.59		.21									.21	.08	
	海外				.13		.69		.13								.08		
	イベント				.21			.79	.08	.09							.11	.11	.10
	自活		.08	.08			.13	.08	.57										
学習経験	プレゼン							.09		.92	.20				.15	.13			.09
	ライティング									.20	.92								
学習成熟	学習成熟	.08	.17									.75	.31	.30	.22				
学習方略	目標設定											.31	.74	.21	.17				
	外化		.17									.30	.21	.86	.29				
	情報整理									.15		.22	.17	.29	.81				
学習実践	学習実践	.09								.13						.86			
人間関係	知人				.17	.21	.08	.11									.88	.21	.15
	相談相手	.08			.10	.08		.11						.10			.21	.86	.28
	相談頻度							.10									.15	.28	.98

注：数値がないところは残差相関を0と設定している。対角要素は属性で説明されなかった分散の割合。

まず目につくのは学習成熟度と学習行動の相関であろう。過去の経験や属性の影響を取り除いた後にもかかわらず、これらの因子の間には中程度の相関が残っている。このことは自律的な学習と学習行動（現在の学習方略といってもよいだろう）の間には密接な関係があることを示唆している。さらに前述の通り、学習成熟度と現在の学習行動はともに過去の学習方略の影響を受けることから、高校生までに学習方略の使用法を学んでいることは、大学生時の自律的

な学習に対して、直接的にも（過去の学習方略→学習成熟度）、間接的にも（過去の学習方略→現在の学習行動←→学習成熟度）重要な影響を与えていることになる。

　また、人間関係に関わる変数のうち「知人」や「相談相手」はスポーツ経験やリーダー経験、イベント参加経験との相関が見られる。この相関はスポーツやお祭り、ボランティア活動などを通して知人が増え、知人が増えることで次のイベントに参加するようになるという経験の自己強化性の表れと捉えることができるだろう。

第4節　まとめ

　第10章では本書でフォーカスを当ててきた様々な経験資本を同時に取り扱い、全体としてどのような構造になっているのか、データをもとに検討してきた。その結果、これまでの章で指摘されたことが再び確認され、これまでに検討されてこなかった変数間の関係が見出された。以下にそれらをまとめる。

1) 経験資本の分布は、性別や家庭の経済状況、両親の職業といった先天的な要因の違いによって大きく変わることがある（先天的要因に関する経験資本の偏在性）。
2) 学年の影響を受ける経験資本は少なくない（経験資本の累積性）。
3) 経験資本の中には、次の同様の経験を誘発するものがある（経験の自己強化性）。
4) 経験が認知的スキルに与える影響はスキルによって様々だが、総じて過去の経験よりも現在の経験・態度からの影響の方が大きい。
5) 各種満足度は属性や過去の経験の影響をあまり受けず、現在の経験や態度に規定される部分が大きい。特に、総合的な満足度は現在の人間関係がうまくいっているかどうかに左右されている。
6) 過去においても現在においても、学習に関する経験・態度の関連度は高い。

7）困難・挫折経験は満足度に対してはネガティブな影響力を持つ一方で、認知的スキルや一部の現在の経験に対してポジティブな影響を与える。

　今回の調査や分析でも示唆されているように、過去にどのような経験を積んだかによって、その後の能力・態度は大きく変わってくる。当然、今「現在の経験」と呼んでいるものも、大学を卒業し社会人としての生活がスタートすれば「過去の経験」になっていき、その後の選択・行動・態度に大きな影響力を持つことになるだろう (5)。その点については、本書の終章で取り上げられているので、そちらを参照されたい。

注

1. 現在の経験や認知的スキルについて考えるために、大学の設置区分（国公立・私立）や文理区分を属性として投入しているが、これらは「現在の属性」であるため、過去経験への影響力（パス係数）は時間的な前後関係を表していない。
2. パラメータの推定は最尤法で行い、最終モデルの適合度指標は、GFI=0.886、AGFI=0.846、CFI=0.948、TLI=0.951、RMSEA=0.022となった。また、報告している係数は全て標準解である。なお、相関はすべてポリコリック相関として求めた。
3. 例えば、高校までの経験から学んだことの実践が自身の成長にプラスになると考え、実践機会が多い大学を選んだという可能性など。
4. 目標設定と認知的スキルのネガティブな関係は単相関においても確認できる（語彙力：r=-.11、読解力：r=-.08、批判的思考力：r=-.03）。そのため、目標設定が抑制変数となっているわけではない。
5. ベネッセ教育総合研究所の「大学での学びと成長に関するふりかえり調査」では、大学時代に学びの機会が多かった人は現在の自己効力感が高くなる傾向が確認されている（ベネッセ教育総合研究所、2015）

参考文献

ベネッセ教育総合研究所（2015）「速報版 大学での学びと成長に関するふりかえり調査」http://berd.benesse.jp/koutou/research/detail1.php?id=4701（最終アクセス：2015年12月17日）。

Horn, J.L. (1965), "A rationale and test for the number of factors in factor analysis", *Psychometrika*, Vol.30, pp.179-185.

OECD (2013), *How's life? 2013: measuring well-being*, Paris: OECD Publishing（西村美由起訳『OECD幸福度白書2－より良い暮らし指標：生活向上と社会進歩の国際比較－』明石書店、2015年）。

OECD (2015), *How's life? 2015: measuring well-being*, Paris: OECD Publishing（http://dx.doi.org/10.1787/how_life-2015-en、最終アクセス：2015年12月22日）。

Ten Berge, J. M. F., Krijnen, W. P., Wansbeek, T., & Shapiro, A. (1999), "Some new results on correlation-preserving factor scores prediction methods", *Linear algebra and its applications,* Vol.289, pp.311-318.

Velicer, W. F. (1976), "Determining the number of components from the matrix of partial correlations", *Psychometrika,* Vol.41, pp.321-327.

Yates, A. (1987), *Multivariate exploratory data analysis: A perspective on exploratory factor analysis* , Albany: State University of New York Press.

終　章

経験資本の含意
〜その後の人生やキャリアとの関わり〜

下村　英雄

第1節　経験資本とキャリアの視点

1.1　経験資本とキャリア

　終章では、各章で検討された知見をもとに経験資本が持つ意味合いを改めて振り返り、その上で、経験資本の性質・特徴について掘り下げた考察を行う。
　本書の分析から得られた経験資本に関する知見は多様である。その多様性とは、すなわち、経験資本というものが様々な角度から検討しうる内容的に豊かな概念であることを示す。それは、従来、たんに「経験」と呼ばれてきたものを、あえて「資本」として捉えることの意義を示すものであり、したがって、これら知見を掘り下げて考察することによって初めて見えてくる経験資本ならではの独特の主張があると想定される。また、その過程で、従来からある資本概念との異同も明らかになることが期待される。さらには、経験資本の特徴を踏まえた上での実践上の具体的な指針が得られる可能性もある。
　以上の問題意識から、本章では、改めて経験資本について考察を行うこととする。
　その際、本章では、経験資本を考察する際のひとつの軸として「キャリア」という視点を取り入れることとする。その理由として、経験資本と「キャリア」という概念には密接な結びつきが指摘できると思われるからである。

1.2　経験資本とキャリアの結びつきの背景

　そもそも、経験資本に対する着目の背景には、「キャリア」に対する世間一般の関心の高まりがある。以前から学術的な専門用語としておもに学者・研究者の間で用いられてきた「キャリア」という用語が、広く人々の間でも口の端に上るようになったのは2000年前後からである。それ以前にも様々な文脈で「キャリア」という用語は用いられてきたが、2000年前後に、まずはフリーター研究、次いでニート研究に注目が集まり、若者の不安定な就労が誰の目にも問題として感じられるようになった。

　こうした社会状況を背景に、2003年に、内閣府、文部科学省、厚生労働省、経済産業省の4府省合同による「若者自立挑戦プラン」が政府より発表される。この政府の基本計画に基づいて、文部科学省ではキャリア教育の推進を本格化させるが、この時、キャリア教育の全国的な普及を意図して選び取られたひとつの取り組みが「職場体験」であった。

　2005年より推進された文部科学省の職場体験学習は「キャリア・スタート・ウィーク」と命名されたが、その内容は具体的には「子どもたちの勤労観、職業観を育てるために、中学校において5日間以上の職場体験を行う学習活動」であった（文部科学省、2005a）。この職場体験を、文部科学省では「生徒が事業所などの職場で働くことを通じて、職業や仕事の実際について体験したり、働く人々と接したりする学習活動」と定義した（文部科学省、2005b）。そして、その必要性について「生徒が直接働く人と接することにより、また、実際的な知識や技術・技能に触れることを通して、学ぶことの意義や働くことの意義を理解し、生きることの尊さを実感させること」に求めた。

　ここで言われている職場体験の定義や必要性に関する記述は、そのまま本書で扱ってきた経験資本の議論にスライドする。すなわち、経験資本は、「勤労観、職業観」のように、何らかの意味で本人の知識や意識、態度や価値観に影響を与えるものであり、現場で実際にやってみることで理解が深まり、実感することができるものであると捉えることができる。

　ちなみに、こうした捉え方は、当時から一般の人々に一定の支持を得てもい

た。例えば、子どもを持つ30〜50代の全国の親1,372名を対象に行った調査の結果、子どもを持つ30〜50代の親の約8割（82.3%）が、中学生が職場体験を行うことを良いことだと考えていた（労働政策研究・研修機構、2007）。多くの人が、何らかのかたちで職場を体験することに意義があると感じていたからこそ、こうした調査結果となったと言えよう。

多くの人々の思いに支えられて、文部科学省の「キャリア・スタート・ウィーク」の取り組みは定着し、3年後の2008年には中学生の職場体験への参加率は約96%となり、その約2割が5日以上の職場体験に参加することとなった。こうしてキャリア教育、特に職場体験の拡大に伴って、それと並行する形で経験に対する関心も高まっていった。

一般に、職場体験に限らず、キャリア教育に関する議論では、経験の価値を根強く主張する論者は多い。職場体験、職場実習、インターンシップなどの各種のプログラムをキャリア支援の専門用語で「テイスタープログラム」と呼ぶことがあるが、こうした味見の経験であっても、現実の体験をすることには大きな意義があり、それゆえ、体験の機会を拡大すべきだとの主張がなされる。

何かを体験することが、これほど価値あるものとしてみなされてきたとすれば、その蓄積である経験資本は多ければ多いほど望ましいと捉えられることとなる。経験資本という概念が成立する過程には、キャリアに対する世間の関心、より具体的にはキャリア教育に対する関心が媒介していたと言うことができるであろう。

1.3　経験資本とキャリアの類似性

上述したとおり、経験資本の概念がキャリアという概念を媒介に重視されてきたとすれば、この両者には何らかの概念上の類似性があると想定される。

ここでは、経験資本とキャリアの類似点について以下の3点に集約して述べる。

まず、経験資本とキャリアの第一の類似点として、双方ともに、過去から現在に向かって時間軸にそった何らかの蓄積を概念化したものであることを指摘できる。これを、ここでは「継時的」な性質として整理したい。経験資本は誕生から現在に至るまでの時間的な連鎖によって蓄積されたあらゆる事柄の集積

である。この点はキャリアにも同様のことが言える。キャリアには、以前から職業キャリアのみならず、職業以外の日常生活全般を含みこんだライフキャリアとして捉える考え方がある。ライフキャリア全般を考えた場合、経験資本とは特に似通った側面が強くなる。幼い頃に保育園で行った工作は経験資本ともなるが、同時にキャリアとしても考えうる。双方ともに、過去の何らかの蓄積を概念化したものである以上、過去に体験した出来事および過去に生じた事象という点では極めて類似した関係にある。

したがって、経験資本とキャリアの第二の類似点は、双方ともにおおむね現時点から「回顧」されることで成り立つ概念だという点である。経験資本は、具体的には過去にこういうことがあった、ああいうことがあったという思い出である。より厳密に言うならば、想起された記憶の集積が経験資本ということになる。そして、この点ではキャリアという概念も同様の性質を持つ。過去に経験しなかったことや、過去に生じなかったことを、経験資本やキャリアとして考えることは難しい。双方ともに必ず過去に起こったことであるという点は重要な類似点である。

そして第三の類似点として、経験資本とキャリアともに「不可逆」であるという性質を持つことがあげられる。双方ともに、過去からの何らかの蓄積を現時点で想起したものである以上、過去に遡って経験資本を蓄積することもできなければ、過去に遡ってキャリアを考えることもできない。小6の頃に児童会の会長に立候補した経験がなければ、それをそれ以降の年齢で経験することは難しい。同様に、小学校の頃に例えば近所のパン工場を見学した経験を、中学校の頃に追体験することはできない。中学生になってしまってからの見学は、中学生なりの予備知識や経験を下地としたものであり、小学生の頃の経験とは異なる。理屈の上では、小学校の頃の職場見学を中学生になってから経験することはどうしてもできないことになる。

以上、経験資本とキャリア概念の類似点として、1）継時的、2）回顧的、3）不可逆的の3つの特徴を指摘した（図参照のこと）。

そして、この3つの特徴は、具体的にデータを見ていくにあたっても、重要な手がかりを提供する。今回、我々が収集したデータは、経験資本とキャリアの両概念の関連性を直接検討したものではないが、「継時的」「回顧的」「不可

逆的」であるという3つの特徴は、データを深く考察するにあたって、繰り返し現れてくる特徴でもあるからである。

　時間軸にそって現在から過去に向かって振り返るかたちでしか見つけることができない経験資本は、それゆえ、ひとたび経験されれば、もはや取り返しがつかない。経験資本は、この良いも悪いもすべて現在から過去に向けて想起されることで発見されるということを大きな特徴とする。それゆえ、経験資本の含意は、我々が常日頃、漠然と「経験することは良いことだ」と考えている以上のものへと波及する。

　以下、今回、我々が収集したデータに即したかたちで、実際の経験資本の働きと、そこから派生して捉えられるキャリアとの関わりについて見ていくこととしたい。

図　経験資本とキャリアの類似性

第2節　各章の結果にみる経験資本とキャリアの結びつき

2.1　小中高時代の経験と経験資本

　経験資本とキャリアの結びつきを考えるにあたって、学校における学習の経験は不可欠となる。通常、キャリア教育の文脈で経験が語られる時、それは学校外における何らかの経験を意味していることが多い。しかし、これまで国内外の多くのキャリア教育の実践例は、学校における学習とかけ離れたかたちで

の体験は、キャリア教育に対して必ずしも有意義なものとならないことを示してきた。結局、学校における学習の経験が、学校時代の子どもたちの様々な経験を下支えすることとなる。

　第2章においては、小中高および大学の学習経験を取り上げたが、高校までに多く経験されていた学習として「文章の要約の方法」「コンピュータを使ったグラフの作成方法」「わかりやすい文章の書き方」が挙がった。また、大学で多く経験された学習として「レポートの書き方」「文献・資料の集め方」「コンピュータを使ったグラフの作成方法」が多かった。大学では、「プレゼンテーションの仕方」「わかりやすいプレゼンテーション資料の作り方」などの学習の経験率も高かった。

　これらの学習経験が小中高大で多く行われる理由として、ここに挙げられた経験が、概してホワイトカラー中心の現在の働き方に合致している面があるということがある。様々な文献資料を集め、文章を書き、グラフを作り、プレゼン資料を作る。キャリア教育的な観点から解釈すれば、たんに、文章の書き方やパソコンの使い方にとどまらない有益な体験をしていることがわかる。これらは多くの企業におけるホワイトカラーの仕事の中核となる現代型の基礎スキルと言える。学校から職業へ移行した後も有効に活かされることが考えられる。

　ただし、一方で、ホワイトカラー以外の仕事、例えば、将来、製造業などの仕事に就く可能性のある子どもたちにとっては、有意義な学習経験にならない可能性が考えられる。今回の調査は、首都圏に位置する、ある程度、学力の高い大学生を中心としたが、それ以外の対象層にとって有益な学習体験はまた別にあることが想定される。例えば、労働政策研究・研修機構（2010a）の調査においても、「大卒」「卒業直後に正規就労」「非正規就労経験なし」「転職経験なし」といった、いわば「直線的」なキャリアを歩んだ回答者で、中学・高校時代のキャリア教育は評価が高かった。一方、何らかのかたちで「直線的」なキャリアを歩んでこなかった回答者は、総じて学校のキャリア教育を高く評価しておらず、中学・高校のキャリア教育の評価が低かった。小中高大でいかなる学習経験を提供すべきかは、その後のキャリアとの関わりの中で考える必要があることが改めて示唆される。

次いで第3章では、学習方略を取り上げた。学習方略は、個々の学習の経験が蓄積され、整理され、学習をうまく進めるための方策として個人内に成り立ったものと整理される。言わば、個々の経験が資本として蓄積され、蓄積され結果、変質し、ひとまとめの知識として体制化されたものと見ることができる。多くの人が個々の経験を貴いと思うのも、こうして「汎化」して広がっていく変化が個人内で生じることを期待するからである。

ここでは潜在クラス分析の結果、学習方略として、「全力投球型」「環境重視型」「ほどほど型」「物ぐさ型」の4つの類型が抽出されている。興味深いのは、どの方略もバランスよく用いる「全力投球型」や、いずれの方略も用いない「物ぐさ型」の割合が、回答者が在籍する大学類型と関連する点である。端的に言って、学力レベルが高いほど「全力投球型」が多くなり、逆に「物ぐさ型」は少なくなる。一つひとつの学習経験がある種の抽象的な方略として整理されて、現実の学力レベルと相関する。個々の経験が資本として蓄積されて、その後の生活と関連するひとつの実相を観察できる結果となっている。

2.2 子ども時代の一般的な経験

第4章では、子どもの頃のより一般的な体験を取り上げた。小学校の頃に経験したもので最も多かったのは「地域祭り」であり、以下「登山キャンプ」「スポーツ系習い事」「子ども会」と続いていた。一方、中学校・高校の頃に経験したもので最も多かったのは「部活動」であり、以下「ボランティア」「地域祭り」「登山キャンプ」と続いていた。

総じて言えば、地域の活動とスポーツに集約できそうであるが、この経験率には、家庭の経済状況による違いがみられる。例えば、豊かな家庭に育ったと回答した学生は7割弱が音楽系の習い事を経験していた。一方で、中程度の家庭に育った学生は5割、豊かな家庭に育ったと回答しなかった学生は約3割となる。こうした傾向は、小学校時代の学習塾に通った経験、海外旅行をした経験などでも顕著にみられた。

子どもの頃に参加・経験した出来事をあえて「資本」といった経済学の用語を用いて捉える際には、おおむね、この格差の問題が意識されている。むし

ろ、そこに格差があることが予感されているからこそ、あえて「資本」という比喩を用いる。「資本」と言う以上は、それを元手に何らかの生産活動が企てられることが想定される。しかし、その原資である資本の蓄積に格差が生じる以上、そこから生じる生産活動にも如実に格差が生じてしまうはずだと捉える。本章の視点からは、経験資本の格差はそのままキャリア形成上の格差へとスライドするということが言えるであろう。

興味深いのは、中高生時代のアルバイトの経験である。この経験は、家庭の経済状況が低いと回答した学生の方が経験率が明確に高い。家計を助けるために自ら働きに出たものと解釈され、それ自体は自然な連関であるとも言える。しかし、本書の結果からは、総じて、家庭の経済状況が良いほど、良い経験資本の蓄積をしている場合が多い。この解釈に立てば、家計の経済水準の低い学生は、アルバイトをせざるを得ない経済状況にあるため、他の有意義で豊かな経験をする機会を逸失する可能性が考えられる。

十代の頃のアルバイト経験がむしろ青年の発達上、有意義というよりは問題が多いという議論は、アメリカの青年心理学の文献ではある時期、多くなされた（Stone, 2011）。アルバイト就労は、現実の就労であり、実際に働いて実際に収入を得るという点で、これ以上、実際の仕事のリアルな体験はない。その意味で、経験を常に有意義なものとしてみる立場に立てば、アルバイトは極めて有意義な経験のはずである。しかし、若者のアルバイトの経験を他の有意義な活動を阻害するものとして問題視する視点は、アメリカの研究では根強くある。日本では、十代の学校時代のアルバイトについてまとまった議論がなされることは少ないが、経験資本の観点からは良い経験と悪い経験があると推測され、今後、継続して関心を持つべき論点であるように思われる。

2.3　経験資本としての読書経験の意味

第5章では、読書経験を取り上げた。読書経験は、読書を通じた間接的な経験である。この間接的な経験もやはり蓄積され、経験資本としての性質を帯びるのかが、ここでは議論の焦点となる。

この章における最も顕著な結果は、読書量は基本的に語彙力と関連するとい

う結果である。この結果は一般的な学力をコントロールした場合でもみられた。つまり、学力の違いがあったとしても、読書は語彙力と関連していた。もっとも、両者の関係は循環的な因果関係であると推測され、読書を行うことが語彙力を高める一方、語彙力があることによって読書が容易になるといった側面はあるであろう。

　語彙力については、まずはこれを、端的に一般的な学力を支える基礎的な力、いわゆるジェネリックスキルやベーシックスキルとして捉え、その基盤になるものと解釈することができる。したがって、読書によって、多くの単語、様々な概念、多様な言い回しに繰り返し触れ、いつしか多くの語彙を知る。そのうち一定割合のものが記憶され、身につき、結果的に読書以外のいろいろな活動や行動に通じる力として蓄積されるという解釈がなされよう。

　一方で、経験資本を論じる本書の視点からは、語彙力をまた別の角度から理解することも可能である。例えば、経験は本来的に過去の事象である以上、経験が資本として機能するには過去の事象を整理して体系だったかたちで思い出す必要がある。その際、多くの語彙を持つ者の方が多様な観点から過去の経験を理解し、解釈ができると想定される。

　例えば、我々が過去に中学生の職場体験学習について調査をした際も、同じ期間、同じ保育園で同じように保育士の仕事を体験しても、後日、何を経験したかをたくさん書ける生徒と書けない生徒がいる（下村、2010）。例えば、ある生徒は「保育」としか書けなかったのに対して、ある生徒は「園児と遊ぶ。ゆか・たなふき。洗たく干し・コップ洗い。トイレそうじ」と書くことができた。さらには、同じ保育園で同じ体験をしたにもかかわらず、「洗たく。散歩。掃除。食べた後の食器さげの手伝い（テーブルふき）。子どもとあそび。ゆうぐの水洗い。コップ洗い。おりがみ作り。自由帳作り。」と書いた生徒もいる。これは、おおむねその生徒の語彙力の違いであり、したがって、語彙力の違いとは同じ経験をしてもそこから引き出せる内容の豊富さの違いへとつながるということができる。ちなみに、この調査では、職場体験で体験した仕事に関する記述量が多い生徒と少ない生徒では、多い生徒の方が「働くことの大切さがわかった」「目標がはっきりした」「おもしろかった」と回答する傾向が俄然強かったこともわかっている。

過去の経験の解釈が語彙力によって左右されている可能性があるとするならば、その延長線上の議論として、将来に向けて自らのキャリアを構想するにあたっても語彙力の影響があることが想定される。保育士になることを夢に描く2人の女子生徒がいたとして、多様な語彙を用いてその夢を語ることができる生徒とそうでない生徒では、その夢の内実は異なることが予想される。それは、その夢の実現可能性ばかりか、大人になる過程で夢を諦め何らかの方向転換をするに際しても影響を与えていくであろう。こうして、語彙力とは、一般に考えられる以上に、経験からキャリアにわたる広い領域に関わりを持つのであり、その基盤としての読書経験がやはり様々な意味で人生に深く影響を与えていくということが指摘できるであろう。

2.4 経験資本としての挫折経験

第6章では、困難や挫折の経験を取り上げた。世間一般に流布する通念として、様々な経験の中には必ずしも良い経験ばかりではなく、時にとても辛い経験があるが、しかし、そうした辛い経験が後の人生を豊かにする、というものがある。それゆえ、「若い時の苦労は買ってでもせよ」といったことわざもよく知られている。

特に、この章で明らかにされているのは、困難や挫折の経験が、普段の生活に波及していく様である。例えば、第6章では、いじめを受けたが理解者の力を借りて児童会の役員になったエピソード、失恋から気持ちの整理をつけて自らを向上させたエピソード、部活内のトラブルをまとめて自信を取り戻したエピソードなどが語られている。これらのエピソードに共通するのは、復活や乗り越えのストーリーということになるであろう。世間一般に、困難や挫折を何らかの尊い経験として捉えている場合、一時的にネガティブな体験をしたが、それに打ち勝ち、撥ね返し、そこで何かを得たことを重視していると言えよう。これは正確には、困難や挫折の経験ではなく、困難や挫折があったにもかかわらず、それを乗り越えた経験であると言うべきである。

一方で、困難や挫折に打ち勝つことができず、乗り越えられないまま、時間に解決を求めざるを得なかった経験も、第6章では取り上げられている。例え

ば、母親や父親が死んだ体験を時間が解決してくれたというエピソード、両親が離婚をしたエピソード、虐待を受けたエピソード、震災を経験したエピソードなどは、自分自身が原因ではないために、これを復活や乗り越えのエピソードとして語りにくい。自分が好んで経験したわけではない、言わば経験させられた体験も、経験資本には含まれるということは留意しておくべきである。

さらに進んで、調査の自由記述欄では書くことができない、より深刻な困難や挫折の経験が、この調査の外部にあるということも念頭に入れておきたい。苦渋に満ちた挫折の経験から立ち直ることができず、その後の人生に暗い影を落とし続けている人はいるだろう。実際、トラウマに関する先行研究は、これが長い間、人生にネガティブな影響を与えることを教える。例えば、労働政策研究・研修機構（2010b）の研究などでも、安定した職業生活を送った人間と、波瀾万丈のキャリアを歩んだ人間では、前者の安定した職業生活を送った人間の方が、晩年の50代における職業生活に対する満足感が高かった。リストラ、失業、無業などに遭遇し、理不尽にキャリアを中断させられた人は、容易には自らの人生を良いものとしては考えにくい（ここまで下村（2013）も参照のこと）。

以上の考察から、経験資本は、一般に期待されるような、後の人生に良い影響を与えるポジティブなものばかりではなく、後々まで傷のようにずっと残るネガティブな性質を帯びるものまであることを指摘できる。このネガティブな経験は、資本というよりはむしろ負債として、後の人生の歓びや幸福を少しずつ利息のごとく削りとる。しかも、これも経験資本のもうひとつの性質というべきか、ひとたび過去に経験された以上、その記憶をまったく失うというのでない限り、容易に消し去ることができない。経験資本という概念は、過去のネガティブな困難や挫折と結びつけた場合、残酷なまでのもうひとつの相貌を表す。

困難や挫折の経験は、それ自体が経験資本となるというよりは、むしろ、その経験の前後の経緯やそれを受けての自分なりの解釈や意味づけを含みこんだかたちで資本として蓄積されていくのだということができる。したがって、経験資本は解釈や意味づけによって、ある程度まで増やしたり、あるいは減らしたりすることが可能であるという特徴を持つ。これは、資本の比喩でたとえら

れる他の様々な資本と若干異なる点であり、主観的な解釈が混ぜ込まれた資本である点が特徴であると言えよう。

2.5　経験資本と大学生の現在の生活

　第7章と第8章では、調査に回答した大学生の現在の生活を取り上げた。まず、第7章の学習成熟度では、大学生の本分である学業に対してどのくらい成熟した考え方・意識を持っているかを検討した。その結果、過去の学習方略は現在の学習成熟度にプラスの影響を与えていた。しかしながら小中高校時代の学習・実践経験は学習成熟度と十分な関係がみられなかった。

　経験資本の特徴を論じる本書にとって、事前の経験と現在の意識の間に何らかの連続的な関係性が見受けられないという結果は、想定外のものに映る。しかし、これは、第7章第5節で考察されているとおり、大学前までの学習が「自発的にやるものではなく学校で教えられる学習」であるのに対して、大学入学後の学習がより自発的・自律的であることによるであろう。

　第8章で明らかにされているとおり、大学生は一週間のうち予習復習に費やす時間が1～5時間、自主的な勉強は2時間未満となっている。すなわち、大学生が大学入学以前に経験してきたような外発的・他律的な学習は、その後の自発的・自律的な学習の考え方にほとんど結びついていかないことが明らかである。結果的に、大学入学以前の学習と大学入学以後の学習は相互に異質なものであることが如実に現れている。いわば、経験資本の蓄積の失敗が明白に現れているのだと言えよう。

　人は、経験を積めば、その経験の蓄積が自然と各方面に般化し、良い影響を与えると考える。しかし、ここでは、その考え方は疑問視される。過去の経験が現在に役立てられるためには、そもそも両者の性質が類似していなければならない。期せずして、経験資本の独特の特徴が現れていると言えるであろう。

　第8章では、その他に興味深い集計結果として、大学の夏休みの過ごし方を分析している。その結果、大学生の夏休みの過ごし方として最も多いのはアルバイトであり、以下、旅行、語学・資格、部活・サークル、友達づきあいと続いていた。この結果をどう考えるべきか。大学生のこうした経験は様々な議論

があるとは言え、世間一般にはおおむね好ましいものと捉えられていると考えられる。こうした夏休みの過ごし方が社会から是認され、ある程度肯定的に捉えられているのでなければ、当の大学生も好んでこうした活動を行うものではない。例えば、以前は比較的寛容に捉えられていた未成年の大学生の飲酒も、現在では、社会全体が厳格に捉えるようになっているため、以前ほどは一般的ではなくなり、大学生自身も好んで行うことではなくなっている。

　このように、大学生の活動は、基本的には、社会全体の許容度・寛容度の範囲内でなされているとするならば、結局、われわれ大人は、大学時代にアルバイトや旅行、資格取得、部活サークルや友達づきあいをしっかり行っておくことを大まかに是認しているということになるだろう。そして、その際、漠然と世間一般で想定されているのが、大学時代のこうした経験の蓄積が豊かな経験資本となり、大学卒業後のその後の人生に影響を与えるということであろう。

　しかし、大学時代の多種多様な経験がその後の人生の豊かな経験資本となると言った時、そこに含意されているのは、どういう事柄であろうか。世間の大人が漠然と直感している経験資本というものの、いわゆる効用は、理論的には少し詳しく分析して捉えることができそうに思われる。例えば、大学時代の「旅行」をなぜ好ましいものと思うかといえば、見知らぬ土地や文化について見聞を広めることは有意義と感じるからであろう。さらに掘り下げれば、多様な文化や考え方があることを知り、多角的なものの捉え方が可能になるからであろう。それに加えて、おそらくは、書物などではなく、肌身で感じる実地の体験であることが有意義であると考えられているのであろう。同様に、「語学・資格」は一定の目標に向けて刻苦勉励することが好ましいと捉えられているであろう。さらに、部活サークルや友達づきあいは、そこで体験される様々な対人トラブル・コンフリクトを通じて、人間関係の機微といったものを悟ることが期待されていると言えよう。

　ただ、漠然とそうであろうということは理解しつつも、やはり、経験資本の内実というものを、いくつかの機能やタイプの違いとしてさらに追究していくことは可能であると思われる。上述したとおり、大学以前の学習経験と大学入学後の勉学が連続しないのは、その機能やタイプが異なるからである。類似の体験でなければ、容易に般化して広がっていかない経験資本の性質というもの

を念頭に置いた時、改めて、経験資本の蓄積の仕方、活用の仕方というものを考える余地がある。若いうちは何でも経験してみるのが良いとする漠然とした経験資本の蓄積にも効用があろうかと思われるが、少なくとも学術的な理論レベルでは、経験資本をより細密に捉えようとする試みは、今後なされて良いものと思われる。

2.6　経験資本・人間関係・格差

　第9章では、経験資本と大学生の人間関係との関わりを検討した。両者に相応の関連がみられたという結果は、ひとまず素朴に、経験資本と大学生の人間関係との関わりの一側面として受け止めておく必要はある。

　しかしながら、第9章の結果からは、経験資本の持つある種独特の性質も垣間見られる。例えば、経験資本を考えるにあたって、経験資本の蓄積そのものが家庭の暮らし向きに象徴される家庭環境や家庭の社会経済的な階層・地位に左右されることは、従来から重要視され、ひとつの大きな問題圏を形作ってきた。そのため、暮らし向きを調整変数として組み込んだ分析も行った。しかし、それでもなお、幼少の頃から蓄積される経験資本には独特の格差が生じやすいことが第9章の分析結果からはうかがえた。端的に言って、クラスの中心人物であったり、スポーツが得意であったり、言語能力・表現力が高いなどの本人が生まれながらに持つ資質によって、小学校時代の幼い頃から蓄積される経験は異なってくる。

　これは、上述した「学級委員や児童会・生徒会の役員」「スポーツの対外試合や大会への出場」「学芸会の主役」の結果に限らない。その他にも、SNSの登録人数、携帯・スマートフォンの登録人数、食事や会話をする人数と関連する経験はみられた。例えば、小学校・中高生時代の「地域のお祭りへの参加」、小学校時代の「習い事（学習塾）」「習い事（野球、サッカー、ミニバスケ）」、中学校時代の「部活動の部長、副部長」などは、ある程度まで、大学生の人間関係に関わりが深かった。このいずれもが、物怖じせずに地域のお祭りの活動に入っていける積極性・開放性、習い事を継続できる学力や運動能力（習い事に支出できる家計の豊かさも関わる）、部長・副部長を任せられるリー

ダーシップなど、本人が本来持つ資質をベースとしており、その資質が本人が経験する数々の出来事に影響を与えている。その積み重ねによって経験資本が形作られ、さらには大学生の人間関係に影響を与え、ひいては大学卒業時の就職活動、大学卒業後の恋愛・結婚といったものにまで遠く影響を与えていくことが想定される。

このように考えた場合、経験資本について論ずべき問題とは、どのような経験を蓄積した場合に何にどのように有効なのかということもさることながら、そうした経験を蓄積する資質に恵まれなかった者にとっては何が経験資本を代替するものとなるのか、また、どのようにすれば蓄積できなかった経験資本の欠損を埋めることができるのかというものとなるだろう。

経験に関する世の中の議論は、常に、豊かな経験の意義を強調し、子どもや若者に何か特別な経験をするように掻き立てる。しかし、本章の結果からは、ある資質に恵まれたものは、ことさら経験の意義を強調しなくとも、遠く大学生の人間関係に影響を及ぼすほどの経験を自然と積んでいく。問題は、そもそもが、学級委員に選ばれたことなどなく、スポーツも苦手で、学芸会ではその他大勢の脇役に甘んじた人間を捉えて、どのように経験資本の格差や欠落を埋め合わせるかである。経験資本が、当初、予想された以上に、本人の資質に分かちがたく張り付いている以上、他の「○○資本」の概念にも増して重視したい論点となる。

第3節　経験資本とキャリア支援・キャリア教育の関わり

ここまで、本書で示されたデータの結果をもとに、経験資本の特徴について少し掘り下げた考察を行った。

ここまで示された経験資本の特徴のうち、最も重要であると思われるのは、経験資本が良くも悪くも過去から現在に向かって蓄積され、その蓄積が現在および将来の生活に影響を与えていくということである。そして、こうした特徴ゆえに、「キャリア」の概念とも親和性が高く、類似した側面を持っている。これは、本章前半で指摘したとおり、まさに、1）継時的、2）回顧的、3）不

可逆的であるがゆえに生じることであると言えるだろう。

　本書は、経験資本というアイディアを提起することを主目的としており、本書の結果全体をもって、これで経験資本をすべて明らかにしえたと主張するものではない。むしろ、曲がりなりにも、ここで示したデータを手がかりに、今後、よりいっそう経験資本というアイディアを深め、さらに経験というものの持つ性質や機能といったものの検討・検証を深めていくことができればと思う。

　したがって、現段階において、経験資本というアイディア、さらには本書で得られたデータから明確な示唆を得るのは時期尚早であるとも言える。

　しかしながら、それでも現段階で、すでにしておぼろげながらでも示すことができる若干の示唆があるように思われる。ここでは、中間的な研究成果として、以下に3点に集約して、今後、何をどうすべきなのかについて述べたい。

　まず第一に、経験というものが後の生活に幅広く、しかし緩やかに、とは言え確固たる影響を与える以上、選べるのであれば、経験は慎重に選ばれるべきであるということが言える。読書の経験は後の語彙力と結びついており、海外での生活経験は後の語学力と結びついていた。そして、小学校の学芸会で主役を演じた経験は後の人間関係にも遠く影響を与えていた。

　大げさに言えば、人生とは、自分が何を経験するかを選ぶことによって形作られていくと言えるであろう。漫然と日々の生活を送り、その中で、日々、出会ったものを自らの経験として味わい尽くすという考え方も一方ではある。しかし、自覚的に経験を選び、意図して何かを体験することで、人はよりいっそう多くを学び、学習する。そうでなくとも、データからは、自分ではいかんともしがたい様々な経験によって翻弄されてしまう様も垣間見られた。自ら選ぶ余地があるのであれば、経験は慎重に選び取られていくべきであるということを、ここではひとまず重要な示唆としておきたい。

　したがって、第二に、自ら選んで有意義な経験をできた人と、そういう有意義な経験を選ぶ機会に恵まれなかった人がいた場合、後者に対しては、何らかの形で経験を補う機会を提供するという発想が出てくる。例えば、これはアメリカのキャリア教育の文献でよくみられるロジックであり、学校で生徒に職場体験の機会を与えるのは、そうでもしなければ、十分に整った環境で教育的な

目的から職場体験を行う機会が得られない生徒がいるためである。言わば、生徒に等しく職場を体験する機会を与えるためにこそ、職場体験はある。

そして、このような発想をする場合、学校で行われる基礎学力習得の目的以外の様々な活動にも、俄然、重要な意味が生じることとなる。世の中には、学校で機会を提供しなければ、スポーツをして賞賛を浴びる経験も、絵を描いて受賞する経験も、順番に当番で掃除を行う経験も、集団で民主的な代表者の選出を行う経験も、何も体験できずに子ども時代を育ってしまう人がいるかもしれない。これは学校のみならず、企業や様々な団体、さらには地域が提供する機会であっても同様である。何らかの経験を補う機会が得られるのであれば、それは基本的には良いことであると言うことができるであろう。経験資本の本質的な特徴のひとつである「不可逆である」という面はいかんともしがたい。幼い頃に行っておくべき経験を、学校はじめ何らかの機関・組織が提供できるのであれば、それはやはり経験させておくべきであろう。

第三に、経験資本の中でも、むしろ負債ともいうべきネガティブな経験の蓄積についてはどう考えるべきだろうか。経験資本は、継時的に時間軸にそって体験され、回顧的に振り返られるため、ひとたび経験された事柄については良くも悪くも不可逆であり、後にそれを修正することも改変することも難しい。特に、本書の各章の結果から、経験資本には、当然ながらと言うべきか、本人が育った社会経済的な環境要因・家庭環境や本人自身が生まれながらに持つ資質が関連していることが示された。本人自身に理由があるわけではない負の経験、あるいは、本人が置かれた境遇によっていかにしても体験することができなかった経験については、やはり、どこかでその回復の余地が残されている必要がある。その場合、やはり、広くは教育が、少し限定して言うならば、キャリアガイダンス（進路指導およびキャリア教育含む）といった取り組みが有効であろうかと思われる。

キャリアガイダンスについては巷間、様々な捉え方がなされるが、ここではキャリアガイダンスが果たす機能として、本人が巻き込まれるように引きずりこまれた環境、さらには本人がもともと持つ資質からの離脱の機能に着目したい。一般に、本人の境遇などによって、本人に蓄積された文化資本や社会関係資本、そして経験資本に格差が生じることを指摘し、批判し、嘆く論調はよく

みられる。時に応じて、様々な議論がなされ、様々な政策・施策・取り組みが提案され、予算がつき、執行される。こうした様々な形での制度面・政策面での対応は追求していくべきなのであろう。

　しかし一方で、仮にどのような対策が打たれたとしても、当の本人がある時点で、自らにまとわりついた劣位の襤褸（らんる）を脱ぎ捨て、今からやり直すと決意するのでない限り、そうした対策が十分に奏効しないことも事実である。どこかの段階で、自分に欠けた経験を取り戻そうと自ら思い定めるのでない限り、基本的には、どこまでも自らの境遇はついてまわり、いつまでも経験資本の欠損が埋まることはない。

　キャリアガイダンス、さらには進路指導やキャリア教育が、むやみに夢や希望、目標を語っているように見えるのは、これまでに連綿と続く長い実践の蓄積から、ある場合には、この脈絡にそって物事を考える必要があることを熟知しているからである。キャリアガイダンス、進路指導、キャリア教育が、時に現実離れした夢や希望に駆り立てるかのような口ぶりであるのは、どこかで若者や子どもの人生をリセットするような視点を確保するためである。仮にそのような形で現実から離れるのでなければ、生まれてからこの方、好むと好まざるとにかかわらず蓄積されてきてしまった経験資本の格差に押しつぶされ、どこまでも苦渋を嚙み締めつつ生きていかなければならないであろう。

　こうして改めて振り返ると、キャリアガイダンスを含む教育全般というものが、日頃の学習やその他の特別な活動で豊かな経験資本を提供する基盤となるものである一方、本人にまとわりつき押しつぶしかねない経験資本の欠損をものともせず、未来に向かって跳躍させるための重要な基盤となることがわかる。経験資本に表と裏の二面性があるとすれば、その蓄積に有効な手立ても、また、その欠損を補う有効な手立ても「教育」ということになるのであろう。こうした観点も、今後の経験資本に関する研究を継続していく中で、引き続き追求していきたい論点のひとつである。

参考文献

文部科学省（2005a）「『キャリア・スタート・ウィーク』の更なる推進に向けて－『学ぶこと』、『働くこと』、『生きること』－」文部科学省　http://www.mext.go.jp/a_menu/shotou/career/05010502/019/001.pdf（最終アクセス：2015年12月21日）。

文部科学省（2005b）「中学校職場体験ガイド」文部科学省　http://www.mext.go.jp/a_menu/shotou/career/05010502/026.htm（最終アクセス：2015年12月21日）。

労働政策研究・研修機構（2007）「子どもの将来とキャリア教育・キャリアガイダンスに対する保護者の意識」『労働政策研究報告書』No.92、労働政策研究・研修機構。

労働政策研究・研修機構（2010a）「学校時代のキャリア教育と若者の職業生活」『労働政策研究報告書』No.125、労働政策研究・研修機構。

労働政策研究・研修機構（2010b）「成人キャリア発達に関する調査研究－50代就業者が振り返るキャリア形成－」『労働政策研究報告書』No.114、労働政策研究・研修機構。

下村英雄（2010）「職場体験の効果をどのように考えるか－量的な測定と質的な測定－」『進路指導』Vol.83、pp.3-12。

下村英雄（2013）『成人キャリア発達とキャリアガイダンス－成人キャリア・コンサルティングの理論的・実践的・政策的基盤－』労働政策研究・研修機構。

Stone, J. R. (2011), "Employment", in B.B. Brown and M.J. Prinstein eds. (2011), *Encyclopedia of Adolescence*, Vol.2, San Diego: Academic Press.

◇ 付録A ◇
調査項目

あなたは、次の施設にどの程度行きますか。それぞれの項目について、当てはまるものを一つ選んでください。

		毎日	週に数回	月に数回	年に数回	まったく行かない
1	大学図書館	1	2	3	4	5
2	地域の図書館	1	2	3	4	5
3	書店	1	2	3	4	5
4	美術館	1	2	3	4	5
5	博物館や科学館	1	2	3	4	5
6	スポーツジム(大学内の施設含む)	1	2	3	4	5
7	野球やサッカー等のスポーツ観戦施設	1	2	3	4	5
8	コンサートホールや劇場等の観賞施設	1	2	3	4	5
9	映画館	1	2	3	4	5

あなたは以下のものを、どれくらい読みますか。それぞれの項目について、当てはまるものを一つ選んでください。わからない場合は、「読まない」を選んでください。

		読まない	年に1-2冊	年に4-5冊	月に1冊	月に2冊	月に3冊	月に4冊	月に5冊以上
1	漫画	1	2	3	4	5	6	7	8
2	雑誌	1	2	3	4	5	6	7	8
3	小説	1	2	3	4	5	6	7	8
4	新書	1	2	3	4	5	6	7	8
5	実用書（趣味の本やハウツー本など）	1	2	3	4	5	6	7	8
6	学術書（教科書は除く）	1	2	3	4	5	6	7	8

あなたは**小学生の頃**、次のような経験をしたことがありますか。それぞれの項目について、有無を教えてください。

		ある	なし
1	学級委員や児童会の役員	1	2
2	学芸会の主役	1	2
3	ボーイスカウト、ガールスカウトの活動	1	2
4	子ども会などの集団活動	1	2
5	スポーツの対外試合や大会への出場（練習試合は除く）	1	2
6	音楽、科学などのコンクールへの出場	1	2
7	地域のお祭りへの参加	1	2
8	登山やキャンプなどの自然体験	1	2
9	海外旅行	1	2
10	海外滞在経験（1か月程度以上）	1	2
11	習い事（ピアノ、バイオリンなどの音楽系）	1	2
12	習い事（英語などの語学系）	1	2
13	習い事（そろばん）	1	2
14	習い事（習字）	1	2
15	習い事（学習塾）	1	2
16	習い事（野球、サッカー、ミニバスケ）	1	2
17	習い事（上記以外のスポーツ：水泳、バレエ、ダンス、体操など）	1	2

あなたは中学生や高校生の頃、次のような経験をしたことがありますか。それぞれの項目について、有無を教えてください。

		ある	なし
1	学級委員や生徒会の役員	1	2
2	部活動	1	2
3	部活動の部長、副部長	1	2
4	部活動のマネージャー	1	2
5	地域のお祭りへの参加	1	2
6	アルバイト	1	2
7	ボランティア活動（授業での活動も含む）	1	2
8	文化祭や学園祭の企画・運営	1	2
9	スポーツの対外試合や大会への出場（練習試合は除く）	1	2
10	音楽、科学などのコンクールへの出場	1	2
11	登山やキャンプなどの自然体験	1	2
12	寮生活	1	2
13	海外旅行	1	2
14	海外滞在経験（1か月程度以上）	1	2

あなたは、**大学生になってから**、次のような経験をしたことがありますか。それぞれの項目について、有無を教えてください。

		ある	なし
1	部活動・サークルの活動	1	2
2	部活動・サークルの部長、副部長	1	2
3	部活動のマネージャー	1	2
4	地域のお祭りへの参加	1	2
5	アルバイト	1	2
6	ボランティア活動（授業での活動も含む）	1	2
7	インターンシップ	1	2
8	文化祭や学園祭の企画・運営	1	2
9	スポーツの対外試合や大会への出場（練習試合は除く）	1	2
10	音楽、科学などのコンクールへの出場	1	2
11	登山やキャンプなどの自然体験	1	2
12	寮生活	1	2
13	海外旅行	1	2
14	短期（3か月未満）の海外滞在（旅行を除く）	1	2
15	長期（3か月以上）の海外滞在	1	2
16	ひとり暮らし	1	2
17	ひとり旅	1	2
18	ゼミやグループの集まりなどの幹事	1	2
19	食事会・飲み会の幹事	1	2

あなたは、これまでに以下の項目について授業や講義で学習したことはありますか。それぞれの項目について、当てはまるものを一つ選んでください。明確に学習した記憶がない場合は、「学習したことはない」を選んでください。

		大学入学以前に学習したが、大学では学習していない	大学入学以前に学習し、大学でも学習した	大学入学以前はないが、大学に入学して初めて学習した	学習したことはない
1	文章の要約の方法	1	2	3	4
2	わかりやすい文章の書き方	1	2	3	4
3	文献・資料の集め方	1	2	3	4
4	レポートの書き方	1	2	3	4
5	わかりやすいプレゼンテーション資料の作り方	1	2	3	4
6	ディベートで説得力のある主張をする方法	1	2	3	4
7	スピーチの仕方	1	2	3	4
8	プレゼンテーションの仕方	1	2	3	4
9	プログラミング	1	2	3	4
10	コンピュータを使ったグラフの作成方法	1	2	3	4

あなたは、これまでに次のようなことをしたことがありますか。それぞれの項目について、当てはまるものを一つ選んでください。

		大学入学以前に学習したが、大学では学習していない	大学入学以前に学習し、大学でも学習した	大学入学以前はないが、大学に入学して初めて学習した	学習したことはない
1	原稿用紙10枚程度のレポートの作成	1	2	3	4
2	実験レポート・観察レポートの作成	1	2	3	4
3	パワーポイントなど、プレゼンテーションソフトを使っての発表	1	2	3	4
4	ディベート大会への出場（学内含む）	1	2	3	4
5	スピーチ大会への出場（学内含む）	1	2	3	4
6	小論文コンクールへの応募	1	2	3	4
7	友人に勉強を教えたこと	1	2	3	4
8	新聞記事の執筆（学級新聞・学校新聞含む）	1	2	3	4
9	アンケート調査原稿の作成	1	2	3	4
10	一つのテーマについて、長期間かけて、自分で調べまとめる活動（授業含む）	1	2	3	4

以下の項目は、大学入学<u>以前</u>のあなたに当てはまりますか。それぞれの項目について答えてください。

		当てはまる	当てはまらない
1	自分に合った勉強方法を工夫した	1	2
2	有効といわれる方法を手当たり次第に実践した	1	2
3	学習の方法を、塾や家庭教師にいわれた通りにした	1	2
4	参考書を自分で選んだ	1	2
5	中学や高校で苦手だった教科・科目を苦手なままにしてきた	1	2
6	解けない問題でも粘り強くあきらめずに取り組んだ	1	2
7	自分なりのご褒美を用意して勉強に取り組んだ	1	2
8	インターネットや書籍などで効果的な勉強法について調べた	1	2
9	学習時間を確保するために、自分の生活パターンを見直した	1	2
10	計画どおりに勉強が進まなかったら、計画を練り直した	1	2
11	計画を立ててから定期テストの勉強をしていた	1	2
12	基礎固めや苦手克服を早期に行うなど、時期により勉強の力のおきどころを工夫した	1	2
13	朝勉強するなど、集中できる時間や場所を選んで勉強するようにした	1	2
14	生活のリズムを整えるようにした	1	2
15	学習方法のことは特に考えなかった	1	2

あなたは、これまでに次のような経験をしたことがありますか。それぞれの項目について、有無を教えてください。

		ある	なし
1	浪人	1	2
2	留年	1	2
3	転校・引っ越し	1	2
4	病気・入院	1	2
5	家族の病気・介護	1	2
6	事故・天災	1	2
7	友人やクラスメイトなどとの人間関係のトラブル	1	2
8	家庭内のトラブル	1	2

以下の質問に答えてください。

とてもつらく苦しい状況を乗り越えた経験があれば、具体的に教えてください。特になければ、「なし」と記入してください。

```
┌─────────────────────────────────────────────┐
│                                             │
│                                             │
│                                             │
│                                             │
└─────────────────────────────────────────────┘
```

以下の質問について、最も当てはまるものを一つ選んでください。

あなたは、大学に週何回行きますか。
1. ほとんど毎日
2. 週に5日
3. 週に4日
4. 週に3日
5. 週に2日
6. 週に1日
7. ほとんど行かない

SNSにおいて友人登録をしている人は何人くらいいますか。

1. SNSを使用していない
2. 10人程度
3. 20人程度
4. 50人程度
5. 100人程度
6. 200人程度
7. 300人程度
8. 400人程度
9. それ以上

携帯・スマートフォンの連絡先に登録している人は何人くらいいますか。
1. 0人
2. 20人程度
3. 50人程度
4. 100人程度
5. 150人程度
6. 200人程度
7. 250人程度
8. 300人程度
9. それ以上

よく一緒に食事をしたり、会って話をしたりする人は何人くらいいますか。
1. 1～2人程度
2. 5人程度
3. 10人程度
4. 15人程度
5. 20人程度
6. 30人程度
7. 40人程度
8. 50人程度
9. それ以上

あなたにとって、次のような人はいますか。

		いる	いない
1	尊敬する人	1	2
2	あの人のようになりたいと思う人（ロールモデル）	1	2
3	悩み事を相談できる人	1	2
4	趣味や学業についてアドバイスをもらえる人	1	2
5	気軽に連絡がとれる大学生以外の年上の知人	1	2

あなたは、困ったことがあった時に以下のそれぞれの人にどの程度相談しますか。

		よくする	まあする	どちらともいえない	あまりしない	まったくしない
1	家族・親戚	1	2	3	4	5
2	学内の友人	1	2	3	4	5
3	学内の先輩・後輩	1	2	3	4	5
4	学外の友人・知人	1	2	3	4	5
5	大学の教員	1	2	3	4	5
6	ネット上の相談相手（ウェブの相談サイト含む）	1	2	3	4	5

以下のそれぞれの項目について、今のあなたに最も当てはまるものを一つ選んでください。

		とてもそうである	ややそうである	どちらともいえない	あまりそうでない	まったくそうでない
1	自分から学ぶ意欲がある	1	2	3	4	5
2	新しいことを学習する基礎的知識や能力がある	1	2	3	4	5
3	自分で学習の方法や場所を決定できる	1	2	3	4	5
4	学ぶことは楽しい	1	2	3	4	5
5	自分で情報を集め学習する準備ができる	1	2	3	4	5
6	ひとりで計画的に学ぶことができる	1	2	3	4	5
7	学習した成果がどの程度か自己評価できる	1	2	3	4	5

あなたは、次のようなことをどのぐらいしますか。それぞれの項目について、当てはまるものを一つ選んでください。

		とてもよくする	よくする	どちらともいえない	あまりしない	まったくしない
1	人の話を聞いてメモをとる	1	2	3	4	5
2	ノートをきれいにまとめる	1	2	3	4	5
3	文章や資料の重要な部分にアンダーラインを引いたり、付せんを貼る	1	2	3	4	5
4	本や論文を要約したりメモをしたりする	1	2	3	4	5
5	読んだものを自分の言葉でまとめる	1	2	3	4	5
6	自分のスケジュール管理をする	1	2	3	4	5
7	勉強のために図書館やカフェに行く	1	2	3	4	5
8	わからないことはすぐ調べる	1	2	3	4	5
9	ものごとの優先順位を意識する	1	2	3	4	5
10	行動をするときは目標を明確に意識する	1	2	3	4	5
11	現在学んでいることを日常の生活で使おうとする	1	2	3	4	5

あなたは、以下の項目についてどのくらい満足していますか。それぞれの項目について、最も当てはまるものを一つ選んでください。

		満足	やや満足	どちらともいえない	やや不満	不満
1	大学の授業	1	2	3	4	5
2	友人づきあい	1	2	3	4	5
3	教員との関係	1	2	3	4	5
4	大学のレベル	1	2	3	4	5
5	健康	1	2	3	4	5
6	経済状況	1	2	3	4	5
7	住居	1	2	3	4	5
8	将来の見通し	1	2	3	4	5
9	アルバイト	1	2	3	4	5
10	部活・サークル	1	2	3	4	5
11	現在の生活全般（総合満足度）	1	2	3	4	5

以下の質問に答えてください。

あなたは、大学を卒業した後、どのようなキャリアを考えていますか。最も当てはまるものを一つ選んでください。
1. 企業に就職する
2. 家業を継ぐ
3. 医師・弁護士などの専門職を目指す
4. 教員採用試験・公務員採用試験等を受験する
5. 大学院に進学する
6. 留学する
7. まだ決めていない
8. 考えていない
9. その他

現在のあなたと20年後のあなたとのつながりの大きさを最もよく表しているパターンはどれですか？

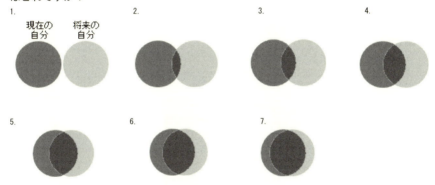

あなたは、今年の夏休みをどのように過ごしますか。主な予定を箇条書きで書いてください。特になければ、「なし」と記入してください。

あなたの日常生活における考え方についてお尋ねします。以下のそれぞれについて、あなたの経験や行動、考えにどれくらい当てはまるか、最も近いものを一つ選んでください。あまり深く考えず、直感的にお答えください。

		当てはまる	やや当てはまる	どちらでもない	あまり当てはまらない	当てはまらない
1	いろいろな考え方の人と接して多くのことを学びたい。	1	2	3	4	5
2	いつも偏りのない判断をしようとする。	1	2	3	4	5
3	結論をくだす場合には、確かな証拠があるかどうかにこだわる。	1	2	3	4	5
4	役に立つか分からないことでも、できる限り多くのことを学びたい。	1	2	3	4	5
5	自分が無意識のうちに偏った見方をしていないか振り返るようにしている。	1	2	3	4	5
6	議論をするときは、その前提や用語の定義を正確にとらえて考えようとする。	1	2	3	4	5
7	判断をくだす際は、できるだけ多くの事実や証拠を調べる。	1	2	3	4	5
8	たとえ意見が合わない人の話でも耳を傾けるようにしている。	1	2	3	4	5
9	何事も、少しも疑わずに信じ込むようなことはしないようにしている。	1	2	3	4	5
10	誰もが納得できるような論理的な説明をしようとする。	1	2	3	4	5
11	分からないことがあると質問したくなる。	1	2	3	4	5
12	複雑な問題は順序立てて考えるようにしている。	1	2	3	4	5

普段あなたが文章を読むとき、議論をするときのことについてお尋ねします。以下のそれぞれについて、当てはまるものを一つ選んでください。あまり深く考えず、直感的にお答えください。

		当てはまる	やや当てはまる	どちらでもない	あまり当てはまらない	当てはまらない
1	書き手や話し手が、何を主張して結論しようとしているのかを考える。	1	2	3	4	5
2	書き手や話し手が主張することの根拠や理由はどこにあるかを考える。	1	2	3	4	5
3	文章や議論において、何が問題になっているかをまずとらえようとする。	1	2	3	4	5
4	書き手や話し手が暗に前提としている事は何かを考える。	1	2	3	4	5
5	書き手や話し手が背後にもっている価値観が何かを考える。	1	2	3	4	5
6	述べられている理由と結論の間に飛躍がないか考える。	1	2	3	4	5
7	述べられている根拠や理由はどれだけ確かなものかを考える。	1	2	3	4	5
8	根拠となっていることが事実なのか意見なのかを考える。	1	2	3	4	5
9	根拠となるデータが、信頼できる方法で集められたのかを考える。	1	2	3	4	5

あなたご自身についてお尋ねします。

性別を教えてください。
1. 男性
2. 女性

学年を教えてください。
1. 1年生
2. 2年生
3. 3年生
4. 4年生
5. 5年生以上
6. 大学院生

あなたの大学・学部・学科を教えてください。

どのようにして現在の大学に入学しましたか。
1. 一般入試
2. 一般入試（センター試験のみ）
3. 内部進学（付属校等からの進学）
4. 推薦入試（付属校等からの内部進学除く）
5. AO入試
6. 帰国子女入試
7. 編入学・学士入学
8. 社会人入試
9. その他

大学入試（センター試験を含む）で、「数学」を受験したことがありますか。現在所属している大学の入試に限らず、お答えください。
1. 受験した
2. 受験していない
3. 覚えていない

センター試験の「数学Ⅰ・A」の自己採点結果を教えてください。
1. 0〜49点
2. 50〜79点
3. 80〜100点
4. 受験していない
5. 覚えていない

センター試験の「国語」の自己採点結果を教えてください。
1. 0〜79 点
2. 80〜99 点
3. 100〜119 点
4. 120〜139 点
5. 140〜159 点
6. 160〜179 点
7. 180〜200 点
8. 受験していない
9. 覚えていない

あなたはこれまでに大学で、「統計」に関する授業の単位を取得しましたか。
1. 取得した
2. 取得していない（現在履修中も含む）
3. 覚えていない

あなたはこれまでに「英検®」を受験したことがありますか。受験したことがあれば、「何級」を取得したか教えてください。
1. 1 級
2. 準 1 級
3. 2 級
4. 準 2 級
5. 3 級から 5 級
6. 受験していない
7. 覚えていない

あなたはこれまでに「漢検®」を受験したことがありますか。受験したことがあれば、「何級」を取得したか教えてください。
1. 1 級
2. 準 1 級
3. 2 級
4. 準 2 級
5. 3 級から 5 級
6. 受験していない
7. 覚えていない

あなたはこれまでに TOEIC®を受験したことがありますか。ある場合には、スコアを教えてください。
1. 10～150 点
2. 151～300 点
3. 301～450 点
4. 451～600 点
5. 601～750 点
6. 751～900 点
7. 901 点以上
8. 受験していない
9. 覚えていない

あなたはこれまでに TOEFL®を受験したことがありますか。ある場合には、スコアを教えてください。
1. 0～30 点
2. 31～60 点
3. 61～90 点
4. 91～120 点
5. 受験していない
6. 覚えていない

あなたは、小さいころから継続して取り組み、身に付けたものはありますか。あれば教えてください。特になければ、「なし」と記入してください。

あなたが「授業の予復習や課題をする時間（卒業論文や卒業研究も含む）」は、**一週間で平均して**どれくらいですか。授業期間中の典型的な一週間についてお答えください。
1. 0 時間
2. 1 時間未満
3. 1～2 時間
4. 2～5 時間
5. 5～10 時間
6. 10～15 時間
7. 15～20 時間
8. 20 時間以上

あなたが「大学の授業以外の自主的な勉強をする時間」は、**一週間で平均して**どれくらいですか。授業期間中の典型的な一週間についてお答えください。
1. 0 時間
2. 1 時間未満
3. 1～2 時間
4. 2～5 時間
5. 5～10 時間
6. 10～15 時間
7. 15～20 時間
8. 20 時間以上

あなたは**一週間を通して**、アルバイトを何時間くらいしていますか。授業期間中の典型的な一週間についてお答えください。していない方は「0 時間」を選んでください。
1. 0 時間
2. 1 時間未満
3. 1～2 時間
4. 2～5 時間
5. 5～10 時間
6. 10～15 時間
7. 15～20 時間
8. 20 時間以上

あなたの現在の居住形態を教えてください。
1. 一人暮らし
2. 寮（学生会館など含む）
3. 親と同居（自宅）
4. 親戚、知人の家
5. その他

あなたが育った地域（最も長かった地域）を教えてください。
1. 都会の都市部
2. 都会の都市部以外
3. 地方の都市部
4. 地方の都市部以外
5. 山村・漁村・島しょ・へき地

あなたご自身についてお尋ねします。
あなたが育った家庭の経済状況はどうだったと思いますか。
1. 上の上
2. 上の中
3. 上の下
4. 中の上
5. 中の中
6. 中の下
7. 下の上
8. 下の中
9. 下の下
10. 質問に答えない

ご両親についてお尋ねします。職業を教えてください。

		専業主夫・専業主婦	パート・アルバイト	専門職（医師・薬剤師・弁護士・公認会計士等）	教員・公務員	大企業の社員	中小企業の社員	自営業	不明・その他	質問に答えない
1	父親	1	2	3	4	5	6	7	8	9
2	母親	1	2	3	4	5	6	7	8	9

ご両親についてお尋ねします。最終学歴を教えてください。

		中学	高校	短大	専門学校	高等専門学校	大学（都会の国公立）	大学（地方の国公立）	大学（都会の私立）	大学（地方の私立）	大学院	不明・その他	質問に答えない
1	父親	1	2	3	4	5	6	7	8	9	10	11	12
2	母親	1	2	3	4	5	6	7	8	9	10	11	12

◇　付録B　◇
調査データの集計結果

表A１ 回答者属性のクロス集計（単位：%[注1]）

	全体	性別		学年						文理			国私		
		男性	女性	1年生	2年生	3年生	4年生	5年生以上	大学院生	文系	理系	NA	国立	私立	NA[注2]
人数（名）	949	480	469	343	200	188	210	6	2	708	239	2	113	834	2
男性	51	100		56	53	49	40	67	100	45	67	100	62	49	100
女性	49		100	44	47	51	60	33		55	33		38	51	
1年生	36	40	32	100						35	41	50	47	35	50
2年生	21	22	20		100					20	25		19	21	
3年生	20	19	20			100				19	21	50	16	20	50
4年生	22	17	27				100			26	12		16	23	
5年生以上	1	1	0					100		0	1		1	1	
大学院生	0	0	0						100		1		1	0	
文系	75	66	83	71	71	73	87	50		100			52	78	
理系	25	33	17	28	30	27	13	50	100		100		48	22	
NA	0	0	0	0	1							100			100
国立	12	15	9	15	11	10	9	17	50	8	23		100		
私立	88	85	91	84	89	90	91	83	50	92	77			100	
NA	0	0	0	0	1							100			100
国立A	5	7	3	7	7	5	2		50	4	10		45		
国立B	7	7	6	8	5	5	7	17		4	13		55		
私立A	20	23	18	17	16	23	28	33	50	22	15			23	
私立B	22	23	21	23	18	20	25	50		22	21			25	
私立C	21	20	23	22	24	22	19			22	20			24	
私立D	24	20	29	23	31	26	20			25	21			28	
NA	0	0	0	0	1							100			100
文学語学	24	12	36	22	21	28	26	17		32			18	25	
法政治	12	13	10	11	12	10	14	17		16			6	12	
経済経営	18	25	12	18	15	16	25	17		25			9	20	
社会	12	11	12	9	15	12	13			15	0		4	13	
教育	3	4	3	5	3		4			3	2		14	2	
理工農	19	29	10	20	26	18	12	17	100	1	75		38	17	
医歯薬	4	3	4	4	3	6	1	33			15		4	4	
看護	2	1	3	2	1	5	0			0	7		3	2	
生活	6	1	11	7	8	5	5			8	0		4	6	
NA	0	0	0	0	1							100			100

注１：表中の値は、全体の人数に対する、各属性カテゴリーの回答者割合を表す。
注２：各属性で、カテゴリー＝"NA"は、無回答等により回答データが得られなかったケースを表す。

	大学群						専攻									
	国立A	国立B	私立A	私立B	私立C	私立D	NA	文学語学	法政治	経済経営	社会	教育	理工農	医歯薬	看護	生活	NA
人数（名）	51	62	193	209	202	230	2	226	110	175	110	29	183	36	20	58	2
男性	69	56	56	52	47	41	100	26	57	69	47	59	75	44	35	10	100
女性	31	44	44	48	53	59		74	43	31	53	41	25	56	65	90	
1年生	47	47	30	38	37	34	50	34	34	36	29	55	38	42	40	41	50
2年生	25	15	17	17	24	27		18	21	17	26	17	28	17	5	26	
3年生	18	15	22	18	20	21	50	23	17	17	20		18	31	50	16	50
4年生	8	23	30	25	19	18		24	27	30	25	28	14	6	5	17	
5年生以上		2	1	1				0	1	1			1	6			
大学院生	2		1										1				
文系	55	50	81	76	76	78		100	100	100	99	83	2		15	98	
理系	45	50	19	24	24	22					1	17	98	100	85	2	
NA							100										100
国立	100	100						9	6	6	5	55	23	11	15	9	
私立			100	100	100	100		91	94	94	95	45	77	89	85	91	
NA							100										100
国立A	100							4	6	4	3		10	11		2	
国立B		100						4		2	2	55	13		15	7	
私立A			100					26	35	21	18	3	14	31			
私立B				100				16	25	38	20		20	22	35	10	
私立C					100			22	25	15	29	31	18	25	30	16	
私立D						100		27	8	19	28	10	25	11	20	66	
NA							100										100
文学語学	20	16	31	17	24	27		100									
法政治	14		20	13	14	4			100								
経済経営	14	5	19	32	13	15				100							
社会	6	3	10	11	16	13					100						
教育		26	1		4	1						100					
理工農	37	39	13	17	16	20							100				
医歯薬	8		6	4	4	2								100			
看護		5		3	3	2									100		
生活	2	6		3	4	17										100	
NA							100										100

表A2 調査項目についての回答割合（単位：％）

	全体	性別		学年						文理			国私		
		男性	女性	1年生	2年生	3年生	4年生	5年生以上	大学院生	文系	理系	NA	国立	私立	NA
人数（名）	949	480	469	343	200	188	210	6	2	708	239	2	113	834	2

あなたご自身についてお尋ねします。

どのようにして現在の大学に入学しましたか。

	全体	男性	女性	1年生	2年生	3年生	4年生	5年生以上	大学院生	文系	理系	NA	国立	私立	NA
一般入試	62	69	56	63	67	61	59	67	100	59	72		93	58	
一般入試（センター試験のみ）	8	7	9	9	6	12	7			9	7		1	9	
内部進学（付属校等からの進学）	10	11	8	12	8	6	11			11	5	50		11	50
推薦入試（付属校等からの内部進学除く）	14	9	20	12	15	16	17	33		15	13		4	16	
AO入試	4	3	6	5	4	3	4			4	4		3	4	
帰国子女入試	0		1		1		1			0				0	
編入学・学士入学	0	0	0			2				0		50		0	50
その他	1	1	1	1	1	1	0			1	0			1	

大学入試（センター試験を含む）で、「数学」を受験したことがありますか。現在所属している大学の入試に限らず、お答えください。

	全体	男性	女性	1年生	2年生	3年生	4年生	5年生以上	大学院生	文系	理系	NA	国立	私立	NA
受験した	48	57	40	50	48	51	44	83	100	36	85	50	93	42	50
受験していない	51	43	60	50	52	48	56	17		64	14	50	7	57	50
覚えていない	0	0	0		1	1				0	1			0	

センター試験の「数学I・A」の自己採点結果を教えてください。

	全体	男性	女性	1年生	2年生	3年生	4年生	5年生以上	大学院生	文系	理系	NA	国立	私立	NA
0～49点	5	4	6	6	2	5	6			5	5		4	5	
50～79点	20	22	17	27	11	20	16	17		15	34		36	17	
80～100点	19	27	11	14	30	24	12	33	100	12	40		50	15	
受験していない	51	43	60	52	52	45	57	17		63	15	100	7	57	100
覚えていない	5	4	6	2	5	7	9	33		5	5		2	6	

センター試験の「国語」の自己採点結果を教えてください。

	全体	男性	女性	1年生	2年生	3年生	4年生	5年生以上	大学院生	文系	理系	NA	国立	私立	NA
0～79点	4	5	3	8	2	2	2			4	5		2	4	
80～99点	7	7	7	9	5	6	5			6	9		5	7	
100～119点	8	10	6	13	5	5	3	17		8	7		12	7	
120～139点	14	14	14	16	13	14	12	17		13	17		18	14	
140～159点	13	16	10	10	14	16	13	17	50	13	13		19	12	
160～179点	15	15	16	13	17	19	15	17		16	12		29	13	
180～200点	5	4	5	2	7	5	5		50	5	3		11	4	
受験していない	25	24	25	25	28	19	27			23	28	100		28	100
覚えていない	10	5	15	3	11	13	18	33		11	6		4	11	

あなたはこれまでに大学で、「統計」に関する授業の単位を取得しましたか。

	全体	男性	女性	1年生	2年生	3年生	4年生	5年生以上	大学院生	文系	理系	NA	国立	私立	NA
取得した	22	24	20	6	23	36	35	33	100	19	31		27	22	
取得していない（現在履修中も含む）	76	74	79	94	76	61	63	67		79	69	100	73	77	100
覚えていない	2	2	1	1	2	3	1			2	1			2	

	大学群							専攻									
	国立A	国立B	私立A	私立B	私立C	私立D	NA	文学語学	法政治	経済経営	社会	教育	理工農	医歯薬	看護	生活	NA
人数（名）	51	62	193	209	202	230	2	226	110	175	110	29	183	36	20	58	2

あなたご自身についてお尋ねします。

どのようにして現在の大学に入学しましたか。

	国立A	国立B	私立A	私立B	私立C	私立D	NA	文学語学	法政治	経済経営	社会	教育	理工農	医歯薬	看護	生活	NA
一般入試	96	90	65	62	64	45		61	59	57	58	79	70	78	75	57	
一般入試（センター試験のみ）		2	8	4	9	14		9	13	5	8	3	7	6	5	16	
内部進学（付属校等からの進学）			13	10	14	7	50	8	11	18	10	3	5	3		9	50
推薦入試（付属校等からの内部進学除く）	2	5	10	20	11	22		17	15	16	15	3	13	11	10	14	
AO入試	2	3	3	3	0.5	10		4	2	2	8	10	4	3	10	5	
帰国子女入試			2					0.9	0.9								
編入学・学士入学					0.5	0.4	50	0.9									50
その他				0.5	0.5	2		0.4		2	0.9		0.5				

大学入試（センター試験を含む）で、「数学」を受験したことがありますか。現在所属している大学の入試に限らず、お答えください。

	国立A	国立B	私立A	私立B	私立C	私立D	NA	文学語学	法政治	経済経営	社会	教育	理工農	医歯薬	看護	生活	NA
受験した	96	90	52	43	43	33	50	32	36	43	31	72	81	97	80	26	50
受験していない	4	10	48	57	57	65	50	68	64	57	69	28	17	3	20	74	50
覚えていない						1							2				

センター試験の「数学I・A」の自己採点結果を教えてください。

	国立A	国立B	私立A	私立B	私立C	私立D	NA	文学語学	法政治	経済経営	社会	教育	理工農	医歯薬	看護	生活	NA
0〜49点		8	2	2	8	6		5	3	2	5	14	4	3	20	7	
50〜79点	22	48	17	19	18	17		15	12	16	10	41	33	33	40	12	
80〜100点	75	31	32	15	11	4		8	21	18	10	17	38	56	20	2	
受験していない	4	10	47	57	58	65	100	67	62	57	68	28	17	6	20	76	100
覚えていない		3	3	7	4	8		5	3	7	6		7	3			

センター試験の「国語」の自己採点結果を教えてください。

	国立A	国立B	私立A	私立B	私立C	私立D	NA	文学語学	法政治	経済経営	社会	教育	理工農	医歯薬	看護	生活	NA
0〜79点		3	0.5	3	8	6		3	2	4	5	3	4	6	15	7	
80〜99点		10	2	7	11	7		4	8	4	5		8	11	20	14	
100〜119点	2	21	3	7	7	11		6	7	7	13	17	7	3	10	9	
120〜139点	10	24	14	15	13	13		13	13	13	16	21	17	11	25	9	
140〜159点	22	18	20	15	10	3		14	13	13	14	17	17	11	7	10	
160〜179点	45	16	24	14	11	6		19	24	14	10	21	11	19	5	12	
180〜200点	18	5	10	2	2	1		6	7	4	3	7	3		5	3	
受験していない			21	24	25	40	100	21	17	29	26	14	30	28	10	28	100
覚えていない	4	3	6	12	12	13		14	9	13	9	3	7	6		9	

あなたはこれまでに大学で、「統計」に関する授業の単位を取得しましたか。

	国立A	国立B	私立A	私立B	私立C	私立D	NA	文学語学	法政治	経済経営	社会	教育	理工農	医歯薬	看護	生活	NA
取得した	33	21	31	22	19	16		12	12	33	29		26	50	45	9	
取得していない（現在履修中も含む）	67	79	68	78	79	80	100	86	87	67	67	97	72	50	55	90	100
覚えていない			1	0.5	2	3		2	0.9	0.6	4	3	2			2	

	全体	性別		学年						文理			国私		
		男性	女性	1年生	2年生	3年生	4年生	5年生以上	大学院生	文系	理系	NA	国立	私立	NA
人数（名）	949	480	469	343	200	188	210	6	2	708	239	2	113	834	2

あなたご自身についてお尋ねします。

あなたはこれまでに「英検®」を受験したことがありますか。受験したことがあれば、「何級」を取得したか教えてください。

	全体	男性	女性	1年生	2年生	3年生	4年生	5年生以上	大学院生	文系	理系	NA	国立	私立	NA
1級	0.7	0.4	1	0.6		1	1			1.0			0.9	0.7	
準1級	2	3	2	2	2	1	4			3	1		7	2	
2級	22	16	28	20	21	26	22	33		23	16		21	22	
準2級	24	23	26	26	24	20	25		50	24	23	50	20	25	50
3級から5級	32	36	28	31	32	35	30	50		31	35		34	32	
受験していない	18	21	15	19	21	16	18	17		17	23	50	16	19	50
覚えていない	0.9	1	0.4	2	0.5	1				0.8	1		0.9	1.0	

あなたはこれまでに「漢検®」を受験したことがありますか。受験したことがあれば、「何級」を取得したか教えてください。

	全体	男性	女性	1年生	2年生	3年生	4年生	5年生以上	大学院生	文系	理系	NA	国立	私立	NA
1級	0.1	0.2				0.5				0.1				0.1	
準1級	1	1	1	1	2	0.5	1.0			1			0.9	1	
2級	20	15	24	17	22	20	21	17	50	23	11		20	20	
準2級	23	21	24	24	24	22	20	33		22	23		23	23	
3級から5級	26	26	26	27	25	28	25	17		25	28	50	18	27	50
受験していない	29	34	23	29	27	27	32	33	50	26	36	50	35	28	50
覚えていない	2	2	1	2	2	2	1.0			2	2		3	2	

あなたはこれまでにTOEIC®を受験したことがありますか。ある場合には、スコアを教えてください。

	全体	男性	女性	1年生	2年生	3年生	4年生	5年生以上	大学院生	文系	理系	NA	国立	私立	NA
10〜150点	0.4	0.4	0.4	0.9		0.5				0.4	0.4			0.5	
151〜300点	2	2	3	2	3	2	2			2	3		0.9	3	
301〜450点	14	15	12	13	19	11	12	33		13	14		3	15	
451〜600点	17	19	16	18	20	18	14	17	50	18	17		22	17	
601〜750点	10	10	10	5	7	13	20	33		11	8		12	10	
751〜900点	4	6	3	3	3	5	9		50	5	3		10	4	
901点以上	2	1	3	0.6	0.5	2	5	17		2	1		4	2	
受験していない	45	45	46	55	44	46	32			43	51	100	45	45	100
覚えていない	4	3	6	3	6	3	6			5	3		4	4	

あなたはこれまでにTOEFL®を受験したことがありますか。ある場合には、スコアを教えてください。

	全体	男性	女性	1年生	2年生	3年生	4年生	5年生以上	大学院生	文系	理系	NA	国立	私立	NA
0〜30点	0.1	0.2				0.5				0.1				0.1	
31〜60点	0.8	0.6	1	0.3	0.5		2	17		1				1.0	
61〜90点	4	3	5	2	6	3				4	2		4	3	
91〜120点	2	0.8	3	0.6	2	2	4			2			2	2	
受験していない	86	89	82	90	89	85	78	83	100	83	95	50	88	85	50
覚えていない	8	7	9	6	8	7	12			10	3	50	5	8	50

あなたが「授業の予復習や課題をする時間（卒業論文や卒業研究も含む）」は、一週間で平均してどれくらいですか。授業期間中の典型的な一週間についてお答えください。

	全体	男性	女性	1年生	2年生	3年生	4年生	5年生以上	大学院生	文系	理系	NA	国立	私立	NA
0時間	4	6	3	4	6	4	2			4	4		4	4	
1時間未満	17	16	19	13	17	22	20	33		20	10		12	18	
1〜2時間	28	27	28	24	34	30	26	17		29	23	50	20	28	50
2〜5時間	28	28	28	34	26	24	25	17		28	30		34	27	
5〜10時間	14	14	14	16	10	11	18			13	15		17	14	
10〜15時間	5	6	4	6	5	5	2		50	3	8	50	9	4	50
15〜20時間	2	0.8	3	2	3	2	1.0			1	3		4	1	
20時間以上	2	3	2	1	2	2	4	17	50	1	5		0.9	2	

	大学群							専攻									
	国立A	国立B	私立A	私立B	私立C	私立D	NA	文学語学	法政治	経済経営	社会	教育	理工農	医歯薬	看護	生活	NA
人数（名）	51	62	193	209	202	230	2	226	110	175	110	29	183	36	20	58	2

あなたご自身についてお尋ねします。

あなたはこれまでに「英検®」を受験したことがありますか。受験したことがあれば、「何級」を取得したか教えてください。

	国立A	国立B	私立A	私立B	私立C	私立D	NA	文学語学	法政治	経済経営	社会	教育	理工農	医歯薬	看護	生活	NA
1級	2		3					0.9	3		2						
準1級	10	5	6	0.5	0.5			4	2	2	3		1	3			
2級	29	15	31	31	18	10		27	29	21	24	10	14	36	5	12	
準2級	18	23	23	25	24	27	50	23	28	25	27	31	23	19	25	26	50
3級から5級	29	37	22	30	36	37		27	29	35	31	31	36	25	45	34	
受験していない	12	19	15	12	20	26	50	17	14	15	13	24	25	17	20	28	50
覚えていない		2	0.5	1	1	0.4		0.4	0.9		2	3	0.5	3	5		

あなたはこれまでに「漢検®」を受験したことがありますか。受験したことがあれば、「何級」を取得したか教えてください。

	国立A	国立B	私立A	私立B	私立C	私立D	NA	文学語学	法政治	経済経営	社会	教育	理工農	医歯薬	看護	生活	NA
1級			0.5					0.9									
準1級	2		3	1.0		0.4		2	3	0.6	0.9					2	
2級	25	16	24	25	15	15		27	28	19	20	24	10	17		16	
準2級	18	27	20	22	27	22		25	19	19	19	38	23	25	20	28	
3級から5級	12	23	19	21	33	35	50	23	25	27	29	17	28	22	40	24	50
受験していない	41	31	33	30	22	24	50	21	23	33	29	21	38	33	35	29	50
覚えていない	2	3		2	1.0	3		2	0.9	2	2			1	3	2	

あなたはこれまでにTOEIC®を受験したことがありますか。ある場合には、スコアを教えてください。

	国立A	国立B	私立A	私立B	私立C	私立D	NA	文学語学	法政治	経済経営	社会	教育	理工農	医歯薬	看護	生活	NA
10〜150点				0.5	0.5	0.9			1				0.5			2	
151〜300点		2		1.0	7	2		1		3	4		4	3			
301〜450点	2	3	6	19	16	19		13	19	16	11		17	6		5	
451〜600点	16	27	16	27	17	8		15	24	24	15	17	19	6	20	3	
601〜750点	16	10	22	10	5	4		12	20	11	7	3	9	3			
751〜900点	14	6	11	3	1.0	0.9		5	5	6	3	3	2	11			
901点以上	4	3	7					2	5	1	2			1	3		
受験していない	49	42	36	37	46	60	100	48	25	31	49	69	44	69	70	76	100
覚えていない		6	3		7	5		3	2	6	7	7	3		5	10	

あなたはこれまでにTOEFL®を受験したことがありますか。ある場合には、スコアを教えてください。

	国立A	国立B	私立A	私立B	私立C	私立D	NA	文学語学	法政治	経済経営	社会	教育	理工農	医歯薬	看護	生活	NA
0〜30点					0.5			0.9									
31〜60点			1	1	1			1	0.9	0.6	3						
61〜90点	6	3	5	7	1	0.9		5	5	3	6		0.5	6	5	2	
91〜120点	4		6	0.5	0.5			1	7	1	3						
受験していない	86	90	84	79	84	93	50	81	79	85	77	97	97	89	95	91	50
覚えていない	4	6	4	12	12	6	50	11	7	11	11	3	3	6		7	50

あなたが「授業の予復習や課題をする時間（卒業論文や卒業研究も含む）」は、一週間で平均してどれくらいですか。授業期間中の典型的な一週間についてお答えください。

	国立A	国立B	私立A	私立B	私立C	私立D	NA	文学語学	法政治	経済経営	社会	教育	理工農	医歯薬	看護	生活	NA
0時間	2	5	2	5	6	4		2	3	7	5	7	4	6		7	
1時間未満	12	11	17	19	17	20		19	22	21	19	7	11	17	15	19	
1〜2時間	14	26	27	33	24	30	50	30	32	32	24	24	23	19	25	24	50
2〜5時間	29	37	25	26	31	27		31	26	21	33	34	30	25	35	22	
5〜10時間	24	11	19	11	14	12		14	14	13	13	24	16	17	5	10	
10〜15時間	14	5	6	4	2	4	50	3	2	4	4	3	9	6	10	7	50
15〜20時間	6	3	2	1.0	2	0.4		1	0.9	1			3	3	10	5	
20時間以上		2	2	2	2	3		0.4	0.9	0.6	3		5	8		5	

	全体	性別		学年						文理			国私		
		男性	女性	1年生	2年生	3年生	4年生	5年生以上	大学院生	文系	理系	NA	国立	私立	NA
人数（名）	949	480	469	343	200	188	210	6	2	708	239	2	113	834	2

あなたご自身についてお尋ねします。

あなたが「大学の授業以外の自主的な勉強をする時間」は、一週間で平均してどれくらいですか。授業期間中の典型的な一週間についてお答えください。

	全体	男性	女性	1年生	2年生	3年生	4年生	5年生以上	大学院生	文系	理系	NA	国立	私立	NA
0時間	16	14	18	19	18	14	10	33		16	16		18	16	
1時間未満	29	29	30	28	35	27	30	33		29	32	50	27	30	50
1～2時間	27	26	29	27	26	26	31	17	50	28	26		27	27	
2～5時間	16	18	15	18	13	20	14		50	16	18		17	16	
5～10時間	7	9	6	6	6	9	8			8	5		10	7	
10～15時間	2	3	2	2	2	3	4	17		2	3		2	3	
15～20時間	0.6	0.8	0.4	0.3	0.5	1	1.0			0.7		50		0.6	50
20時間以上	0.9	1	0.6	0.3	0.5	1	2			0.8	1		0.9	1.0	

あなたは一週間を通して、アルバイトを何時間くらいしていますか。授業期間中の典型的な一週間についてお答えください。していない方は「0時間」を選んでください。

	全体	男性	女性	1年生	2年生	3年生	4年生	5年生以上	大学院生	文系	理系	NA	国立	私立	NA
0時間	36	38	34	51	32	34	19	17		31	49	100	39	35	100
1時間未満	3	3	3	2	4	4	2			3	2		4	3	
1～2時間	3	5	2	4	4	2	3			3	5		7	3	
2～5時間	10	11	9	8	13	6	13	17	50	10	11		15	9	
5～10時間	16	17	16	14	16	17	19	33	50	17	14		19	16	
10～15時間	17	15	19	13	18	19	21	17		19	10		7	18	
15～20時間	10	8	12	6	11	12	15	17		11	8		6	11	
20時間以上	5	4	6	3	3	5	9			5	3		3	5	

あなたの現在の居住形態を教えてください。

	全体	男性	女性	1年生	2年生	3年生	4年生	5年生以上	大学院生	文系	理系	NA	国立	私立	NA
一人暮らし	20	22	18	17	18	28	20	17	50	19	23		31	19	
寮（学生会館など含む）	4	4	3	1	2	3	1.0			3	5	100	12	2	100
親と同居（自宅）	74	72	76	72	79	68	77	83	50	75	72		56	76	
親戚、知人の家	1	1	1	1	2	0.5	1	1		1	0.8		1	1	
その他	1	0.8	1		1	1	1	0.5		1	0.4		0.9	1	

あなたが育った地域（最も長かった地域）を教えてください。

	全体	男性	女性	1年生	2年生	3年生	4年生	5年生以上	大学院生	文系	理系	NA	国立	私立	NA
都会の都市部	27	26	28	27	30	22	29	50		27	27	50	20	28	50
都会の都市部以外	36	36	36	37	35	32	40	17	50	36	35		28	37	
地方の都市部	20	20	20	20	21	22	19	17	50	20	19	50	22	20	50
地方の都市部以外	16	18	14	15	14	22	13	17		15	18		29	14	
山村・漁村・島しょ・へき地	0.9	0.6	1	1	0.5	2				1	0.4			1	

あなたが育った家庭の経済状況はどうだったと思いますか。

	全体	男性	女性	1年生	2年生	3年生	4年生	5年生以上	大学院生	文系	理系	NA	国立	私立	NA
上の上	0.3	0.4	0.2		0.5	0.5	0.5			0.4				0.4	
上の中	7	5	9	6	5	8	9	17		6	8		7	7	
上の下	11	11	12	11	9	13	11	17	50	11	11		12	11	
中の上	43	41	45	42	46	41	43	67		44	40	50	43	43	50
中の中	19	21	18	18	19	22	20		50	19	20	50	15	20	50
中の下	10	10	10	11	12	7	9			10	10		12	9	
下の上	3	3	3	2	3	2	4			3	3		2	3	
下の中	2	2	1	3	1	0.5	1			2	2		5	1	
下の下	0.3	0.6		0.6	0.5					0.3	0.4			0.4	
質問に答えない	5	6	3	6	5	5	2			4	6		3	5	

	大学群							専攻									
	国立A	国立B	私立A	私立B	私立C	私立D	NA	文学語学	法政治	経済経営	社会	教育	理工農	医歯薬	看護	生活	NA
人数（名）	51	62	193	209	202	230	2	226	110	175	110	29	183	36	20	58	2

あなたご自身についてお尋ねします。

あなたが「大学の授業以外の自主的な勉強をする時間」は、一週間で平均してどれくらいですか。授業期間中の典型的な一週間についてお答えください。

	国立A	国立B	私立A	私立B	私立C	私立D	NA	文学語学	法政治	経済経営	社会	教育	理工農	医歯薬	看護	生活	NA
0時間	18	18	9	16	22	15		13	16	15	19	24	13	28	25	16	
1時間未満	25	27	25	33	27	33	50	32	24	32	25	21	33	28	30	24	50
1〜2時間	27	26	30	25	30	25		29	26	25	32	17	30	8	20	31	
2〜5時間	18	16	18	14	14	19		18	15	11	18	24	17	17	25	17	
5〜10時間	10	10	12	7	5	3		5	12	10	5	10	4	11		7	
10〜15時間		3	3	2	2	3		1	5	3		3	3	3		3	
15〜20時間			1	1.0		0.4	50		2	0.9							50
20時間以上	2		2	1.0		1		0.9	2	0.6			0.5	6		2	

あなたは一週間を通して、アルバイトを何時間くらいしていますか。授業期間中の典型的な一週間についてお答えください。していない方は「0時間」を選んでください。

	国立A	国立B	私立A	私立B	私立C	私立D	NA	文学語学	法政治	経済経営	社会	教育	理工農	医歯薬	看護	生活	NA
0時間	33	44	26	39	38	37	100	38	25	25	30	31	49	44	45	43	100
1時間未満	4	3	4	3	1.0	3		3	5	2	2	3	3		5	2	
1〜2時間	14	2	3	3	4	1		4	3	3	0.9	3	4	6	5	5	
2〜5時間	18	13	17	7	7	7		9	12	9	8	17	12	8		10	
5〜10時間	20	19	19	12	15	17		14	19	21	20	14	10	25	15	16	
10〜15時間	4	10	19	20	18	17		17	18	24	21	17	9	14	20	12	
15〜20時間	6	6	8	11	10	13		11	10	13	14	9			10	5	
20時間以上	2	3	3	4	6	6		5	7	5	5	3	3	3		7	

あなたの現在の居住形態を教えてください。

	国立A	国立B	私立A	私立B	私立C	私立D	NA	文学語学	法政治	経済経営	社会	教育	理工農	医歯薬	看護	生活	NA
一人暮らし	27	34	19	19	19	19		17	16	23	22	17	21	19	50	16	
寮（学生会館など含む）	14	11	4	1	2	2	100	3	2	3	4	17	2	17		2	100
親と同居（自宅）	59	53	75	78	76	76		76	81	72	71	62	76	58	50	81	
親戚、知人の家			2	1.0	1	1		2	0.9	1	0.9	3		6		2	
その他			2	0.5	0.5	1.0	2	2		1	3		0.5				

あなたが育った地域（最も長かった地域）を教えてください。

	国立A	国立B	私立A	私立B	私立C	私立D	NA	文学語学	法政治	経済経営	社会	教育	理工農	医歯薬	看護	生活	NA
都会の都市部	29	13	32	25	30	26	50	27	25	25	28	14	28	36	5	41	50
都会の都市部以外	31	26	36	37	38	37		35	42	36	39	28	37	36	30	26	
地方の都市部	14	29	21	22	17	20	50	20	22	23	15	31	15	22	35	22	50
地方の都市部以外	25	32	10	15	15	15		16	12	15	15	28	20	3	30	9	
山村・漁村・島しょ・へき地			0.5	1.0	1.0	2		1		0.6	3			3		2	

あなたが育った家庭の経済状況はどうだったと思いますか。

	国立A	国立B	私立A	私立B	私立C	私立D	NA	文学語学	法政治	経済経営	社会	教育	理工農	医歯薬	看護	生活	NA
上の上					0.5	0.9		0.4					3			2	
上の中	4	10	9	4	6	8		5	8	7	5	7	8	11	5	7	
上の下	14	11	15	13	9	8		12	10	10	8	10	11	11	20	19	
中の上	51	37	49	41	44	39	50	45	47	43	40	34	39	47	40	43	50
中の中	18	13	16	24	17	23	50	19	15	24	22	17	19	25	10	10	50
中の下	6	18	4	8	10	15		9	7	8	15	17	10	3	10	12	
下の上	4		1	2	5	2		4	0.9	1	3	3	3			3	
下の中	2	8	2	0.5	2	0.9		2		1	3	3	2		5		
下の下						1			0.9	0.6			0.5				
質問に答えない	2	3	5	6	5	3		3	10	4	4	3	7		10	3	

	全体	性別		学年						文理			国私		
		男性	女性	1年生	2年生	3年生	4年生	5年生以上	大学院生	文系	理系	NA	国立	私立	NA
人数（名）	949	480	469	343	200	188	210	6	2	708	239	2	113	834	2

ご両親についてお尋ねします。職業を教えてください。

父親															
専業主夫・専業主婦	0.2	0.2	0.2	0.3		0.5				0.3				0.2	
パート・アルバイト	1	0.8	1	0.6	2	0.5	1.0		50	0.6	3		3	0.8	
専門職（医師・薬剤師・弁護士・公認会計士等）	4	3	5	4	5	4	2			4	5		6	3	
教員・公務員	11	11	12	13	11	12	10		50	13	8		13	11	
大企業の社員	30	31	28	28	28	28	36	33		29	30	50	24	30	50
中小企業の社員	26	26	26	25	29	28	25	17		27	26	50	30	26	50
自営業	12	11	13	13	9	14	10	50		12	11		9	12	
不明・その他	7	8	7	7	9	7	7			7	7		8	7	
質問に答えない	9	9	8	10	8	7	8			8	10		7	9	
母親															
専業主夫・専業主婦	28	27	30	23	32	30	33	33		28	29		32	28	
パート・アルバイト	39	40	38	39	42	35	42	17		42	33	50	35	40	50
専門職（医師・薬剤師・弁護士・公認会計士等）	6	6	6	7	8	7	1	33		5	8		4	6	
教員・公務員	6	5	6	7	3	5	6		50	6	5		7	6	
大企業の社員	2	2	1	2	2	1	1			2	2		0.9	2	
中小企業の社員	5	6	5	4	6	6	6		50	5	7		10	5	
自営業	4	4	5	5	2	7	3	17		4	5	50	4	4	50
不明・その他	3	3	3	4	3	4	0.5			3	3		2	3	
質問に答えない	6	7	6	8	5	5	6			6	9		6	6	

ご両親についてお尋ねします。最終学歴を教えてください。

父親															
中学	0.8	0.6	1	0.9	0.5	0.5	1			0.8	0.8			1.0	
高校	15	15	15	12	17	16	16	33	50	15	14	50	12	15	50
短大	0.5	0.4	0.6	0.6		1	0.5			0.4	0.8			0.6	
専門学校	4	4	4	6	4	4	3			4	6		0.9	5	
高等専門学校	2	1	2	0.9	3	2	2			2	0.8		3	2	
大学（都会の国公立）	9	8	11	10	10	10	6		50	10	8		11	9	
大学（地方の国公立）	9	8	10	6	9	12	11	17		9	10	50	14	8	50
大学（都会の私立）	39	41	36	39	39	35	42	50		41	34		33	40	
大学（地方の私立）	6	5	6	6	5	5	7			6	5		4	6	
大学院	2	1	3	2	3	4	2			2	4		4	2	
不明・その他	5	6	5	7	7	4	3			5	8		10	5	
質問に答えない	7	8	5	9	5	6	6			6	8		8	6	
母親															
中学	0.4	0.4	0.4	0.6	0.5		0.5			0.3	0.8		0.9	0.4	
高校	22	24	20	20	23	24	23	17	50	22	21		19	23	
短大	21	20	22	21	18	19	24			22	17	50	17	21	50
専門学校	11	9	12	12	13	9	10	17		10	13		10	11	
高等専門学校	2	2	3	2	3	2	3	17		3	2		2	2	
大学（都会の国公立）	3	3	3	3	4	4				3	4		3	3	
大学（地方の国公立）	2	2	3	1	4	2	3			2	2		2	2	
大学（都会の私立）	20	20	20	17	20	21	21	50	50	19	21	50	26	19	50
大学（地方の私立）	6	5	7	7	5	6				7	4		5	6	
大学院	0.4	0.2	0.6	0.3	0.5		1.0			0.4	0.4		2	0.2	
不明・その他	6	8	4	6	6	9	4			6	8		9	6	
質問に答えない	6	7	6	8	6	5	5			6	8		6	6	

	大学群						専攻									
	国立A	国立B	私立A	私立B	私立C	私立D	NA	文学語学	法政治	経済経営	社会	教育	理工農	医歯薬	看護	生活	NA
人数（名）	51	62	193	209	202	230	2	226	110	175	110	29	183	36	20	58	2

ご両親についてお尋ねします。職業を教えてください。

父親

	国立A	国立B	私立A	私立B	私立C	私立D	NA	文学語学	法政治	経済経営	社会	教育	理工農	医歯薬	看護	生活	NA
専業主夫・専業主婦				0.5		0.4				0.6	0.9						
パート・アルバイト	2	3	1		1	0.9		0.9	0.9				2		3	5	2
専門職（医師・薬剤師・弁護士・公認会計士等）	6	6	5	2	3	3		5	5	1	3		4	6	10	7	
教員・公務員	14	13	11	13	12	8		18	13	7	8	17	7	14		17	
大企業の社員	35	15	38	35	28	21	50	24	32	39	33	17	32	25	20	17	50
中小企業の社員	27	32	17	25	26	33	50	28	17	24	36	28	27	11	35	22	50
自営業	4	13	13	10	9	16		11	15	13	6	14	11	22	5	17	
不明・その他	6	10	6	6	8	9		9	5	7	6	17	7	3	15	5	
質問に答えない	6	8	9	8	11	7		5	14	8	7		10	11	9	12	

母親

	国立A	国立B	私立A	私立B	私立C	私立D	NA	文学語学	法政治	経済経営	社会	教育	理工農	医歯薬	看護	生活	NA
専業主夫・専業主婦	31	32	32	28	23	29		30	29	27	23	34	28	33	30	31	
パート・アルバイト	29	39	34	45	41	39	50	40	32	47	46	41	36	22	30	36	50
専門職（医師・薬剤師・弁護士・公認会計士等）	4	3	5	4	9	7		5	5	4	10		8	6	15	5	
教員・公務員	10	6	6	5	7	4		8	5	5	3	17	4	6	5	7	
大企業の社員		2	2	2	1	2		1	2	2	2		3			2	
中小企業の社員	10	10	6	4	3	6		4	7	6	3	7	5	8	10	7	
自営業	6	3	7	3	3	3	50	5	5	3	0.9		4	11		5	50
不明・その他	2	2	2	1	3	5		2	3	3	7		2	6	5		
質問に答えない	8	5	6	7	7	6		4	13	4	5		9	8	5	7	

ご両親についてお尋ねします。最終学歴を教えてください。

父親

	国立A	国立B	私立A	私立B	私立C	私立D	NA	文学語学	法政治	経済経営	社会	教育	理工農	医歯薬	看護	生活	NA
中学				1	1.0	1		0.9	0.9	1			1			2	
高校	4	19	9	10	18	24	50	16	11	18	15	21	14	8	30	10	50
短大			0.5	1.0	0.5	0.4		0.9		0.6			1				
専門学校		2	4	4	6	5		4	3	3	3	3	4	14	15	9	
高等専門学校	4	2	0.5	2	1	2		3	2	2	3	3	1				
大学（都会の国公立）	16	6	12	10	7	7		8	11	11	10		10	8		10	
大学（地方の国公立）	14	15	10	10	8	6	50	10	5	7	11		10	8	5	12	50
大学（都会の私立）	43	24	49	46	33	33		37	44	46	38	41	32	42	45	38	
大学（地方の私立）	2	6	3	5	9	7		7	5	5	7	3	5	3		5	
大学院	6	3	4	1.0	2	2		3		0.6	2	7	4	3		3	
不明・その他	6	13	2	4	7	7		6	5	2	5	7	9	6		3	
質問に答えない	6	10	7	6	7	7		4	14	4	5	7	8	8	5	7	

母親

	国立A	国立B	私立A	私立B	私立C	私立D	NA	文学語学	法政治	経済経営	社会	教育	理工農	医歯薬	看護	生活	NA
中学		2			0.5	0.9		0.4		0.9			1				
高校	14	23	16	20	27	27		23	19	26	23	21	20	22	30	16	
短大	25	10	26	24	19	15	50	23	18	22	24	21	16	17	30	16	50
専門学校	2	16	9	11	12	12		12	7	8	12	3	14	11	10	14	
高等専門学校	2	2	2	2	1	4		2	2	3	5		2	3		2	
大学（都会の国公立）	6		3	3	2	4		3	3	2	2		5	3		3	
大学（地方の国公立）	2	2	3	4	1.0	2		3	2	4	2		2		5	3	
大学（都会の私立）	31	21	28	18	16	15	50	17	24	19	15	28	21	17	10	28	50
大学（地方の私立）	10	2	4	8	8	4		8	5	7	7	3	11	5		2	
大学院	2	2			0.5	0.4			2			3				2	
不明・その他	2	15	4	5	5	8		4	5	8	4	10	8	8	5	5	
質問に答えない	4	8	6	6	7	7		5	13	3	5	3	8	8	5	10	

		全体	性別		学年						文理			国私		
			男性	女性	1年生	2年生	3年生	4年生	5年生以上	大学院生	文系	理系	NA	国立	私立	NA
人数（名）		949	480	469	343	200	188	210	6	2	708	239	2	113	834	2

あなたは、次の施設にどの程度行きますか。それぞれの項目について、当てはまるものを一つ選んでください。

		全体	男性	女性	1年生	2年生	3年生	4年生	5年生以上	大学院生	文系	理系	NA	国立	私立	NA
大学図書館	毎日	6	6	6	8	6	6	4			6	6		5	6	
	週に数回	46	46	45	55	46	41	36			48	38		51	45	
	月に数回	35	36	35	27	33	41	44	67	50	35	37	100	32	36	100
	年に数回	9	9	10	7	11	9	12	33	50	8	13		10	9	
	まったく行かない	4	3	4	4	5	3	3			3	7		2	4	
地域の図書館	毎日	0.1	0.2		0.3							0.4		0.9		
	週に数回	5	6	5	6	6	5	4	33		5	6		10	5	
	月に数回	24	20	28	24	24	21	28	17		26	18		25	24	
	年に数回	37	39	35	35	38	36	39	33	100	36	38		33	37	
	まったく行かない	34	35	32	34	33	39	29	17		32	36	100	32	34	100
書店	毎日	3	4	1	3	3	3	1	17		2	4		4	3	
	週に数回	36	40	32	34	35	36	40	50		39	28	50	25	37	50
	月に数回	52	47	57	54	53	52	47	33	100	50	59		60	51	
	年に数回	9	8	9	8	9	9	11			9	8	50	12	8	50
	まったく行かない	0.6	0.8	0.4	0.6	1	0.5	0.5			0.7	0.4			0.7	
美術館	週に数回	0.7	0.4	1	0.9		1	1.0			1.0			4	0.4	
	月に数回	8	4	11	7	9	7	8			9	3	50	5	8	50
	年に数回	40	34	45	33	37	49	44	50	50	44	28	50	43	39	50
	まったく行かない	52	61	43	59	55	43	48	50	50	46	69		48	53	
博物館や科学館	週に数回	0.2	0.2	0.2	0.6						0.3			2		
	月に数回	5	4	6	6	4	5	5			6	3		5	5	
	年に数回	43	43	43	38	47	44	49	50	50	43	44	100	43	43	100
	まったく行かない	51	52	51	56	49	51	46	50	50	51	52		50	52	
スポーツジム（大学内の施設含む）	毎日	0.9	1	0.9	1		0.5	1			1	0.4		0.9	1.0	
	週に数回	10	14	5	12	8	8	8	33	50	8	16	50	12	9	50
	月に数回	13	18	7	15	9	9	15	33		12	13	50	12	13	50
	年に数回	19	23	16	20	20	22	16			19	20		19	19	
	まったく行かない	57	44	71	51	64	61	60	33	50	60	51		57	58	
野球やサッカー等のスポーツ観戦施設	毎日	0.2	0.2	0.2	0.6							0.8		0.9	0.2	
	週に数回	2	2	1	2	1	3	1.0			2	0.4			2	
	月に数回	9	15	4	8	11	7	12	50		9	9	50	6	10	50
	年に数回	36	43	28	35	35	32	41	33	100	36	35	50	37	35	50
	まったく行かない	53	40	67	55	54	59	45	17		53	54		56	53	
コンサートホールや劇場等の観賞施設	毎日	0.2	0.2	0.2	0.3			0.5			0.1	0.4			0.2	
	週に数回	2	2	2	2	0.5	3	1			2	2		3	2	
	月に数回	13	10	17	10	16	14	16			15	8	50	10	14	50
	年に数回	54	51	58	53	49	58	58	83	50	57	47	50	54	54	50
	まったく行かない	30	37	24	35	35	25	24	17	50	26	43		34	30	
映画館	週に数回	1	1	1	1		3	2			1	1		2	1	
	月に数回	21	21	21	19	20	22	24	50		20	22	100	19	21	100
	年に数回	70	69	72	73	70	68	70	50	50	72	65		67	71	
	まったく行かない	7	10	5	7	11	7	5		50	6	11		12	7	

	大学群						専攻									
	国立A	国立B	私立A	私立B	私立C	私立D	NA	文学語学	法政治	経済経営	社会	教育	理工農	医歯薬	看護	生活	NA
人数（名）	51	62	193	209	202	230	2	226	110	175	110	29	183	36	20	58	2

あなたは、次の施設にどの程度行きますか。それぞれの項目について、当てはまるものを一つ選んでください。

	国立A	国立B	私立A	私立B	私立C	私立D	NA	文学語学	法政治	経済経営	社会	教育	理工農	医歯薬	看護	生活	NA
大学図書館																	
毎日	2	8	7	5	6	7		8	6	5	3	10	7	3	5	10	
週に数回	59	45	52	47	42	40		51	57	43	45	52	37	36	40	43	
月に数回	29	34	35	31	40	37	100	33	27	37	45	31	36	42	35	29	100
年に数回	8	11	4	13	8	11		7	6	13	5	7	13	17	10	9	
まったく行かない	2	2	2	4	4	5		2	3	2	2		7	3	10	9	
地域の図書館																	
毎日		2								3							
週に数回	10	10	5	5	4	5		5	7	4	5	7	7	3	10	5	
月に数回	20	29	27	26	18	25		35	26	18	23	14	18	25	15	28	
年に数回	37	29	32	36	44	37		29	35	39	42	41	38	39	40	45	
まったく行かない	33	31	36	32	34	32	100	31	32	39	31	34	37	33	35	22	100
書店																	
毎日	4	3	4	3	0.5	3		4	2	2	4		2	3		4	
週に数回	22	27	40	40	37	33	50	40	48	36	37	38	30	22	20	28	50
月に数回	61	60	49	48	54	52		49	41	51	50	52	57	64	75	60	
年に数回	14	10	7	8	7	11	50	9	5	10	10	7	8	11	5	9	50
まったく行かない			0.5	1.0	0.5	0.9			2	0.6	0.9		0.5			2	
美術館																	
週に数回	4	3	0.5		0.5	0.4		0.9	2			3				3	
月に数回	6	5	9	9	4	9	50	14	6	3	3		2	11		29	50
年に数回	43	44	49	33	36	39	50	49	45	34	47	45	28	33	20	40	50
まったく行かない	47	48	41	59	59	51		37	46	63	50	52	70	56	80	28	
博物館や科学館																	
週に数回	2	2								0.9			3				
月に数回	6	5	5	7	1.0	7		11	5	1	2	7	3	6		9	
年に数回	45	42	52	41	41	40	100	46	47	37	43	45	46	50	10	41	100
まったく行かない	47	52	44	53	58	53		43	47	62	55	46	50	44	90	50	
スポーツジム（大学内の施設含む）																	
毎日		2	0.5	1.0	2			1	3	0.6	0.9		0.5				
週に数回	8	15	13	10	9	7	50	4	8	12	6	14	16	14	15	7	50
月に数回	16	8	15	11	9	15	50	8	10	16	15	14	14	17	10	12	50
年に数回	22	18	19	19	20	20		19	24	22	15	17	18	25	20	16	
まったく行かない	55	58	52	60	59	59		68	55	49	63	55	51	44	55	66	
野球やサッカー等のスポーツ観戦施設																	
毎日		2			0.5								1				
週に数回			2	1	1	3			0.9	5	2				10	2	
月に数回	4	8	14	12	7	7	50	8	7	15	10	3	10	11		5	50
年に数回	35	39	44	34	39	27	50	30	37	45	36	48	36	36	20	22	50
まったく行かない	61	52	40	52	52	64		62	55	35	52	48	52	53	70	71	
コンサートホールや劇場等の観賞施設																	
毎日			0.5	0.5				0.4					0.5				
週に数回		5	2	1	1.0	2		2	0.9	2	2		0.5		3	5	
月に数回	6	13	12	11	12	19	50	13	11	12	20	7	11	5	36	50	
年に数回	61	48	62	57	54	45	50	56	59	59	56	55	49	47	45	45	50
まったく行かない	33	34	24	29	33	33		29	29	27	22	34	43	39	45	14	
映画館																	
週に数回		3	2	0.5	2	1		0.4	4	1	0.9	3	2	3		5	
月に数回	18	21	18	22	21	22	100	23	24	15	17	10	21	33	15	29	100
年に数回	71	65	74	70	71	69		72	66	75	79	66	50	50	85	66	
まったく行かない	12	11	7	7	5	8		5	6	8	6	7	12	14		5	

	全体	性別		学年						文理			国私		
		男性	女性	1年生	2年生	3年生	4年生	5年生以上	大学院生	文系	理系	NA	国立	私立	NA
人数（名）	949	480	469	343	200	188	210	6	2	708	239	2	113	834	2

あなたは以下のものを、どれくらい読みますか。それぞれの項目について、当てはまるものを一つ選んでください。わからない場合は、「読まない」を選んでください。

	全体	男性	女性	1年生	2年生	3年生	4年生	5年生以上	大学院生	文系	理系	NA	国立	私立	NA
漫画															
読まない	15	10	19	15	12	14	16	17	50	16	10		10	15	
年に1-2冊	8	5	11	6	7	10	10	50		9	6	50	8	8	50
年に4-5冊	15	13	16	10	19	18	17		50	14	16		14	15	
月に1冊	14	14	13	14	14	14	14			13	16		15	14	
月に2冊	10	11	9	11	11	10	9			9	12		12	10	
月に3冊	7	7	7	8	10	5	5			7	7		7	7	
月に4冊	4	5	4	5	4	3				4	5		6	4	
月に5冊以上	27	33	21	30	24	24	27	33		26	28	50	27	27	50
雑誌															
読まない	11	12	10	13	12	11	8			10	14		17	11	
年に1-2冊	14	12	15	12	18	11	16	17		14	14		19	13	
年に4-5冊	18	12	25	14	18	20	22	33	100	18	19		17	18	
月に1冊	25	22	28	26	23	25	25	17		25	24	50	18	26	50
月に2冊	11	11	11	13	9	10	11			11	10	50	10	11	50
月に3冊	5	6	4	4	6	6	6			6	5		6	5	
月に4冊	5	7	2	4	6	6	3			5	4		4	5	
月に5冊以上	11	18	4	13	10	10	9	33		11	11		10	11	
小説															
読まない	12	15	10	12	13	15	10	17		10	18	50	13	12	50
年に1-2冊	20	20	21	21	22	16	23		100	19	23	50	23	20	50
年に4-5冊	20	19	21	20	18	22	21			21	18		19	20	
月に1冊	21	22	20	22	19	21	20	50		22	18		21	21	
月に2冊	9	8	10	7	11	10	9			9	9		10	9	
月に3冊	7	6	7	8	7	6	5	17		7	5		4	7	
月に4冊	2	1	3	1	2	2	3			2	0.8		0.9	2	
月に5冊以上	9	10	7	10	9	8	8	17		9	8		8	9	
新書															
読まない	27	26	28	31	26	27	22	17		24	36	50	27	27	50
年に1-2冊	29	25	33	31	27	25	31		50	28	31	50	35	28	50
年に4-5冊	18	17	19	14	21	22	18		50	20	10		14	18	
月に1冊	14	17	11	13	16	12	14	50		14	14		12	14	
月に2冊	6	6	6	4	6	6	8	17		7	3		7	6	
月に3冊	2	2	1	2	0.5	1	3			2	0.8		2	2	
月に4冊	1	1	1	0.9	2	0.5	2			1	0.8		2	1	
月に5冊以上	4	5	2	3	4	5	2	17		3	4		2	4	
実用書（趣味の本やハウツー本など）															
読まない	26	22	30	32	23	27	19			25	29	50	24	26	50
年に1-2冊	28	26	31	28	27	27	31	17	50	29	26		34	27	
年に4-5冊	19	19	19	15	20	19	23	17	50	19	20		18	19	
月に1冊	13	17	10	14	16	11	12	33		13	15	50	13	13	50
月に2冊	8	10	5	8	8	8	10	17		8	5		6	8	
月に3冊	2	2	3	2	3	2	3			3	2		4	2	
月に4冊	0.9	1	0.9		2	3	0.5			1.0	0.8		0.9	1.0	
月に5冊以上	3	3	2	2	3	3	1	17		3	3		0.9	3	
学術書（教科書は除く）															
読まない	34	31	37	42	31	32	26	17		35	31	50	23	35	50
年に1-2冊	26	27	25	25	29	26	25	33		26	28		24	26	
年に4-5冊	16	16	16	12	18	18	19		50	16	14		18	16	
月に1冊	12	13	12	13	12	9	13	33	50	11	15		22	11	
月に2冊	4	4	5	1	6	5	7			4	5		4	5	
月に3冊	3	4	3	2	2	5	5	17		3	3	50	5	3	50
月に4冊	1	2	0.9	1	2	1	1			1	0.8		2	1	
月に5冊以上	3	3	3	3	2	3	3			3	3		3	3	

あなたは以下のものを、どれくらい読みますか。それぞれの項目について、当てはまるものを一つ選んでください。わからない場合は、「読まない」を選んでください。

		大学群						専攻									
		国立A	国立B	私立A	私立B	私立C	私立D	NA	文学語学	法政治	経済経営	社会	教育	理工農	医歯薬	看護	生活	NA
人数（名）		51	62	193	209	202	230	2	226	110	175	110	29	183	36	20	58	2
漫画	読まない	16	5	19	15	13	14		16	11	17	18	14	11	8	15	17	
	年に1-2冊	4	11	8	6	9	9	50	10	8	7	8	10	4	19	5	9	50
	年に4-5冊	14	15	13	16	16	14		14	14	15	16	14	16	8	30	12	
	月に1冊	12	18	14	15	14	12		14	17	10	14	17	17	17	5	12	
	月に2冊	10	15	9	10	9	11		11	10	10	5	3	14	8		14	
	月に3冊	14	2	8	5	9	7		7	8	7	5	3	4	11	15	17	
	月に4冊	10	3	3	6	5	3		5	5	6	3		4	8		2	
	月に5冊以上	22	32	26	27	24	30	50	23	26	28	33	38	29	19	30	17	50
雑誌	読まない	14	19	11	13	6	12		12	9	10	17	14	17	5	16		
	年に1-2冊	25	13	11	13	17	12		16	17	14	8	7	15	14	10	10	
	年に4-5冊	14	19	19	19	19	18		19	11	21	20	34	17	17	30	12	
	月に1冊	12	23	27	24	29	23	50	29	25	23	22	28	22	28	35	19	50
	月に2冊	14	6	10	11	12	11	50	10	14	9	15	3	9	8	10	17	50
	月に3冊	4	8	4	4	3	9		5	5	5	6	3	6			12	
	月に4冊	6	3	4	5	7	3		2	5	7	5		5	6		5	
	月に5冊以上	12	8	15	11	7	12		7	14	14	7	11	11	10		9	
小説	読まない	10	16	7	14	17	10	50	6	5	15	17	10	13	31	40	17	50
	年に1-2冊	25	21	17	17	22	24	50	18	18	23	16	28	25	22	10	19	50
	年に4-5冊	18	21	26	20	16	18		19	23	24	17	24	20	11	5	22	
	月に1冊	24	19	21	22	19	20		24	22	19	21	21	18	19	25	19	
	月に2冊	6	13	6	7	9	11		11	7	5	11	7	8	6	15	14	
	月に3冊	8	2	9	8	6	6		8	7	7	9	3	6	6		7	
	月に4冊	2		4	2	0.5	3		4	3	1	0.9		1		3		
	月に5冊以上	8	8	10	10	10	7		11	15	6	7	7	9	6	5	5	
新書	読まない	20	34	21	27	27	31	50	23	13	29	24	24	36	36	40	34	50
	年に1-2冊	31	37	23	28	29	31	50	26	22	31	27	34	30	42	20	38	50
	年に4-5冊	22	8	23	18	18	15		23	26	15	24	10	10	11	20	14	
	月に1冊	14	10	16	13	13	15		14	18	12	15	14	16	8	15	9	
	月に2冊	6	8	7	5	7	4		8	9	7	5	14	3			3	
	月に3冊	2	2	3	2	1.0	0.9		1	3	3	3	3	0.5				
	月に4冊	4		2	2		0.4		2	4	0.6			1				
	月に5冊以上	2	2	6	3	4	3		4	5	3	2	3	4	3	5	2	
実用書（趣味の本やハウツー本など）	読まない	24	24	23	26	30	25	50	28	20	28	24	17	26	28	65	17	50
	年に1-2冊	27	39	30	28	25	27		27	24	29	32	55	25	36	5	31	
	年に4-5冊	14	21	22	20	20	15		20	25	17	19	7	21	17	10	12	
	月に1冊	18	10	17	17	12	14	50	12	11	11	9	14	15	14	10	12	50
	月に2冊	8	5	9	5	7	10		7	14	7	4	7	7		10	14	
	月に3冊	8		0.5	2	2	4		2	3	3	2		2	3		7	
	月に4冊	2			2	1.0	0.4		0.4	3	1			1			2	
	月に5冊以上		2	4	1.0	2	4		3	2	0.9			3			5	
学術書（教科書は除く）	読まない	18	27	24	40	38	39	50	29	33	42	41	28	27	50	30	33	50
	年に1-2冊	18	29	23	25	29	28		23	25	26	22	28	31	19	25	38	
	年に4-5冊	16	19	19	15	15	14		17	17	16	24	16	10	10	10	10	
	月に1冊	27	18	16	11	9	9		14	14	9	10	14	14	17	15	9	
	月に2冊	6	2	9	3	2	5		7	3	2	3	3	4	6	10	3	
	月に3冊	10	2	5	2	3	2	50	4	3	3	3			5	3	50	
	月に4冊	4		2	1	1	0.4		0.9	5	0.6	2		1				
	月に5冊以上	2	3	4	3	1	3		5	3	0.6	0.9	3	5	3			

	全体	性別		学年						文理			国私		
		男性	女性	1年生	2年生	3年生	4年生	5年生以上	大学院生	文系	理系	NA	国立	私立	NA
人数（名）	949	480	469	343	200	188	210	6	2	708	239	2	113	834	2

あなたは小学生の頃、次のような経験をしたことがありますか。それぞれの項目について、有無を教えてください。

学級委員や児童会の役員

	全体	男性	女性	1年生	2年生	3年生	4年生	5年生以上	大学院生	文系	理系	NA	国立	私立	NA
ある	55	54	56	55	54	57	54	33	100	55	55	50	56	55	50
なし	45	46	44	45	46	43	46	67		45	45	50	44	45	50

学芸会の主役

	全体	男性	女性	1年生	2年生	3年生	4年生	5年生以上	大学院生	文系	理系	NA	国立	私立	NA
ある	20	21	18	20	16	24	18	33	50	19	21	50	14	20	50
なし	80	79	82	80	85	76	82	67	50	81	79	50	86	80	50

ボーイスカウト、ガールスカウトの活動

	全体	男性	女性	1年生	2年生	3年生	4年生	5年生以上	大学院生	文系	理系	NA	国立	私立	NA
ある	9	10	8	9	7	9	10	17		9	9		7	9	
なし	91	90	92	91	93	91	90	83	100	91	91	100	93	91	100

子ども会などの集団活動

	全体	男性	女性	1年生	2年生	3年生	4年生	5年生以上	大学院生	文系	理系	NA	国立	私立	NA
ある	69	67	72	67	66	71	74	83	100	70	68	100	67	70	100
なし	31	33	28	33	34	29	26	17		30	32		33	30	

スポーツの対外試合や大会への出場（練習試合は除く）

	全体	男性	女性	1年生	2年生	3年生	4年生	5年生以上	大学院生	文系	理系	NA	国立	私立	NA
ある	53	65	42	55	50	54	52	83	100	53	55	100	51	53	100
なし	47	35	58	45	51	46	48	17		47	45		49	47	

音楽、科学などのコンクールへの出場

	全体	男性	女性	1年生	2年生	3年生	4年生	5年生以上	大学院生	文系	理系	NA	国立	私立	NA
ある	51	44	59	49	55	53	50	83	50	51	54	50	50	52	50
なし	49	56	41	51	45	47	50	17	50	49	46	50	50	48	50

地域のお祭りへの参加

	全体	男性	女性	1年生	2年生	3年生	4年生	5年生以上	大学院生	文系	理系	NA	国立	私立	NA
ある	91	89	92	90	92	90	91	100	100	91	90	100	88	91	100
なし	9	11	8	10	8	10	9			9	10		12	9	

登山やキャンプなどの自然体験

	全体	男性	女性	1年生	2年生	3年生	4年生	5年生以上	大学院生	文系	理系	NA	国立	私立	NA
ある	86	85	88	85	90	86	86	100	100	88	82	100	85	86	100
なし	14	15	12	15	11	14	14			12	18		15	14	

海外旅行

	全体	男性	女性	1年生	2年生	3年生	4年生	5年生以上	大学院生	文系	理系	NA	国立	私立	NA
ある	35	34	36	36	32	34	36	50	50	35	33	100	28	35	100
なし	65	66	64	64	68	66	64	50	50	65	67		72	65	

海外滞在経験（1か月程度以上）

	全体	男性	女性	1年生	2年生	3年生	4年生	5年生以上	大学院生	文系	理系	NA	国立	私立	NA
ある	7	7	7	7	7	4	10		50	7	7		7	7	
なし	93	93	93	93	94	96	90	100	50	93	93	100	93	93	100

習い事（ピアノ、バイオリンなどの音楽系）

	全体	男性	女性	1年生	2年生	3年生	4年生	5年生以上	大学院生	文系	理系	NA	国立	私立	NA
ある	54	34	74	54	53	52	58	33	50	56	48		50	55	
なし	46	66	26	46	47	48	42	67	50	44	52	100	50	45	100

習い事（英語などの語学系）

	全体	男性	女性	1年生	2年生	3年生	4年生	5年生以上	大学院生	文系	理系	NA	国立	私立	NA
ある	44	39	50	44	45	41	47	33	100	44	45	50	41	45	50
なし	56	61	50	56	55	59	53	67		56	55	50	59	55	50

習い事（そろばん）

	全体	男性	女性	1年生	2年生	3年生	4年生	5年生以上	大学院生	文系	理系	NA	国立	私立	NA
ある	11	9	13	10	12	12	9	17		10	13		10	11	
なし	89	91	87	90	88	88	91	83	100	90	87	100	90	89	100

習い事（習字）

	全体	男性	女性	1年生	2年生	3年生	4年生	5年生以上	大学院生	文系	理系	NA	国立	私立	NA
ある	28	20	35	28	24	28	30	50	50	29	23		26	28	
なし	72	80	65	72	76	72	70	50	50	71	77	100	74	72	100

習い事（学習塾）

	全体	男性	女性	1年生	2年生	3年生	4年生	5年生以上	大学院生	文系	理系	NA	国立	私立	NA
ある	69	70	67	70	67	70	67	67	100	68	71		66	69	
なし	31	30	33	30	34	30	33	33		32	29	100	34	31	100

習い事（野球、サッカー、ミニバスケ）

	全体	男性	女性	1年生	2年生	3年生	4年生	5年生以上	大学院生	文系	理系	NA	国立	私立	NA
ある	29	51	7	32	30	28	25	50	50	29	31		29	29	
なし	71	49	93	68	70	72	75	50	50	71	69		71	71	

習い事（上記以外のスポーツ：水泳、バレエ、ダンス、体操など）

	全体	男性	女性	1年生	2年生	3年生	4年生	5年生以上	大学院生	文系	理系	NA	国立	私立	NA
ある	70	66	74	65	71	69	78	67	50	69	73		68	70	
なし	30	34	26	35	29	31	22	33	50	31	27	100	32	30	100

	大学群							専攻									
	国立 A	国立 B	私立 A	私立 B	私立 C	私立 D	NA	文学語学	法政治	経済経営	社会	教育	理工農	医歯薬	看護	生活	NA
人数（名）	51	62	193	209	202	230	2	226	110	175	110	29	183	36	20	58	2

あなたは小学生の頃、次のような経験をしたことがありますか。それぞれの項目について、有無を教えてください。

学級委員や児童会の役員																	
ある	59	53	64	55	51	51	50	57	55	54	53	66	54	56	60	52	50
なし	41	47	36	45	49	49	50	43	45	46	47	34	46	44	40	48	50
学芸会の主役																	
ある	20	10	23	17	19	22	50	19	18	20	22	10	20	33	10	16	50
なし	80	90	77	83	81	78	50	81	82	80	78	90	80	67	90	84	50
ボーイスカウト、ガールスカウトの活動																	
ある	10	5	11	9	6	10		9	5	11	6	14	9	6	10	12	
なし	90	95	89	91	94	90	100	91	95	89	94	86	91	94	90	88	100
子ども会などの集団活動																	
ある	55	77	69	70	67	71	100	75	60	67	72	83	69	56	80	67	100
なし	45	23	31	30	33	29		25	40	33	28	17	31	44	20	33	
スポーツの対外試合や大会への出場（練習試合は除く）																	
ある	45	56	50	58	56	50	100	44	54	63	55	52	56	50	55	48	100
なし	55	44	50	42	44	50		56	46	37	45	48	44	50	45	52	
音楽、科学などのコンクールへの出場																	
ある	53	48	50	51	47	58	50	54	41	43	57	52	49	81	55	64	50
なし	47	52	50	49	53	42	50	46	59	57	43	48	51	19	45	36	50
地域のお祭りへの参加																	
ある	82	92	91	87	93	93	100	91	91	90	87	100	91	89	90	95	100
なし	18	8	9	13	7	7		9	9	10	13		9	11	10	5	
登山やキャンプなどの自然体験																	
ある	86	84	87	90	84	85	100	89	83	88	91	83	81	81	85	88	100
なし	14	16	13	10	16	15		11	17	12	9	17	19	19	15	12	
海外旅行																	
ある	37	21	45	36	34	29	100	31	43	36	38	24	28	50	50	34	100
なし	63	79	55	64	66	71		69	57	64	62	76	72	50	50	66	
海外滞在経験（1か月程度以上）																	
ある	12	3	13	4	5	7		8	10	8	6	3	6	11	5	2	
なし	88	97	87	96	95	93	100	92	90	92	94	97	94	89	95	98	100
習い事（ピアノ、バイオリンなどの音楽系）																	
ある	59	42	63	48	48	60		63	49	46	57	45	43	75	60	76	
なし	41	58	37	52	52	40	100	37	51	54	43	55	57	25	40	24	100
習い事（英語などの語学系）																	
ある	45	37	48	48	42	42	50	45	45	42	49	31	43	56	65	41	50
なし	55	63	52	52	58	58	50	55	55	58	51	69	57	44	35	59	50
習い事（そろばん）																	
ある	8	11	9	8	14	12		8	5	13	15	7	11	17	15	14	
なし	92	89	91	92	86	88	100	92	95	87	85	93	89	83	85	86	100
習い事（習字）																	
ある	29	23	28	29	26	29		31	27	29	32	17	21	44	15	28	
なし	71	77	72	71	74	71	100	69	73	71	68	83	79	56	85	72	100
習い事（学習塾）																	
ある	75	60	75	69	68	66		63	75	73	69	48	69	78	80	69	
なし	25	40	25	31	32	34	100	37	25	27	31	52	31	22	20	31	100
習い事（野球、サッカー、ミニバスケ）																	
ある	31	27	30	35	26	26	100	17	29	47	29	31	36	19	20	10	100
なし	69	73	70	65	74	74		83	71	53	71	69	64	81	80	90	
習い事（上記以外のスポーツ：水泳、バレエ、ダンス、体操など）																	
ある	76	61	70	72	72	67		72	71	66	71	59	72	72	80	64	
なし	24	39	30	28	28	33	100	28	29	34	29	41	28	28	20	36	100

	全体	性別		学年						文理			国私		
		男性	女性	1年生	2年生	3年生	4年生	5年生以上	大学院生	文系	理系	NA	国立	私立	NA
人数（名）	949	480	469	343	200	188	210	6	2	708	239	2	113	834	2

あなたは中学生や高校生の頃、次のような経験をしたことがありますか。それぞれの項目について、有無を教えてください。

	全体	男性	女性	1年生	2年生	3年生	4年生	5年生以上	大学院生	文系	理系	NA	国立	私立	NA
学級委員や生徒会の役員															
ある	50	53	48	51	48	53	49	50	50	49	53	100	54	50	100
なし	50	47	52	49	53	47	51	50	50	51	47		46	50	
部活動															
ある	98	99	97	98	98	98	97	100	100	98	98	100	95	98	100
なし	2	1	3	2	2	2	3			2	2		5	2	
部活動の部長、副部長															
ある	41	41	41	43	42	39	39	33	50	39	46	50	43	41	50
なし	59	59	59	57	59	61	61	67	50	61	54	50	57	59	50
部活動のマネージャー															
ある	4	2	5	4	3	5	3			4	3		4	4	
なし	96	98	95	96	98	95	97	100	100	96	97	100	96	96	100
地域のお祭りへの参加															
ある	69	67	72	68	72	72	67	100	100	71	64	100	61	71	
なし	31	33	28	32	28	28	33			29	36		39	29	
アルバイト															
ある	29	28	29	28	28	28	32	33		32	20		16	30	
なし	71	72	71	72	73	72	68	67	100	68	80	100	84	70	100
ボランティア活動（授業での活動も含む）															
ある	70	65	75	69	70	74	69	50	50	70	70	100	65	71	
なし	30	35	25	31	30	26	31	50	50	30	30		35	29	
文化祭や学園祭の企画・運営															
ある	49	48	49	49	46	48	51	67	50	49	49	50	47	49	50
なし	51	52	51	51	54	52	49	33	50	51	51	50	53	51	50
スポーツの対外試合や大会への出場（練習試合は除く）															
ある	60	77	42	60	58	59	61	67	50	58	64	100	56	60	100
なし	40	23	58	40	42	41	39	33	50	42	36		44	40	
音楽、科学などのコンクールへの出場															
ある	42	32	52	40	45	41	43	33	50	41	43	50	36	42	50
なし	58	68	48	60	56	59	57	67	50	59	57	50	64	58	50
登山やキャンプなどの自然体験															
ある	68	64	72	65	67	75	67	83	50	70	63	100	65	68	100
なし	32	36	28	35	33	25	33	17	50	30	37		35	32	
寮生活															
ある	4	4	5	4	5	5	4			4	5	50	4	4	50
なし	96	96	95	96	95	95	96	100	100	96	95	50	96	96	50
海外旅行															
ある	42	37	48	44	42	39	42	33	100	42	43	100	41	42	100
なし	58	63	52	56	58	61	58	67		58	57		59	58	
海外滞在経験（1か月程度以上）															
ある	5	4	7	4	5	4	8	17		6	2		2	6	
なし	95	96	93	96	96	96	92	83	100	94	98	100	98	94	100

あなたは中学生や高校生の頃、次のような経験をしたことがありますか。それぞれの項目について、有無を教えてください。

		大学群						専攻									
		国立A	国立B	私立A	私立B	私立C	私立D	NA	文学語学	法政治	経済経営	社会	教育	理工農	医歯薬	看護	生活	NA
人数（名）		51	62	193	209	202	230	2	226	110	175	110	29	183	36	20	58	2
学級委員や生徒会の役員	ある	55	53	52	45	49	53	100	51	47	47	45	76	50	61	60	47	100
	なし	45	47	48	55	51	47		49	53	53	55	24	50	39	40	53	
部活動	ある	96	94	98	98	97	100	100	97	97	99	99	97	99	100	90	95	100
	なし	4	6	2	2	3	0.4		3	3	1	0.9	3	1		10	5	
部活動の部長、副部長	ある	35	50	37	40	43	42	50	41	35	35	41	62	45	42	45	43	50
	なし	65	50	63	60	57	58	50	59	65	65	59	38	55	58	55	57	50
部活動のマネージャー	ある	6	2	3	5	4	3		4	3	4	5	10	2	3	5	3	
	なし	94	98	97	95	96	97	100	96	97	96	95	90	98	97	95	97	100
地域のお祭りへの参加	ある	51	69	62	71	75	73	100	74	65	68	68	90	63	67	65	76	100
	なし	49	31	38	29	25	27		26	35	31	32	10	37	33	35	24	
アルバイト	ある	8	23	21	26	31	42		32	24	38	32	17	17	31	30	31	
	なし	92	77	79	74	69	58	100	68	76	62	68	83	83	69	70	69	100
ボランティア活動（授業での活動も含む）	ある	55	73	68	68	70	75	100	73	64	66	72	79	69	69	75	72	100
	なし	45	27	32	32	30	25		27	36	34	28	21	31	31	25	28	
文化祭や学園祭の企画・運営	ある	41	52	51	50	46	49	50	49	45	48	49	62	48	56	50	50	50
	なし	59	48	49	50	54	51	50	51	55	52	51	38	52	44	50	50	50
スポーツの対外試合や大会への出場（練習試合は除く）	ある	53	58	62	64	60	55	100	50	63	69	53	76	66	56	65	47	100
	なし	47	42	38	36	40	45		50	37	31	47	24	34	44	35	53	
音楽、科学などのコンクールへの出場	ある	39	34	40	40	44	46	50	44	31	33	45	45	38	69	40	66	50
	なし	61	66	60	60	56	54	50	56	69	67	55	55	62	31	60	34	50
登山やキャンプなどの自然体験	ある	73	58	67	73	66	67	100	72	63	67	72	52	63	64	75	79	100
	なし	27	42	33	27	34	33		28	37	33	28	48	37	36	25	21	
寮生活	ある	4	5	7	3	3	3	50	4	4	2	9	3	4	6		3	50
	なし	96	95	93	97	97	97	50	96	96	98	91	97	96	94	100	97	50
海外旅行	ある	43	39	48	42	39	42	100	46	39	40	36	21	42	56	50	52	100
	なし	57	61	52	58	61	58		54	61	60	64	79	58	44	50	48	
海外滞在経験（1か月程度以上）	ある	4		13	3	3	5		8	5	8	6	3	1	6	5	2	
	なし	96	100	87	97	97	95	100	92	95	92	94	97	99	94	95	98	100

	全体	性別		学年						文理			国私		
		男性	女性	1年生	2年生	3年生	4年生	5年生以上	大学院生	文系	理系	NA	国立	私立	NA
人数（名）	949	480	469	343	200	188	210	6	2	708	239	2	113	834	2

あなたは、大学生になってから、次のような経験をしたことがありますか。それぞれの項目について、有無を教えてください。

	全体	男性	女性	1年生	2年生	3年生	4年生	5年生以上	大学院生	文系	理系	NA	国立	私立	NA
部活動・サークルの活動															
ある	90	91	88	92	90	88	90	83	50	90	91	50	91	90	50
なし	10	9	12	8	11	12	10	17	50	10	9	50	9	10	50
部活動・サークルの部長、副部長															
ある	15	16	13	1	10	24	31	33	50	15	13		14	15	
なし	85	84	87	99	90	76	69	67	50	85	87	100	86	85	100
部活動のマネージャー															
ある	4	1	7	2	4	5	7	17		4	5		2	5	
なし	96	99	93	98	97	95	93	83	100	96	95	100	98	95	100
地域のお祭りへの参加															
ある	38	36	40	34	37	42	42	33		39	32	100	27	39	100
なし	62	64	60	66	64	58	58	67	100	61	68		73	61	
アルバイト															
ある	93	92	95	87	95	97	99	100	100	95	90	100	91	94	100
なし	7	8	5	13	5	3	1.0			5	10		9	6	
ボランティア活動（授業での活動も含む）															
ある	35	33	37	21	33	41	51	50	50	36	30	100	27	36	100
なし	65	68	63	79	67	59	49	50	50	64	70		73	64	
インターンシップ															
ある	16	15	18	3	6	20	44	33	100	19	8		15	17	
なし	84	85	82	97	94	80	56	67		81	92	100	85	83	100
文化祭や学園祭の企画・運営															
ある	21	19	23	14	27	23	25			21	20	50	25	20	50
なし	79	81	77	86	74	77	75	100	100	79	80	50	75	80	50
スポーツの対外試合や大会への出場（練習試合は除く）															
ある	19	24	14	13	16	21	29	33		18	22	100	23	18	100
なし	81	76	86	87	84	79	71	67	100	82	78		77	82	
音楽、科学などのコンクールへの出場															
ある	8	8	8	5	8	9	10	17		9	5		5	8	
なし	92	92	92	95	92	91	90	83	100	91	95	100	95	92	100
登山やキャンプなどの自然体験															
ある	36	37	34	22	35	47	49	50	50	36	36	50	29	37	50
なし	64	63	66	78	66	53	51	50	50	64	64	50	71	63	50

あなたは、大学生になってから、次のような経験をしたことがありますか。それぞれの項目について、有無を教えてください。

		大学群							専攻									
		国立A	国立B	私立A	私立B	私立C	私立D	NA	文学語学	法政治	経済経営	社会	教育	理工農	医歯薬	看護	生活	NA
人数（名）		51	62	193	209	202	230	2	226	110	175	110	29	183	36	20	58	2
部活動・サークルの活動	ある	94	89	94	95	91	81	50	91	93	91	96	90	89	97	85	66	50
	なし	6	11	6	5	9	19	50	9	7	9	4	10	11	3	15	34	50
部活動・サークルの部長、副部長	ある	14	15	21	11	13	14		15	10	16	18	10	13	25	10	12	
	なし	86	85	79	89	87	86	100	85	90	84	82	90	87	75	90	88	100
部活動のマネージャー	ある	4		6	4	5	3		4	5	5	5	3	3	17		3	
	なし	96	100	94	96	95	97	100	96	95	95	95	97	97	83	100	97	100
地域のお祭りへの参加	ある	16	37	37	37	41	40	100	42	32	39	38	38	31	42	25	45	100
	なし	84	63	63	63	59	60		58	68	61	62	62	69	58	75	55	
アルバイト	ある	92	90	95	94	94	93	100	96	95	95	93	97	88	94	95	95	100
	なし	8	10	5	6	6	7		4	5	5	7	3	12	6	5	5	
ボランティア活動（授業での活動も含む）	ある	10	40	35	31	36	40	100	39	25	31	45	55	29	36	45	28	100
	なし	90	60	65	69	64	60		61	75	69	55	45	71	64	55	72	
インターンシップ	ある	16	15	27	18	13	9		16	24	25	19	10	9	6	15	7	
	なし	84	85	73	82	87	91	100	84	76	75	81	90	91	94	85	93	100
文化祭や学園祭の企画・運営	ある	22	27	17	17	24	22	50	18	16	19	31	34	19	22	15	26	50
	なし	78	73	83	83	76	78	50	82	84	81	69	66	81	78	85	74	50
スポーツの対外試合や大会への出場（練習試合は除く）	ある	25	21	24	22	16	12	100	12	24	26	11	17	21	36	10	16	100
	なし	75	79	76	78	84	88		88	76	74	89	83	79	64	90	84	
音楽、科学などのコンクールへの出場	ある	4	6	8	8	10	7		9	11	7	7		5	6	5	14	
	なし	96	94	92	92	90	93	100	91	89	93	93	100	95	94	95	86	100
登山やキャンプなどの自然体験	ある	25	32	44	37	35	31	50	36	31	34	40	24	37	36	35	43	50
	なし	75	68	56	63	65	69	50	64	69	66	60	76	63	64	65	57	50

あなたは、大学生になってから、次のような経験をしたことがありますか。それぞれの項目について、有無を教えてください。

	全体	性別		学年						文理			国私		
		男性	女性	1年生	2年生	3年生	4年生	5年生以上	大学院生	文系	理系	NA	国立	私立	NA
人数（名）	949	480	469	343	200	188	210	6	2	708	239	2	113	834	2
寮生活															
ある	10	10	10	8	7	14	13			10	9	100	19	9	100
なし	90	90	90	92	94	86	87	100	100	90	91		81	91	
海外旅行															
ある	27	20	34	6	24	37	55	67	50	30	17	50	22	27	50
なし	73	80	66	94	77	63	45	33	50	70	83	50	78	73	50
短期（3か月未満）の海外滞在（旅行を除く）															
ある	10	10	10	0.3	8	11	27	33	50	12	4		5	11	
なし	90	90	90	100	93	89	73	67	50	88	96	100	95	89	100
長期（3か月以上）の海外滞在															
ある	3	2	4	0.6	0.5	5	7		50	4	0.4	50	2	3	50
なし	97	98	96	99	100	95	93	100	50	96	100	50	98	97	50
ひとり暮らし															
ある	25	28	22	22	21	32	27	33	50	24	27	50	44	23	50
なし	75	72	78	78	79	68	73	67	50	76	73	50	56	77	50
ひとり旅															
ある	29	34	24	18	26	37	43	33	50	31	23	50	25	30	50
なし	71	66	76	82	74	63	57	67	50	69	77	50	75	70	50
ゼミやグループの集まりなどの幹事															
ある	32	31	33	12	29	43	60	50	50	36	23		24	34	
なし	68	69	67	88	72	57	40	50	50	64	77	100	76	66	100
食事会・飲み会の幹事															
ある	47	45	48	20	44	60	80	83	100	49	39		46	47	
なし	53	55	52	80	56	40	20	17		51	61	100	54	53	100

	大学群							専攻									
	国立A	国立B	私立A	私立B	私立C	私立D	NA	文学語学	法政治	経済経営	社会	教育	理工農	医歯薬	看護	生活	NA
人数（名）	51	62	193	209	202	230	2	226	110	175	110	29	183	36	20	58	2

あなたは、大学生になってから、次のような経験をしたことがありますか。それぞれの項目について、有無を教えてください。

	国立A	国立B	私立A	私立B	私立C	私立D	NA	文学語学	法政治	経済経営	社会	教育	理工農	医歯薬	看護	生活	NA
寮生活																	
ある	18	19	12	7	6	10	100	11	6	8	13	24	7	17	20	7	100
なし	82	81	88	93	94	90		89	94	92	87	76	93	83	80	93	
海外旅行																	
ある	33	13	40	28	19	23	50	29	34	32	38	7	18	17	10	17	50
なし	67	87	60	72	81	77	50	71	66	68	62	93	82	83	90	83	50
短期（3か月未満）の海外滞在（旅行を除く）																	
ある	8	3	20	10	9	6		12	20	12	14	3	4	3	5	3	
なし	92	97	80	90	91	94	100	88	80	88	86	97	96	97	95	97	100
長期（3か月以上）の海外滞在																	
ある	2	2	5	2	2	3	50	5	4	2	5		0.5			2	50
なし	98	98	95	98	98	97	50	95	96	98	95	100	99	100	100	98	50
ひとり暮らし																	
ある	37	50	24	22	21	22	50	21	21	26	31	41	25	28	55	16	50
なし	63	50	76	78	79	78	50	79	79	74	69	59	75	72	45	84	50
ひとり旅																	
ある	22	27	35	33	21	30	50	29	35	34	35	24	24	25	10	19	50
なし	78	73	65	67	79	70	50	71	65	66	65	76	76	75	90	81	50
ゼミやグループの集まりなどの幹事																	
ある	20	27	41	36	32	27		31	38	42	43	28	20	42	20	22	
なし	80	73	59	64	68	73	100	69	62	58	57	72	80	58	80	78	100
食事会・飲み会の幹事																	
ある	47	45	56	48	44	40		46	55	54	53	34	36	64	30	36	
なし	53	55	44	52	56	60	100	54	45	46	47	66	64	36	70	64	100

	全体	性別		学年						文理			国私		
		男性	女性	1年生	2年生	3年生	4年生	5年生以上	大学院生	文系	理系	NA	国立	私立	NA
人数（名）	949	480	469	343	200	188	210	6	2	708	239	2	113	834	2

あなたは、これまでに以下の項目について授業や講義で学習したことはありますか。それぞれの項目について、当てはまるものを一つ選んでください。明確に学習した記憶がない場合は、「学習したことはない」を選んでください。

文章の要約の方法															
大学入学以前に学習したが、大学では学習していない	53	52	54	61	50	50	45	33	50	51	57		67	51	
大学入学以前に学習し、大学でも学習した	29	26	32	23	32	32	33	17	50	32	20	100	16	30	100
大学入学以前はないが、大学に入学して初めて学習した	6	7	5	5	7	6	7	17		7	4		3	6	
学習したことはない	13	15	10	12	12	11	15	33		11	19		14	12	

わかりやすい文章の書き方															
大学入学以前に学習したが、大学では学習していない	37	37	38	43	39	32	32	17	50	36	42		42	37	
大学入学以前に学習し、大学でも学習した	29	28	29	23	31	37	30	33		32	18	100	19	30	100
大学入学以前はないが、大学に入学して初めて学習した	11	11	11	8	9	11	16	17	50	11	10		7	11	
学習したことはない	23	24	22	26	22	20	22	33		21	29		33	22	

文献・資料の集め方															
大学入学以前に学習したが、大学では学習していない	12	12	12	16	13	5	9		50	10	17		16	11	
大学入学以前に学習し、大学でも学習した	30	28	31	31	31	35	23			31	24	100	24	30	100
大学入学以前はないが、大学に入学して初めて学習した	41	41	41	33	38	47	52	83	50	45	30		35	42	
学習したことはない	17	19	16	20	19	13	17	17		14	29		25	16	

レポートの書き方															
大学入学以前に学習したが、大学では学習していない	8	7	8	11	9	3	5			7	8		4	8	
大学入学以前に学習し、大学でも学習した	27	27	26	28	22	31	26	17	50	26	29	50	23	27	50
大学入学以前はないが、大学に入学して初めて学習した	53	54	51	44	57	61	56	50	50	55	46	50	49	53	50
学習したことはない	13	12	14	17	13	6	13	33		12	16		24	12	

わかりやすいプレゼンテーション資料の作り方															
大学入学以前に学習したが、大学では学習していない	11	9	12	15	11	6	8			10	14		7	11	
大学入学以前に学習し、大学でも学習した	23	22	23	27	21	22	19			21	26	100	25	22	100
大学入学以前はないが、大学に入学して初めて学習した	37	40	34	28	38	44	42	67	100	40	28		29	38	
学習したことはない	30	29	30	30	31	28	31	33		29	33		39	29	

		大学群							専攻								
		国立A	国立B	私立A	私立B	私立C	私立D	NA	文学語学	法政治	経済経営	社会	教育	理工農	医歯薬	看護	生活	NA
	人数（名）	51	62	193	209	202	230	2	226	110	175	110	29	183	36	20	58	2

あなたは、これまでに以下の項目について授業や講義で学習したことはありますか。それぞれの項目について、当てはまるものを一つ選んでください。明確に学習した記憶がない場合は、「学習したことはない」を選んでください。

		国立A	国立B	私立A	私立B	私立C	私立D	NA	文学語学	法政治	経済経営	社会	教育	理工農	医歯薬	看護	生活	NA
文章の要約の方法																		
	大学入学以前に学習したが、大学では学習していない	73	63	55	48	54	46		47	58	50	46	55	54	75	75	57	
	大学入学以前に学習し、大学でも学習した	16	16	30	29	28	34	100	36	25	31	39	17	22	8	20	24	100
	大学入学以前はないが、大学に入学して初めて学習した	2	3	4	7	6	9		8	7	9	4	10	4	3		2	
	学習したことはない	10	18	10	16	12	11		9	10	10	11	17	20	14	5	17	
わかりやすい文章の書き方																		
	大学入学以前に学習したが、大学では学習していない	33	48	37	34	40	37		33	41	33	34	38	42	50	50	45	
	大学入学以前に学習し、大学でも学習した	24	15	34	30	25	31	100	33	27	35	39	14	21	11	20	22	100
	大学入学以前はないが、大学に入学して初めて学習した	6	8	12	9	13	12		13	10	13	8	17	11	6	5	2	
	学習したことはない	37	29	17	27	22	20		21	22	19	19	31	27	33	25	31	
文献・資料の集め方																		
	大学入学以前に学習したが、大学では学習していない	14	18	9	13	11	11		6	10	12	6	17	16	25	15	17	
	大学入学以前に学習し、大学でも学習した	22	26	36	26	28	31	100	30	34	30	34	28	23	22	45	33	100
	大学入学以前はないが、大学に入学して初めて学習した	41	31	40	39	44	45		56	33	43	48	38	31	25	25	31	
	学習したことはない	24	26	15	22	16	13		8	24	15	12	17	28	28	15	19	
レポートの書き方																		
	大学入学以前に学習したが、大学では学習していない	4	5	10	10	5	7		5	10	9	5	3	7	17		16	
	大学入学以前に学習し、大学でも学習した	27	19	34	24	24	27	50	24	28	28	23	14	29	36	35	28	50
	大学入学以前はないが、大学に入学して初めて学習した	41	55	49	49	56	57	50	63	45	51	60	66	49	31	50	36	50
	学習したことはない	27	21	7	17	14	10		8	16	13	12	17	15	17	15	21	
わかりやすいプレゼンテーション資料の作り方																		
	大学入学以前に学習したが、大学では学習していない	6	8	15	8	12	10		8	11	8	8	3	13	22	15	24	
	大学入学以前に学習し、大学でも学習した	22	27	23	18	20	27	100	23	23	22	18	24	23	36	35	14	100
	大学入学以前はないが、大学に入学して初めて学習した	29	29	32	39	40	40		38	33	44	50	28	31	14	25	34	
	学習したことはない	43	35	30	35	28	23		31	34	26	24	45	33	28	25	28	

	全体	性別		学年						文理			国私		
		男性	女性	1年生	2年生	3年生	4年生	5年生以上	大学院生	文系	理系	NA	国立	私立	NA
人数（名）	949	480	469	343	200	188	210	6	2	708	239	2	113	834	2

あなたは、これまでに以下の項目について授業や講義で学習したことはありますか。それぞれの項目について、当てはまるものを一つ選んでください。明確に学習した記憶がない場合は、「学習したことはない」を選んでください。

ディベートで説得力のある主張をする方法

	全体	男性	女性	1年	2年	3年	4年	5年以上	大学院	文系	理系	NA	国立	私立	NA
大学入学以前に学習したが、大学では学習していない	19	15	23	25	20	15	13	17		19	19		24	19	
大学入学以前に学習し、大学でも学習した	14	16	12	15	12	16	12	17	100	14	14	100	16	14	100
大学入学以前はないが、大学に入学して初めて学習した	23	26	20	17	22	30	29	17		26	17		17	24	
学習したことはない	43	43	44	42	48	39	47	50		41	50		43	44	

スピーチの仕方

	全体	男性	女性	1年	2年	3年	4年	5年以上	大学院	文系	理系	NA	国立	私立	NA
大学入学以前に学習したが、大学では学習していない	25	20	29	30	23	21	21			24	27		24	25	
大学入学以前に学習し、大学でも学習した	19	20	17	19	23	20	13		100	19	16	100	15	19	100
大学入学以前はないが、大学に入学して初めて学習した	19	22	16	16	15	23	25	33		20	15		16	19	
学習したことはない	38	38	38	35	40	36	41	67		37	41		45	37	

プレゼンテーションの仕方

	全体	男性	女性	1年	2年	3年	4年	5年以上	大学院	文系	理系	NA	国立	私立	NA
大学入学以前に学習したが、大学では学習していない	15	13	17	19	16	10	10			14	16		15	15	
大学入学以前に学習し、大学でも学習した	20	20	20	23	20	18	16		50	20	19	100	19	20	100
大学入学以前はないが、大学に入学して初めて学習した	35	39	32	25	37	46	40	33	50	37	31		28	36	
学習したことはない	31	29	32	32	28	27	33	67		29	34		37	30	

プログラミング

	全体	男性	女性	1年	2年	3年	4年	5年以上	大学院	文系	理系	NA	国立	私立	NA
大学入学以前に学習したが、大学では学習していない	12	14	11	18	10	10	7	50		12	11		11	12	
大学入学以前に学習し、大学でも学習した	7	9	6	10	8	4	5			6	10		14	6	
大学入学以前はないが、大学に入学して初めて学習した	19	25	13	11	26	22	23	17	100	13	39	100	30	18	100
学習したことはない	61	52	70	60	57	64	65	33		68	40		45	63	

コンピュータを使ったグラフの作成方法

	全体	男性	女性	1年	2年	3年	4年	5年以上	大学院	文系	理系	NA	国立	私立	NA
大学入学以前に学習したが、大学では学習していない	23	22	24	27	21	20	21	17		26	15		18	24	
大学入学以前に学習し、大学でも学習した	44	42	46	45	46	45	40	33	50	42	52	100	49	44	100
大学入学以前はないが、大学に入学して初めて学習した	21	23	19	13	24	23	29	33	50	19	27		23	21	
学習したことはない	12	13	11	15	10	12	10	17		14	6		11	12	

	大学群							専攻									
	国立A	国立B	私立A	私立B	私立C	私立D	NA	文学語学	法政治	経済経営	社会	教育	理工農	医歯薬	看護	生活	NA
人数（名）	51	62	193	209	202	230	2	226	110	175	110	29	183	36	20	58	2

あなたは、これまでに以下の項目について授業や講義で学習したことはありますか。それぞれの項目について、当てはまるものを一つ選んでください。明確に学習した記憶がない場合は、「学習したことはない」を選んでください。

	国立A	国立B	私立A	私立B	私立C	私立D	NA	文学語学	法政治	経済経営	社会	教育	理工農	医歯薬	看護	生活	NA
ディベートで説得力のある主張をする方法																	
大学入学以前に学習したが、大学では学習していない	27	21	19	16	20	19		24	18	14	14	17	20	31	5	26	
大学入学以前に学習し、大学でも学習した	12	19	17	15	10	12	100	12	14	18	14	17	14	8	35	9	100
大学入学以前はないが、大学に入学して初めて学習した	22	13	23	22	21	30		23	25	27	33	21	19		15	16	
学習したことはない	39	47	40	47	49	39		42	43	41	40	45	49	42	45	50	
スピーチの仕方																	
大学入学以前に学習したが、大学では学習していない	20	27	27	18	25	28		23	34	15	21	28	27	39	15	36	
大学入学以前に学習し、大学でも学習した	18	13	21	19	15	20	100	17	19	22	22	17	17	11	20	14	100
大学入学以前はないが、大学に入学して初めて学習した	16	16	17	21	19	21		21	13	25	22	21	15	17	20	14	
学習したことはない	47	44	34	43	41	31		40	35	37	35	34	41	33	45	36	
プレゼンテーションの仕方																	
大学入学以前に学習したが、大学では学習していない	14	16	18	11	14	15		12	20	10	12	14	16	28	5	26	
大学入学以前に学習し、大学でも学習した	20	19	23	17	18	20	100	21	20	21	21	19	21	9	20	12	100
大学入学以前はないが、大学に入学して初めて学習した	29	27	33	36	38	37		37	28	41	43	28	32	31	35	29	
学習したことはない	37	37	25	36	30	27		31	32	28	25	38	33	31	40	33	
プログラミング																	
大学入学以前に学習したが、大学では学習していない	14	8	14	11	9	15		11	15	11	11	10	11	22		21	
大学入学以前に学習し、大学でも学習した	18	11	6	6	6	7		4	6	7	12	14	10	8	10		
大学入学以前はないが、大学に入学して初めて学習した	25	34	13	19	19	20	100	10	5	19	17	28	46	8	10	9	100
学習したことはない	43	47	67	65	66	57		76	73	63	60	48	33	61	80	71	
コンピュータを使ったグラフの作成方法																	
大学入学以前に学習したが、大学では学習していない	22	15	36	22	18	19		24	42	21	19	14	17	6	10	34	
大学入学以前に学習し、大学でも学習した	49	48	32	44	48	50	100	44	27	46	42	41	52	69	40	41	100
大学入学以前はないが、大学に入学して初めて学習した	20	26	16	18	24	25		16	13	23	25	34	26	17	45	14	
学習したことはない	10	11	17	15	10	7		16	18	11	14	10	5	8	5	10	

	全体	性別		学年						文理			国私		
		男性	女性	1年生	2年生	3年生	4年生	5年生以上	大学院生	文系	理系	NA	国立	私立	NA
人数（名）	949	480	469	343	200	188	210	6	2	708	239	2	113	834	2

あなたは、これまでに次のようなことをしたことがありますか。それぞれの項目について、当てはまるものを一つ選んでください。

原稿用紙10枚程度のレポートの作成

	全体	男性	女性	1年生	2年生	3年生	4年生	5年生以上	大学院生	文系	理系	NA	国立	私立	NA
大学入学以前にはあるが、入学後はない	9	9	10	15	12	4	4			10	8	50	9	9	50
大学入学前にあり、入学後もある	14	15	13	12	13	14	19	33	50	13	17		12	15	
大学入学以前にはないが、入学後に初めてした	40	41	39	24	38	55	55	33	50	40	40	50	47	39	50
したことがない	36	35	38	50	38	27	22	33		37	35		32	37	

実験レポート・観察レポートの作成

	全体	男性	女性	1年生	2年生	3年生	4年生	5年生以上	大学院生	文系	理系	NA	国立	私立	NA
大学入学以前にはあるが、入学後はない	43	37	49	48	38	41	42	17		54	13		35	44	
大学入学前にあり、入学後もある	28	29	26	26	25	28	31	50	50	19	52	50	31	27	50
大学入学以前にはないが、入学後に初めてした	14	18	9	9	18	17	14		50	8	31		20	13	
したことがない	16	15	16	16	20	14	12	33		19	5	50	13	16	50

パワーポイントなど、プレゼンテーションソフトを使っての発表

	全体	男性	女性	1年生	2年生	3年生	4年生	5年生以上	大学院生	文系	理系	NA	国立	私立	NA
大学入学以前にはあるが、入学後はない	19	16	23	32	19	12	7		50	20	18		18	20	
大学入学前にあり、入学後もある	38	38	38	34	41	40	39	50	50	35	45	100	42	37	100
大学入学以前にはないが、入学後に初めてした	31	34	28	20	28	40	48	17		33	26		31	32	
したことがない	11	12	11	14	13	9	7	33		11	10		10	11	

ディベート大会への出場（学内含む）

	全体	男性	女性	1年生	2年生	3年生	4年生	5年生以上	大学院生	文系	理系	NA	国立	私立	NA
大学入学以前にはあるが、入学後はない	7	6	7	7	5	9	4	33	50	6	7		8	6	
大学入学前にあり、入学後もある	2	2	2	0.9	3	3	1			1.0	4		3	2	
大学入学以前にはないが、入学後に初めてした	4	6	2	0.9	7	6	5	17		5	3		3	4	
したことがない	88	87	88	91	86	82	90	50	50	88	87	100	87	88	100

スピーチ大会への出場（学内含む）

	全体	男性	女性	1年生	2年生	3年生	4年生	5年生以上	大学院生	文系	理系	NA	国立	私立	NA
大学入学以前にはあるが、入学後はない	15	10	20	14	14	19	14	17		15	16		18	15	
大学入学前にあり、入学後もある	2	2	1	1	3	1	2			1	2		5	1	
大学入学以前にはないが、入学後に初めてした	2	3	1	0.9	3	4	2			2	2			2	
したことがない	81	86	77	84	82	77	82	83	50	82	80	100	77	82	100

小論文コンクールへの応募

	全体	男性	女性	1年生	2年生	3年生	4年生	5年生以上	大学院生	文系	理系	NA	国立	私立	NA
大学入学以前にはあるが、入学後はない	22	17	28	20	25	26	20	33	50	22	23		17	23	
大学入学前にあり、入学後もある	0.8	1	0.6	0.9	1	0.5	1.0			0.7	1			1.0	
大学入学以前にはないが、入学後に初めてした	2	2	1	0.3	2	3	2	17		2	0.8		0.9	2	
したことがない	75	80	70	79	73	71	76	50	50	75	74	100	82	74	100

	大学群							専攻									
	国立A	国立B	私立A	私立B	私立C	私立D	NA	文学語学	法政治	経済経営	社会	教育	理工農	医歯薬	看護	生活	NA
人数（名）	51	62	193	209	202	230	2	226	110	175	110	29	183	36	20	58	2

あなたは、これまでに次のようなことをしたことがありますか。それぞれの項目について、当てはまるものを一つ選んでください。

原稿用紙10枚程度のレポートの作成

	国立A	国立B	私立A	私立B	私立C	私立D	NA	文学語学	法政治	経済経営	社会	教育	理工農	医歯薬	看護	生活	NA
大学入学以前にはあるが、入学後はない	12	6	8	8	11	10	50	8	12	11	5	3	10	3	5	19	50
大学入学前にあり、入学後もある	22	5	28	12	9	10		12	19	15	12	7	17	17	10	10	
大学入学以前にはないが、入学後に初めてした	37	55	38	38	43	37	50	43	38	35	46	62	41	33	40	22	50
したことがない	29	34	26	42	37	43		37	31	38	37	28	32	47	45	48	

実験レポート・観察レポートの作成

	国立A	国立B	私立A	私立B	私立C	私立D	NA	文学語学	法政治	経済経営	社会	教育	理工農	医歯薬	看護	生活	NA
大学入学以前にはあるが、入学後はない	39	32	47	41	47	42		52	62	54	53	38	13	11	15	48	
大学入学前にあり、入学後もある	27	34	32	24	24	28	50	19	15	22	18	14	52	58	55	22	50
大学入学以前にはないが、入学後に初めてした	18	23	13	13	12	14		12	3	4	9	31	30	31	20	10	
したことがない	16	11	8	22	17	16	50	17	21	20	20	17	5		10	19	50

パワーポイントなど、プレゼンテーションソフトを使っての発表

	国立A	国立B	私立A	私立B	私立C	私立D	NA	文学語学	法政治	経済経営	社会	教育	理工農	医歯薬	看護	生活	NA
大学入学以前にはあるが、入学後はない	25	11	15	17	23	23		18	26	14	14	24	16	19	35	43	
大学入学前にあり、入学後もある	39	44	45	34	33	37	100	38	31	38	35	31	46	50	25	29	100
大学入学以前にはないが、入学後に初めてした	25	35	32	34	30	30		31	31	37	38	41	26	28	30	17	
したことがない	10	10	8	14	14	9		13	12	11	13	3	11	3	10	10	

ディベート大会への出場（学内含む）

	国立A	国立B	私立A	私立B	私立C	私立D	NA	文学語学	法政治	経済経営	社会	教育	理工農	医歯薬	看護	生活	NA
大学入学以前にはあるが、入学後はない	8	8	9	6	5	6		8	6	5	5	7	7	11	5	9	
大学入学前にあり、入学後もある	2	3	3	1	1	0.9		0.9	3	1			3	6	5		
大学入学以前にはないが、入学後に初めてした	4	2	4	4	4	5		2	5	9			2	3	5	2	
したことがない	86	87	85	89	89	88	100	89	85	86	90	93	87	81	85	90	100

スピーチ大会への出場（学内含む）

	国立A	国立B	私立A	私立B	私立C	私立D	NA	文学語学	法政治	経済経営	社会	教育	理工農	医歯薬	看護	生活	NA
大学入学以前にはあるが、入学後はない	16	19	22	11	13	13		19	16	10	11	17	14	25	10	19	
大学入学前にあり、入学後もある	4	6	0.5	2	0.5	1		2	0.9	2			2	3			
大学入学以前にはないが、入学後に初めてした			1	2	2	4		3	0.9	2	3		2		5	2	
したことがない	80	74	77	84	84	82	100	77	82	86	85	83	81	72	85	79	100

小論文コンクールへの応募

	国立A	国立B	私立A	私立B	私立C	私立D	NA	文学語学	法政治	経済経営	社会	教育	理工農	医歯薬	看護	生活	NA
大学入学以前にはあるが、入学後はない	12	21	26	20	23	23		20	25	17	24	21	20	31	40	34	
大学入学前にあり、入学後もある			2	2						2	2		1		5		
大学入学以前にはないが、入学後に初めてした		2	1	3	1.0	2		0.4	0.9	5	3		1			2	
したことがない	88	77	71	75	76	74	100	79	74	77	72	79	78	69	55	64	100

		全体	性別		学年						文理			国私		
			男性	女性	1年生	2年生	3年生	4年生	5年生以上	大学院生	文系	理系	NA	国立	私立	NA
人数（名）		949	480	469	343	200	188	210	6	2	708	239	2	113	834	2

あなたは、これまでに次のようなことをしたことがありますか。それぞれの項目について、当てはまるものを一つ選んでください。

		全体	男性	女性	1年生	2年生	3年生	4年生	5年生以上	大学院生	文系	理系	NA	国立	私立	NA
友人に勉強を教えたこと																
	大学入学以前にはあるが、入学後はない	24	18	30	30	24	18	19	33		27	14		31	23	
	大学入学前にあり、入学後もある	68	74	63	62	69	70	77	50	100	65	80	100	65	69	100
	大学入学以前にはないが、入学後に初めてした	2	3	1	0.9	3	5	1.0			2	3			2	
	したことがない	6	6	6	7	5	7	3	17		6	3		4	6	
新聞記事の執筆（学級新聞・学校新聞含む）																
	大学入学以前にはあるが、入学後はない	41	32	51	43	41	40	40	17	50	44	33		40	41	
	大学入学前にあり、入学後もある	3	3	3	3	4	4	1			3	2		2	3	
	大学入学以前にはないが、入学後に初めてした	2	2	1	0.9	2	2	3	17		2	2		0.9	2	
	したことがない	54	63	45	54	54	54	55	67	50	51	64	100	58	54	100
アンケート調査原稿の作成																
	大学入学以前にはあるが、入学後はない	18	14	23	26	14	15	12	17	50	17	20	50	15	18	50
	大学入学前にあり、入学後もある	7	5	8	4	6	9	10			7	5	50	8	6	50
	大学入学以前にはないが、入学後に初めてした	12	10	15	3	12	17	23	17	50	14	6		8	13	
	したことがない	63	71	54	67	69	59	55	67		61	68		69	62	
一つのテーマについて、長期間かけて、自分で調べまとめる活動（授業含む）																
	大学入学以前にはあるが、入学後はない	23	21	25	38	21	11	11			21	28		27	22	
	大学入学前にあり、入学後もある	36	34	39	28	39	44	41	33	50	37	35	50	36	36	50
	大学入学以前にはないが、入学後に初めてした	21	21	21	11	15	27	38	50	50	23	16		16	22	
	したことがない	20	24	15	22	26	19	10	17		19	21	50	21	19	50

	大学群							専攻									
	国立A	国立B	私立A	私立B	私立C	私立D	NA	文学語学	法政治	経済経営	社会	教育	理工農	医歯薬	看護	生活	NA
人数（名）	51	62	193	209	202	230	2	226	110	175	110	29	183	36	20	58	2

あなたは、これまでに次のようなことをしたことがありますか。それぞれの項目について、当てはまるものを一つ選んでください。

	国立A	国立B	私立A	私立B	私立C	私立D	NA	文学語学	法政治	経済経営	社会	教育	理工農	医歯薬	看護	生活	NA
友人に勉強を教えたこと																	
大学入学以前にはあるが、入学後はない	29	32	17	26	23	24		31	18	22	32	34	13	8	20	38	
大学入学前にあり、入学後もある	67	63	77	69	67	64	100	59	73	70	63	66	79	92	80	50	100
大学入学以前にはないが、入学後に初めてした			3	1.0	3	3		2	2	2	2		4				
したことがない	4	5	4	3	7	9		8	7	6	4		4			12	
新聞記事の執筆（学級新聞・学校新聞含む）																	
大学入学以前にはあるが、入学後はない	43	37	33	44	45	43		47	43	34	53	48	32	31	35	52	
大学入学前にあり、入学後もある		3	3	3	2	4		5	4	0.9			2	3	10		
大学入学以前にはないが、入学後に初めてした	2		5	1	0.5	1		2	0.9	2	2	3	2	3		2	
したことがない	55	60	59	52	53	51	100	46	53	62	45	48	64	64	55	47	100
アンケート調査原稿の作成																	
大学入学以前にはあるが、入学後はない	14	16	13	16	24	20	50	20	15	14	16	24	16	25	40	22	50
大学入学前にあり、入学後もある	10	6	7	7	4	8	50	6	9	4	9	3	6	3	10	10	50
大学入学以前にはないが、入学後に初めてした	8	8	16	10	13	13		15	6	11	28	14	7	8	5	9	
したことがない	69	69	64	68	58	59		59	69	71	46	59	71	64	45	59	
一つのテーマについて、長期間かけて、自分で調べまとめる活動（授業含む）																	
大学入学以前にはあるが、入学後はない	29	24	20	23	20	24		18	29	18	16	24	27	22	35	34	
大学入学前にあり、入学後もある	33	39	44	33	38	32	50	42	31	33	42	28	36	36	40	29	50
大学入学以前にはないが、入学後に初めてした	16	16	20	24	20	23		23	22	25	27	21	16	19	10	14	
したことがない	22	21	17	19	21	20	50	16	18	23	15	28	21	22	15	22	50

	全体	性別		学年						文理			国私		
		男性	女性	1年生	2年生	3年生	4年生	5年以上	大学院生	文系	理系	NA	国立	私立	NA
人数（名）	949	480	469	343	200	188	210	6	2	708	239	2	113	834	2

以下の項目は、大学入学以前のあなたに当てはまりますか。それぞれの項目について答えてください。

自分に合った勉強方法を工夫した

	全体	男性	女性	1年	2年	3年	4年	5年以上	大学院	文系	理系	NA	国立	私立	NA
当てはまる	86	85	86	89	83	83	86	83	50	86	85	100	91	85	100
当てはまらない	14	15	14	11	17	17	14	17	50	14	15		9	15	

有効といわれる方法を手当たり次第に実践した

	全体	男性	女性	1年	2年	3年	4年	5年以上	大学院	文系	理系	NA	国立	私立	NA
当てはまる	50	51	49	46	54	51	52	50	100	51	48		40	51	
当てはまらない	50	49	51	54	47	49	48	50		49	52	100	60	49	100

学習の方法を、塾や家庭教師にいわれた通りにした

	全体	男性	女性	1年	2年	3年	4年	5年以上	大学院	文系	理系	NA	国立	私立	NA
当てはまる	48	45	51	43	49	53	50	67		48	47		32	50	
当てはまらない	52	55	49	57	52	47	50	33	100	52	53	100	68	50	100

参考書を自分で選んだ

	全体	男性	女性	1年	2年	3年	4年	5年以上	大学院	文系	理系	NA	国立	私立	NA
当てはまる	76	76	76	74	77	74	79	50	100	77	74	50	77	76	50
当てはまらない	24	24	24	26	23	26	21	50		23	26	50	23	24	50

中学や高校で苦手だった教科・科目を苦手なままにしてきた

	全体	男性	女性	1年	2年	3年	4年	5年以上	大学院	文系	理系	NA	国立	私立	NA
当てはまる	61	60	63	58	71	61	58	67		63	56	50	49	63	50
当てはまらない	39	40	37	42	29	39	42	33	100	37	44	50	51	37	50

解けない問題でも粘り強くあきらめずに取り組んだ

	全体	男性	女性	1年	2年	3年	4年	5年以上	大学院	文系	理系	NA	国立	私立	NA
当てはまる	64	66	62	64	57	60	74	83	100	62	71	50	80	62	50
当てはまらない	36	34	38	36	43	40	26	17		38	29	50	20	38	50

自分なりのご褒美を用意して勉強に取り組んだ

	全体	男性	女性	1年	2年	3年	4年	5年以上	大学院	文系	理系	NA	国立	私立	NA
当てはまる	66	58	74	66	61	69	68	83	50	67	64		66	66	
当てはまらない	34	42	26	34	40	31	32	17	50	33	36	100	34	34	100

インターネットや書籍などで効果的な勉強法について調べた

	全体	男性	女性	1年	2年	3年	4年	5年以上	大学院	文系	理系	NA	国立	私立	NA
当てはまる	55	57	53	59	60	52	47	50	100	55	54	50	56	55	50
当てはまらない	45	43	47	41	41	48	53	50		45	46	50	44	45	50

学習時間を確保するために、自分の生活パターンを見直した

	全体	男性	女性	1年	2年	3年	4年	5年以上	大学院	文系	理系	NA	国立	私立	NA
当てはまる	64	61	67	64	60	68	64	67	50	64	64	50	70	63	50
当てはまらない	36	39	33	36	41	32	36	33	50	36	36	50	30	37	50

計画どおりに勉強が進まなかったら、計画を練り直した

	全体	男性	女性	1年	2年	3年	4年	5年以上	大学院	文系	理系	NA	国立	私立	NA
当てはまる	62	58	67	58	58	68	70	83	50	62	63	50	61	63	50
当てはまらない	38	42	33	42	42	32	30	17	50	38	37	50	39	37	50

計画を立ててから定期テストの勉強をしていた

	全体	男性	女性	1年	2年	3年	4年	5年以上	大学院	文系	理系	NA	国立	私立	NA
当てはまる	57	50	64	50	53	60	69	50		58	53	50	49	58	50
当てはまらない	43	50	36	50	47	40	31	50	100	42	47	50	51	42	50

基礎固めや苦手克服を早期に行うなど、時期により勉強の力のおきどころを工夫した

	全体	男性	女性	1年	2年	3年	4年	5年以上	大学院	文系	理系	NA	国立	私立	NA
当てはまる	63	64	62	63	60	60	68	50		63	62	50	67	62	50
当てはまらない	37	36	38	37	40	40	32	50	100	37	38	50	33	38	50

朝勉強するなど、集中できる時間や場所を選んで勉強するようにした

	全体	男性	女性	1年	2年	3年	4年	5年以上	大学院	文系	理系	NA	国立	私立	NA
当てはまる	72	66	78	72	67	69	77	83	50	71	72	50	75	71	50
当てはまらない	28	34	22	28	33	31	23	17	50	29	28	50	25	29	50

生活のリズムを整えるようにした

	全体	男性	女性	1年	2年	3年	4年	5年以上	大学院	文系	理系	NA	国立	私立	NA
当てはまる	62	60	64	62	57	63	66	67	50	61	64	50	66	61	50
当てはまらない	38	40	36	38	44	37	34	33	50	39	36	50	34	39	50

学習方法のことは特に考えなかった

	全体	男性	女性	1年	2年	3年	4年	5年以上	大学院	文系	理系	NA	国立	私立	NA
当てはまる	21	24	18	21	24	22	17	17		21	20	50	19	21	50
当てはまらない	79	76	82	79	77	78	83	83	100	79	80	50	81	79	50

以下の項目は、大学入学以前のあなたに当てはまりますか。それぞれの項目について答えてください。

	大学群							専攻									
	国立A	国立B	私立A	私立B	私立C	私立D	NA	文学語学	法政治	経済経営	社会	教育	理工農	医歯薬	看護	生活	NA
人数（名）	51	62	193	209	202	230	2	226	110	175	110	29	183	36	20	58	2
自分に合った勉強方法を工夫した																	
当てはまる	92	90	90	91	86	74	100	84	85	87	95	83	83	89	100	74	100
当てはまらない	8	10	10	9	14	26		16	15	13	5	17	17	11		26	
有効といわれる方法を手当たり次第に実践した																	
当てはまる	33	45	48	51	52	54		51	47	51	56	41	49	53	40	48	
当てはまらない	67	55	52	49	48	46	100	49	53	49	44	59	51	47	60	52	100
学習の方法を、塾や家庭教師にいわれた通りにした																	
当てはまる	22	40	42	48	54	54		48	45	45	54	21	46	50	45	64	
当てはまらない	78	60	58	52	46	46	100	52	55	55	46	79	54	50	55	36	100
参考書を自分で選んだ																	
当てはまる	88	68	85	79	70	70	50	79	79	77	77	52	73	83	75	69	50
当てはまらない	12	32	15	21	30	30	50	21	21	23	23	48	27	17	25	31	50
中学や高校で苦手だった教科・科目を苦手なままにしてきた																	
当てはまる	41	55	47	61	65	76	50	68	58	53	68	59	56	58	50	74	50
当てはまらない	59	45	53	39	35	24	50	32	42	47	32	41	44	42	50	26	50
解けない問題でも粘り強くあきらめずに取り組んだ																	
当てはまる	75	84	72	66	62	50	50	55	62	69	62	79	72	69	60	62	50
当てはまらない	25	16	28	34	38	50	50	45	38	31	38	21	28	31	40	38	50
自分なりのご褒美を用意して勉強に取り組んだ																	
当てはまる	67	66	67	64	68	66		69	65	62	69	83	62	72	65	69	
当てはまらない	33	34	33	36	32	34	100	31	35	38	31	17	38	28	35	31	100
インターネットや書籍などで効果的な勉強法について調べた																	
当てはまる	55	56	52	58	55	53	50	58	56	57	53	52	55	52	45	45	50
当てはまらない	45	44	48	42	45	47	50	42	44	43	47	45	48	42	50	55	50
学習時間を確保するために、自分の生活パターンを見直した																	
当てはまる	73	68	70	63	63	57	50	63	63	63	67	66	62	78	60	62	50
当てはまらない	27	32	30	37	37	43	50	37	37	37	33	34	38	22	40	38	50
計画どおりに勉強が進まなかったら、計画を練り直した																	
当てはまる	59	63	76	68	56	53	50	62	58	68	63	55	62	61	70	59	50
当てはまらない	41	37	24	32	44	47	50	38	42	32	37	45	38	39	30	41	50
計画を立ててから定期テストの勉強をしていた																	
当てはまる	49	48	64	61	54	54	50	56	65	56	55	48	55	47	50	71	50
当てはまらない	51	52	36	39	46	46	50	44	35	44	45	52	45	53	50	29	50
基礎固めや苦手克服を早期に行うなど、時期により勉強の力のおきどころを工夫した																	
当てはまる	71	65	68	68	66	49	50	58	70	65	66	69	63	56	60	53	50
当てはまらない	29	35	32	32	34	51	50	42	30	35	34	31	37	44	40	47	50
朝勉強するなど、集中できる時間や場所を選んで勉強するようにした																	
当てはまる	76	74	77	74	69	66	50	70	65	74	73	86	68	92	70	74	50
当てはまらない	24	26	23	26	31	34	50	30	35	26	27	14	32	8	30	26	50
生活のリズムを整えるようにした																	
当てはまる	73	61	66	58	62	59	50	57	60	61	66	76	62	72	65	64	50
当てはまらない	27	39	34	42	38	41	50	43	40	39	34	24	38	28	35	36	50
学習方法のことは特に考えなかった																	
当てはまる	20	18	13	17	23	30	50	21	23	19	19	17	21	19	20	26	50
当てはまらない	80	82	87	83	77	70	50	79	77	81	81	83	79	81	80	74	50

	全体	性別		学年						文理			国私		
		男性	女性	1年生	2年生	3年生	4年生	5年生以上	大学院生	文系	理系	NA	国立	私立	NA
人数（名）	949	480	469	343	200	188	210	6	2	708	239	2	113	834	2

あなたは、これまでに次のような経験をしたことがありますか。それぞれの項目について、有無を教えてください。

	全体	男性	女性	1年生	2年生	3年生	4年生	5年生以上	大学院生	文系	理系	NA	国立	私立	NA
浪人															
ある	17	26	7	19	21	15	9	33	50	15	21		22	16	
なし	83	74	93	81	79	85	91	67	50	85	79	100	78	84	100
留年															
ある	3	4	1	2	1	3	3	83		2	3		4	2	
なし	97	96	99	98	99	97	97	17	100	98	97	100	96	98	100
転校・引っ越し															
ある	55	55	54	52	57	53	57	67	50	54	55	100	55	54	100
なし	45	45	46	48	44	47	43	33	50	46	45		45	46	
病気・入院															
ある	43	46	40	43	43	43	42	33	100	43	43	50	39	43	50
なし	57	54	60	57	57	57	58	67		57	57	50	61	57	50
家族の病気・介護															
ある	32	32	31	33	28	32	32	50	50	32	31		29	32	
なし	68	68	69	67	73	68	68	50	50	68	69	100	71	68	100
事故・天災															
ある	21	25	17	22	20	23	21	17		22	21	50	19	22	50
なし	79	75	83	78	81	77	79	83	100	78	79	50	81	78	50
友人やクラスメイトなどとの人間関係のトラブル															
ある	62	56	68	61	65	65	59	33	100	64	54	50	57	62	50
なし	38	44	32	39	36	35	41	67		36	46	50	43	38	50
家庭内のトラブル															
ある	29	26	32	30	25	31	29	17	50	30	25		21	30	
なし	71	74	68	70	76	69	71	83	50	70	75	100	79	70	100

	大学群							専攻									
	国立A	国立B	私立A	私立B	私立C	私立D	NA	文学語学	法政治	経済経営	社会	教育	理工農	医歯薬	看護	生活	NA
人数（名）	51	62	193	209	202	230	2	226	110	175	110	29	183	36	20	58	2

あなたは、これまでに次のような経験をしたことがありますか。それぞれの項目について、有無を教えてください。

浪人

	国立A	国立B	私立A	私立B	私立C	私立D	NA	文学語学	法政治	経済経営	社会	教育	理工農	医歯薬	看護	生活	NA
ある	22	23	21	18	15	10		11	18	23	14	21	20	28	15	7	
なし	78	77	79	82	85	90	100	89	82	77	86	79	80	72	85	93	100

留年

	国立A	国立B	私立A	私立B	私立C	私立D	NA	文学語学	法政治	経済経営	社会	教育	理工農	医歯薬	看護	生活	NA
ある	2	6	4	2	1.0	2		2	4	3	0.9		3	6		3	
なし	98	94	96	98	99	98	100	98	96	97	99	100	97	94	100	97	100

転校・引っ越し

	国立A	国立B	私立A	私立B	私立C	私立D	NA	文学語学	法政治	経済経営	社会	教育	理工農	医歯薬	看護	生活	NA
ある	55	55	60	50	53	54	100	53	54	55	59	52	56	53	45	52	100
なし	45	45	40	50	47	46		47	46	45	41	48	44	47	55	48	

病気・入院

	国立A	国立B	私立A	私立B	私立C	私立D	NA	文学語学	法政治	経済経営	社会	教育	理工農	医歯薬	看護	生活	NA
ある	45	34	44	38	43	47	50	42	45	37	49	28	44	47	40	47	50
なし	55	66	56	62	57	53	50	58	55	63	51	72	56	53	60	53	50

家族の病気・介護

	国立A	国立B	私立A	私立B	私立C	私立D	NA	文学語学	法政治	経済経営	社会	教育	理工農	医歯薬	看護	生活	NA
ある	31	27	27	28	34	38		32	26	32	34	52	28	44	30	29	
なし	69	73	73	72	66	62	100	68	74	68	66	48	72	56	70	71	100

事故・天災

	国立A	国立B	私立A	私立B	私立C	私立D	NA	文学語学	法政治	経済経営	社会	教育	理工農	医歯薬	看護	生活	NA
ある	16	21	23	21	20	23	50	19	22	24	24	34	19	8	45	17	50
なし	84	79	77	79	80	77	50	81	78	76	76	66	81	92	55	83	50

友人やクラスメイトなどとの人間関係のトラブル

	国立A	国立B	私立A	私立B	私立C	私立D	NA	文学語学	法政治	経済経営	社会	教育	理工農	医歯薬	看護	生活	NA
ある	49	63	63	57	62	67	50	67	67	57	67	69	54	61	45	62	50
なし	51	37	37	43	38	33	50	33	33	43	33	31	46	39	55	38	50

家庭内のトラブル

	国立A	国立B	私立A	私立B	私立C	私立D	NA	文学語学	法政治	経済経営	社会	教育	理工農	医歯薬	看護	生活	NA
ある	14	27	24	27	32	36		29	26	27	35	34	26	28	20	38	
なし	86	73	76	73	68	64	100	71	74	73	65	66	74	72	80	62	100

	全体	性別		学年						文理			国私		
		男性	女性	1年生	2年生	3年生	4年生	5年生以上	大学院生	文系	理系	NA	国立	私立	NA
人数（名）	949	480	469	343	200	188	210	6	2	708	239	2	113	834	2

以下の質問について、最も当てはまるものを一つ選んでください。

あなたは、大学に週何回行きますか。

ほとんど毎日	26	26	27	34	31	25	11	17	50	25	31	50	24	27	50
週に5日	43	46	39	59	51	36	14	17	50	37	58	50	55	41	50
週に4日	14	14	13	6	16	27	14			16	6		10	14	
週に3日	7	6	9	0.3	3	10	21			9	1		4	8	
週に2日	4	3	4		2		14			5	0.8		3	4	
週に1日	5	3	6				19	50		6	2		4	5	
ほとんど行かない	2	2	2	0.9		0.5	6	17		2	2		2	2	

SNSにおいて友人登録をしている人は何人くらいいますか。

SNSを使用していない	13	14	13	15	17	15	6			12	17		16	13	
10人程度	5	5	5	4	6	6	4	17		4	8		3	5	
20人程度	8	7	9	6	10	9	9			7	9		6	8	
50人程度	12	14	10	12	13	10	12	17		12	12		11	12	
100人程度	27	26	27	29	21	29	28	33		27	26	50	27	27	50
200人程度	19	17	20	19	20	13	22		50	20	13		19	19	
300人程度	9	9	8	8	10	9	8		50	9	8	50	11	8	50
400人程度	3	3	2	2	2	1	5	17		3	3		4	3	
それ以上	5	5	5	4	3	8	6	17		6	4		5	5	

携帯・スマートフォンの連絡先に登録している人は何人くらいいますか。

20人程度	7	9	4	9	9	4	3			5	10		6	7	
50人程度	19	20	18	21	25	16	15	17		19	21		22	19	
100人程度	32	32	32	35	28	36	27	33	100	32	31		33	32	
150人程度	18	16	19	17	17	17	21			18	17		19	18	
200人程度	14	14	14	11	14	15	18	33		15	11	100	11	14	100
250人程度	4	4	4	3	4	6	6			4	4		4	4	
300人程度	4	4	5	3	4	3	7			4	4		4	4	
それ以上	2	1	3	0.9	2	3	3	17		2	2		0.9	2	

よく一緒に食事をしたり、会って話をしたりする人は何人くらいいますか。

1～2人程度	11	11	11	10	14	11	9		50	10	14		12	11	
5人程度	35	31	39	35	32	38	34	33		36	30	50	35	35	50
10人程度	29	31	27	29	29	28	30	17	50	29	28	50	26	29	50
15人程度	11	10	13	9	13	12	14	17		12	11		12	12	
20人程度	9	12	6	11	6	9	9	17		8	11		10	9	
30人程度	3	4	3	3	4	2	2			3	3		2	3	
40人程度	0.8	1	0.4	0.3	2	1	1.0			0.8	0.8		3	0.6	
50人程度	0.2		0.4				1.0			0.3				0.2	
それ以上	0.9	1	0.4	1	2	0.5				0.7	2		2	0.8	

あなたにとって、次のような人はいますか。

尊敬する人

いる	85	83	86	81	86	84	90	100	50	87	78	100	82	85	100
いない	15	17	14	19	15	16	10		50	13	22		18	15	

あの人のようになりたいと思う人（ロールモデル）

いる	78	75	81	77	80	76	82	100		81	71	100	75	79	100
いない	22	25	19	23	21	24	18		100	19	29		25	21	

悩み事を相談できる人

いる	82	76	88	80	79	81	89	67	100	83	80	100	77	83	100
いない	18	24	12	20	21	19	11	33		17	20		23	17	

趣味や学業についてアドバイスをもらえる人

いる	77	78	77	79	73	77	80	83	100	78	77	100	75	78	100
いない	23	22	23	21	28	23	20	17		22	23		25	22	

気軽に連絡がとれる大学生以外の年上の知人

いる	42	40	44	35	35	47	56	67		45	33	100	30	44	100
いない	58	60	56	65	65	53	44	33	100	55	67		70	56	

	大学群							専攻									
	国立A	国立B	私立A	私立B	私立C	私立D	NA	文学語学	法政治	経済経営	社会	教育	理工農	医歯薬	看護	生活	NA
人数（名）	51	62	193	209	202	230	2	226	110	175	110	29	183	36	20	58	2
以下の質問について、最も当てはまるものを一つ選んでください。																	
あなたは、大学に週何回行きますか。																	
ほとんど毎日	27	21	23	24	24	35	50	27	20	21	25	21	30	39	25	38	50
週に5日	57	53	36	42	47	39	50	37	36	38	33	55	57	61	55	41	50
週に4日	8	11	19	12	14	12		15	20	16	19	14	7		15	10	
週に3日	4	3	13	10	5	4		8	11	13	9	7	2			5	
週に2日	2	3	4	5	4	3		4	3	7	6		1		5	2	
週に1日			6	5	6	3	4	7	6	5	6		2			2	
ほとんど行かない	2	2		2	2	3		2	4	0.6	0.9	3	2				
SNSにおいて友人登録をしている人は何人くらいいますか。																	
SNSを使用していない	14	18	8	11	17	17		12	6	10	10	15	17	16	14	30	14
10人程度		5	4	6	4	7		4	4	5	3		9	8		3	
20人程度	4	8	3	11	5	13		12	5	6	5		10	6	10	7	
50人程度	8	13	9	13	15	12		10	13	14	11	21	11	11	25	7	
100人程度	27	26	23	27	29	28	50	27	31	24	28	34	26	25	20	28	50
200人程度	25	13	23	19	18	15		19	19	22	23	10	14	19		24	
300人程度	8	13	14	7	7	5	50	8	9	9	8	10	7	8		10	50
400人程度	4	5	3	2	2	2		4	4	3	0.9		4			2	
それ以上	10	2	12	5	3	2		4	7	6	7	5	3	4		5	
携帯・スマートフォンの連絡先に登録している人は何人くらいいますか。																	
20人程度	4		5	4	9	9		6	6	5	7		10	11	5	2	
50人程度	14	29	10	22	15	27		17	18	18	19	28	23	11	15	26	
100人程度	35	31	31	24	39	33		31	38	30	34	34	28	33	55	29	
150人程度	25	15	17	22	20	11		17	16	19	14	17	16	19	15	22	
200人程度	14	8	19	12	13	13	100	18	11	16	11	10	13	11		14	100
250人程度	4	3	6	5	2	4		3	5	4	6	7	4	3	5	3	
300人程度	2	6	8	4	4	1		5	4	5	2	3	6	8	5	3	
それ以上			2	6	0.5	2		1	2	3	3		2	3			
よく一緒に食事をしたり、会って話をしたりする人は何人くらいいますか。																	
1～2人程度	8	15	6	13	10	13		12	6	16	9	21	14	11	5	9	
5人程度	37	34	30	34	37	37	50	41	29	37	32	31	31	31	25	38	50
10人程度	31	21	26	28	28	34	50	25	33	29	30	21	29	19	45	36	50
15人程度	8	15	16	8	14	9		11	14	11	13	10	9	19	15	12	
20人程度	10	10	15	9	8	4		7	12	8	10	14	11	14	3	5	
30人程度			3	4	5	2		1	5	4	4	3	3	3	5	2	
40人程度	2	3	1		0.5	0.9		1		0.6	2		1				
50人程度				0.5	0.5			0.4	0.9								
それ以上	4		2		1.0	0.5	0.4	0.9	0.9	0.6	0.9		2			3	
あなたにとって、次のような人はいますか。																	
尊敬する人																	
いる	84	81	86	85	85	83	100	88	89	83	88	86	78	83	65	90	100
いない	16	19	14	15	15	17		12	11	17	12	14	22	17	35	10	
あの人のようになりたいと思う人（ロールモデル）																	
いる	73	77	74	80	79	81	100	85	82	76	76	90	70	72	65	84	100
いない	27	23	26	20	21	19		15	18	24	24	10	30	28	35	16	
悩み事を相談できる人																	
いる	75	79	85	82	78	85	100	87	78	76	83	79	79	92	80	91	100
いない	25	21	15	18	22	15		13	22	24	17	21	21	8	20	9	
趣味や学業についてアドバイスをもらえる人																	
いる	76	74	79	77	79	77	100	76	82	74	80	72	75	81	85	88	NA
いない	24	26	21	23	21	23		24	18	26	20	28	25	19	15	12	
気軽に連絡がとれる大学生以外の年上の知人																	
いる	27	32	44	40	46	45	100	44	45	47	45	28	31	44	40	45	100
いない	73	68	56	60	54	55		56	55	53	55	72	69	56	60	55	

	全体	性別		学年						文理			国私		
		男性	女性	1年生	2年生	3年生	4年生	5年生以上	大学院生	文系	理系	NA	国立	私立	NA
人数（名）	949	480	469	343	200	188	210	6	2	708	239	2	113	834	2

あなたは、困ったことがあった時に以下のそれぞれの人にどの程度相談しますか。

	全体	男性	女性	1年生	2年生	3年生	4年生	5年生以上	大学院生	文系	理系	NA	国立	私立	NA
家族・親戚															
よくする	31	23	39	29	33	31	33	50		32	28		33	31	
まあする	34	33	35	35	34	29	37	17	50	34	33		34	34	
どちらともいえない	10	13	8	9	14	11	9			10	10	50	12	10	50
あまりしない	14	17	11	15	13	15	13	17	50	14	15	50	11	15	50
まったくしない	11	14	7	13	7	13	8	17		9	14		12	10	
学内の友人															
よくする	32	26	39	31	30	30	40	17		33	31	50	22	34	50
まあする	41	45	37	43	38	44	40	17	100	42	40	50	48	40	50
どちらともいえない	9	11	8	10	13	10	6			9	11		6	10	
あまりしない	11	10	12	9	13	12	11	17		11	11		16	10	
まったくしない	6	8	5	7	8	5	3	50		6	8		8	6	
学内の先輩・後輩															
よくする	8	8	9	7	5	10	12	17		9	6	100	3	9	100
まあする	22	26	19	22	21	20	26		100	21	26		22	23	
どちらともいえない	15	17	13	14	17	16	15			15	14		12	15	
あまりしない	24	24	23	24	25	22	25	17		25	20		27	23	
まったくしない	30	25	36	33	33	32	21	67		29	34		35	30	
学外の友人・知人															
よくする	28	22	34	30	22	27	31	33		30	23	50	19	29	50
まあする	36	34	37	34	38	35	35	33	100	37	33		42	35	
どちらともいえない	11	13	9	13	12	12	8			11	12	50	7	12	50
あまりしない	15	17	12	12	16	15	18			14	17		19	14	
まったくしない	11	14	8	11	13	11	9	33		9	16		14	10	
大学の教員															
よくする	1	0.4	2	0.9	1	0.5	3			2	0.4		0.9	1	
まあする	9	9	9	3	7	10	18	17		9	8		7	9	
どちらともいえない	8	10	6	6	9	10	8		50	7	10	50	5	8	50
あまりしない	19	19	20	14	21	22	25	33	50	18	24		20	19	
まったくしない	63	63	62	76	63	57	47	50		64	59	50	66	62	50
ネット上の相談相手（ウェブの相談サイト含む）															
よくする	3	3	2	3	3	3	1			3	2		2	3	
まあする	9	9	9	10	8	9	7		50	8	9		4	9	
どちらともいえない	6	7	6	8	7	6	3	17	50	6	8		5	7	
あまりしない	9	9	10	9	11	8	10			10	8		15	8	
まったくしない	73	73	73	69	73	74	80	83		73	74	100	74	73	100

	大学群							専攻									
	国立A	国立B	私立A	私立B	私立C	私立D	NA	文学語学	法政治	経済経営	社会	教育	理工農	医歯薬	看護	生活	NA
人数（名）	51	62	193	209	202	230	2	226	110	175	110	29	183	36	20	58	2

あなたは、困ったことがあった時に以下のそれぞれの人にどの程度相談しますか。

家族・親戚																	
よくする	25	39	34	28	29	34		38	30	26	27	38	27	36	35	40	
まあする	39	29	29	38	30	37		34	37	37	26	31	33	28	40	36	
どちらともいえない	12	11	10	9	9	12	50	7	12	11	13	3	11	11	5	16	50
あまりしない	10	11	17	19	17	6	50	13	15	15	19	14	14	17	15	2	50
まったくしない	14	10	10	6	14	11		8	6	11	15	14	15	8	5	7	

学内の友人																	
よくする	18	26	37	33	30	34	50	35	21	34	35	41	32	33	20	31	50
まあする	57	40	39	42	41	40	50	40	49	41	43	24	40	42	40	41	50
どちらともいえない	6	6	9	10	11	10		11	11	7	5	10	10	11	10	10	
あまりしない	10	21	10	10	12	10		8	12	13	14	14	10	6	15	12	
まったくしない	10	6	5	6	6	6		5	7	5	4	10	7	8	15	5	

学内の先輩・後輩																	
よくする		5	12	10	6	8	100	8	7	11	5	14	5	14	5	10	100
まあする	27	18	24	25	24	17		23	18	26	20	14	27	25	15	16	
どちらともいえない	8	16	15	15	16	16		17	15	14	11	28	18	3		16	
あまりしない	27	27	25	22	24	23		26	25	27	28	17	18	22	30	16	
まったくしない	37	34	25	27	30	36		27	35	21	35	28	32	36	50	43	

学外の友人・知人																	
よくする	20	18	28	25	34	30	50	31	20	30	34	21	20	36	30	36	50
まあする	47	37	36	35	32	36		38	46	30	34	38	32	33	35	38	
どちらともいえない	4	10	10	12	12	12	50	11	11	11	5	10	15	3	5	16	50
あまりしない	16	21	16	14	13	13		15	12	16	15	17	17	17	10	7	
まったくしない	14	15	10	13	9	9		5	11	12	12	14	16	11	20	3	

大学の教員																	
よくする		2	0.5	1.0	1	2		1		2	2	3	0.5			2	
まあする	4	10	7	6	7	15		11	7	3	12	3	8	8	15	19	
どちらともいえない	8	3	7	6	8	11	50	7	10	7	3	3	12	3	5	10	50
あまりしない	18	23	22	17	21	18		18	14	21	15	38	22	31	20	16	
まったくしない	71	63	63	70	63	53	50	63	69	66	69	52	57	58	60	53	50

ネット上の相談相手（ウェブの相談サイト含む）																	
よくする		3	3	1	3	3		4	5	1	2		1	3	5	5	
まあする	4	3	7	11	10	10		9	9	9	10		11	3	5	3	
どちらともいえない	6	5	4	8	4	10		7	3	6	7	14	8	6		5	
あまりしない	14	16	8	8	7	10		9	10	11	8	17	9	6		9	
まったくしない	76	73	78	72	75	68	100	72	74	73	73	69	70	83	90	78	100

	全体	性別		学年						文理			国私		
		男性	女性	1年生	2年生	3年生	4年生	5年生以上	大学院生	文系	理系	NA	国立	私立	NA
人数（名）	949	480	469	343	200	188	210	6	2	708	239	2	113	834	2

以下のそれぞれの項目について、今のあなたに最も当てはまるものを一つ選んでください。

	全体	男性	女性	1年生	2年生	3年生	4年生	5年生以上	大学院生	文系	理系	NA	国立	私立	NA
自分から学ぶ意欲がある															
とてもそうである	28	29	27	26	23	30	34	50		28	26	50	25	28	50
ややそうである	50	51	50	54	47	50	50	17	100	49	55	50	50	50	50
どちらともいえない	10	9	12	10	16	6	9	33		11	8		8	11	
あまりそうでない	9	10	9	9	12	11	7			10	9		13	9	
まったくそうでない	2	2	2	1	3	3	1			2	2		4	2	
新しいことを学習する基礎的知識や能力がある															
とてもそうである	20	22	17	19	16	23	22	17		20	19	50	25	19	50
ややそうである	46	46	47	47	46	39	52	33	50	46	48	50	48	46	50
どちらともいえない	21	21	20	23	21	21	16	50	50	22	18		14	22	
あまりそうでない	11	10	12	10	15	13	8			10	13		12	11	
まったくそうでない	2	2	3	2	3	3	2			3	2		0.9	3	
自分で学習の方法や場所を決定できる															
とてもそうである	34	32	36	37	25	36	35	33		35	31	50	29	34	50
ややそうである	46	45	47	41	54	44	49	33	50	46	47	50	47	46	50
どちらともいえない	11	12	9	11	11	11	10	17	50	10	11		9	11	
あまりそうでない	8	9	7	10	9	6	6	17		7	9		12	7	
まったくそうでない	2	2	1	1	2	4	1.0			2	2		3	2	
学ぶことは楽しい															
とてもそうである	33	31	35	31	26	34	41	50		34	28	50	34	33	50
ややそうである	41	42	41	41	42	43	41	17	50	39	46	50	41	41	50
どちらともいえない	18	19	16	20	24	15	11	33	50	19	16		16	18	
あまりそうでない	6	6	7	8	9	5	4			6	7		9	6	
まったくそうでない	2	2	1	0.9	1	4	2			1	3		0.9	2	
自分で情報を集め学習する準備ができる															
とてもそうである	26	28	23	27	22	27	28	17		27	22	50	20	26	50
ややそうである	45	40	49	41	44	40	54	50	100	45	45	50	44	45	50
どちらともいえない	17	20	15	20	19	19	10	17		17	19		19	17	
あまりそうでない	11	11	11	11	15	11	8	17		10	13		13	11	
まったくそうでない	1	0.8	2	1	0.5	3	0.5			1	0.8		3	1	
ひとりで計画的に学ぶことができる															
とてもそうである	19	19	20	18	12	24	25	33		19	20	50	13	20	50
ややそうである	36	33	40	35	35	32	44		50	37	33	50	35	36	50
どちらともいえない	20	22	18	20	22	23	16	17		20	20		22	20	
あまりそうでない	19	20	19	23	26	14	11	33	50	18	22		25	19	
まったくそうでない	5	6	4	5	6	6	3	17		5	6		4	5	
学習した成果がどの程度か自己評価できる															
とてもそうである	13	15	10	13	12	16	11	17		13	12	50	7	13	50
ややそうである	41	40	43	41	37	39	49			41	41		45	41	
どちらともいえない	26	25	26	25	26	28	23	50	50	25	27		28	25	
あまりそうでない	17	17	17	18	22	12	14	33	50	17	15	50	16	17	50
まったくそうでない	4	4	4	3	4	5	3			3	5		4	4	

あなたは、次のようなことをどのぐらいしますか。それぞれの項目について、当てはまるものを一つ選んでください。

	全体	男性	女性	1年生	2年生	3年生	4年生	5年生以上	大学院生	文系	理系	NA	国立	私立	NA
人の話を聞いてメモをとる															
とてもよくする	23	17	29	15	19	29	34	33	50	25	18		17	24	
よくする	43	41	45	41	43	41	47	67		42	46		43	43	
どちらともいえない	15	17	12	18	13	14	13		50	16	12		14	15	
あまりしない	17	21	12	22	22	15	6			15	20	100	22	16	100
まったくしない	2	4	0.9	3	4	1.0				2	3		4	2	
ノートをきれいにまとめる															
とてもよくする	19	16	21	21	14	15	22	33		19	18	50	15	19	50
よくする	30	26	35	30	30	32	31			30	30	50	31	30	50
どちらともいえない	20	21	20	19	23	23	18	50	50	19	23		19	21	
あまりしない	24	28	20	24	30	20	22	17	50	25	22		26	24	
まったくしない	6	9	4	6	5	9	6			6	7		9	6	

	大学群							専攻									
	国立A	国立B	私立A	私立B	私立C	私立D	NA	文学語学	法政治	経済経営	社会	教育	理工農	医歯薬	看護	生活	NA
人数（名）	51	62	193	209	202	230	2	226	110	175	110	29	183	36	20	58	2

以下のそれぞれの項目について、今のあなたに最も当てはまるものを一つ選んでください。

自分から学ぶ意欲がある

	国立A	国立B	私立A	私立B	私立C	私立D	NA	文学語学	法政治	経済経営	社会	教育	理工農	医歯薬	看護	生活	NA
とてもそうである	20	29	34	33	24	32	50	25	28	28	25	34	28	28	10	43	50
ややそうである	55	47	49	56	53	44	50	53	42	50	55	48	52	50	70	38	50
どちらともいえない	10	6	8	11	10	13		13	16	9	8	7	8	11	10	9	
あまりそうでない	14	13	8	9	9	9		7	11	12	10	10	9	11	5	10	
まったくそうでない	2	5	0.5	1	2	2		3	3	2	0.9		2		5		

新しいことを学習する基礎的知識や能力がある

	国立A	国立B	私立A	私立B	私立C	私立D	NA	文学語学	法政治	経済経営	社会	教育	理工農	医歯薬	看護	生活	NA
とてもそうである	22	27	32	16	13	15	50	18	26	17	21	21	20	17	20	21	50
ややそうである	55	42	47	49	48	41	50	50	35	51	38	55	46	56	40	45	50
どちらともいえない	10	18	15	24	23	24		21	29	17	28	21	17	19	20	14	
あまりそうでない	14	11	6	10	12	15		8	7	13	8		15	8	15	19	
まったくそうでない		2	0.5	1.0	3	5		3	2	2	5	3	2		5	2	

自分で学習の方法や場所を決定できる

	国立A	国立B	私立A	私立B	私立C	私立D	NA	文学語学	法政治	経済経営	社会	教育	理工農	医歯薬	看護	生活	NA
とてもそうである	22	35	46	32	30	30	50	38	35	30	34	41	28	39	40	33	50
ややそうである	57	39	39	49	50	45	50	41	42	52	46	48	46	58	35	52	50
どちらともいえない	8	10	8	13	9	12		12	13	11	9		14		10	7	
あまりそうでない	12	13	6	5	8	10		7	7	6	9	10	10	3	10	9	
まったくそうでない	2	2	1	1.0	1	3		2	1		1	2	2		5		

学ぶことは楽しい

	国立A	国立B	私立A	私立B	私立C	私立D	NA	文学語学	法政治	経済経営	社会	教育	理工農	医歯薬	看護	生活	NA
とてもそうである	33	34	39	31	28	33	50	37	36	28	33	38	29	33	15	43	50
ややそうである	43	39	46	40	43	37	50	37	35	45	37	45	45	44	60	43	50
どちらともいえない	16	16	11	23	21	17		18	22	20	21	17	17	19	5	7	
あまりそうでない	8	10	4	4	7	9		7	5	6	5		8		15	10	
まったくそうでない			2		2	1.0		4	2	0.9		4		2	3	5	

自分で情報を集め学習する準備ができる

	国立A	国立B	私立A	私立B	私立C	私立D	NA	文学語学	法政治	経済経営	社会	教育	理工農	医歯薬	看護	生活	NA
とてもそうである	16	24	35	22	21	28	50	28	30	25	21	21	21	31	15	40	50
ややそうである	51	39	45	49	48	38	50	46	42	47	46	48	44	42	50	33	50
どちらともいえない	22	18	14	17	21	16		14	22	16	23	17	21	17	5	9	
あまりそうでない	8	18	6	12	9	15		10	5	11	10	7	13	8	25	17	
まったくそうでない	4	2	0.5		1.0	3		2	0.9	1			0.5	3	5	2	

ひとりで計画的に学ぶことができる

	国立A	国立B	私立A	私立B	私立C	私立D	NA	文学語学	法政治	経済経営	社会	教育	理工農	医歯薬	看護	生活	NA
とてもそうである	8	18	27	22	17	16	50	19	22	22	19	31	19	28	10	25	50
ややそうである	35	35	39	38	35	34	50	38	32	38	35	45	32	33	55	38	50
どちらともいえない	24	21	13	21	25	20		19	21	18	26	14	21	11	15	22	
あまりそうでない	29	21	17	16	19	22		19	24	15	20	28	22	17	15	14	
まったくそうでない	4	5	4	4	4	8		4	5	4		5	3	6	11	5	

学習した成果がどの程度か自己評価できる

	国立A	国立B	私立A	私立B	私立C	私立D	NA	文学語学	法政治	経済経営	社会	教育	理工農	医歯薬	看護	生活	NA
とてもそうである	6	8	21	12	9	12	50	12	15	12	12	10	13	14	10	14	50
ややそうである	45	45	41	43	40	38		38	38	48	39	38	40	47	50	41	
どちらともいえない	31	26	23	26	31	21		29	26	19	30	28	26		25	21	
あまりそうでない	14	18	12	17	16	21	50	19	15	18	14	21	17	8	5	19	50
まったくそうでない	4	3	3	2	3	7		1	5	3	5	3	4	6	10	5	

あなたは、次のようなことをどのぐらいしますか。それぞれの項目について、当てはまるものを一つ選んでください。

人の話を聞いてメモをとる

	国立A	国立B	私立A	私立B	私立C	私立D	NA	文学語学	法政治	経済経営	社会	教育	理工農	医歯薬	看護	生活	NA
とてもよくする	12	21	26	21	22	27		27	25	19	22	31	20	8	20	34	
よくする	49	39	44	45	42	41		44	37	41	45	31	44	56	50	47	
どちらともいえない	12	16	13	16	14	17		15	15	22	12	14	14	8	5	10	
あまりしない	24	21	16	15	18	15	100	13	19	15	19	21	19	22	25	9	100
まったくしない	4	3	2	3	3	0.4		0.9	4	2	3	3	3	6			

ノートをきれいにまとめる

	国立A	国立B	私立A	私立B	私立C	私立D	NA	文学語学	法政治	経済経営	社会	教育	理工農	医歯薬	看護	生活	NA
とてもよくする	8	21	22	17	16	21	50	16	21	19	16	41	14	25	20	28	50
よくする	31	31	30	32	29	30	50	29	25	34	35	21	29	31	45	29	50
どちらともいえない	25	15	15	18	24	25		23	17	17	18	14	27	17	15	19	
あまりしない	27	24	27	25	26	19		27	25	24	25		25	17	15	21	
まったくしない	8	10	7	8	4	4		5	12	6	3		6	11	5	3	

あなたは、次のようなことをどのぐらいしますか。それぞれの項目について、当てはまるものを一つ選んでください。

	全体	性別		学年						文理			国私		
		男性	女性	1年生	2年生	3年生	4年生	5年生以上	大学院生	文系	理系	NA	国立	私立	NA
人数（名）	949	480	469	343	200	188	210	6	2	708	239	2	113	834	2
文章や資料の重要な部分にアンダーラインを引いたり、付せんを貼る															
とてもよくする	29	19	41	28	26	31	33	33		31	24	50	20	31	50
よくする	41	41	42	40	40	39	46	17	100	42	38	50	37	42	50
どちらともいえない	11	14	8	14	12	11	6	17		10	14		12	11	
あまりしない	14	21	7	15	19	12	12	17		13	18		22	13	
まったくしない	4	6	3	3	4	7	3	17		4	6		9	3	
本や論文を要約したりメモをしたりする															
とてもよくする	10	9	12	7	7	14	13	17	50	11	7		7	11	
よくする	25	24	26	19	21	28	34	17	50	27	19		18	26	
どちらともいえない	20	18	22	19	24	19	20	33		21	19		27	19	
あまりしない	32	34	29	40	34	23	24	17		30	36		36	31	
まったくしない	13	16	11	14	15	16	9	17		11	19	100	12	13	100
読んだものを自分の言葉でまとめる															
とてもよくする	11	13	10	9	12	14	12	17		12	10		7	12	
よくする	25	23	27	21	22	29	31	33		27	20		27	25	
どちらともいえない	18	18	18	20	20	16	15		50	18	18		22	18	
あまりしない	31	31	31	34	35	22	30	17	50	31	30	50	28	31	50
まったくしない	15	15	14	16	13	18	11	33		13	21	50	16	15	50
自分のスケジュール管理をする															
とてもよくする	41	27	55	34	34	47	53	50		44	33		37	41	
よくする	35	37	33	35	41	32	32	17	50	34	38		35	35	
どちらともいえない	9	12	6	11	13	6	5	17	50	9	10		10	9	
あまりしない	11	17	5	14	8	11	10	17		10	15	50	15	10	50
まったくしない	4	7	0.9	6	5	4	0.5			3	5	50	3	4	50
勉強のために図書館やカフェに行く															
とてもよくする	34	28	41	31	32	37	40	33		33	38	50	36	34	50
よくする	32	32	31	32	35	27	32	50	50	33	27		29	32	
どちらともいえない	10	11	8	9	12	10	9			10	8		6	10	
あまりしない	15	15	14	16	13	17	12		50	15	14		19	14	50
まったくしない	9	13	6	11	10	10	6	17		9	12		10	9	
わからないことはすぐ調べる															
とてもよくする	34	35	32	30	31	35	40	67	50	34	33	50	32	34	50
よくする	45	44	45	44	50	41	44	17	50	44	48	50	50	44	50
どちらともいえない	14	14	14	17	13	14	10	17		14	14		12	14	
あまりしない	7	6	8	8	6	10	5			8	5		7	7	
まったくしない	0.7	0.4	1	0.9	1		1.0			0.8	0.4			0.8	
ものごとの優先順位を意識する															
とてもよくする	30	31	28	29	25	33	33	17		29	30	100	25	30	100
よくする	43	41	45	44	44	38	47	17	50	44	42		42	43	
どちらともいえない	15	17	14	16	19	18	8	33	50	15	18		19	15	
あまりしない	10	10	11	9	12	11	10	33		11	8		12	10	
まったくしない	2	1	2	1	2	0.5	2			2	2		2	2	
行動をするときは目標を明確に意識する															
とてもよくする	22	23	21	18	19	23	29	33		22	20		18	22	
よくする	39	40	38	40	37	40	40	17	50	39	39	50	37	40	50
どちらともいえない	23	23	23	26	25	21	18	33	50	22	25	50	21	23	50
あまりしない	14	12	16	14	17	12	11	17		14	13		21	13	
まったくしない	3	2	3	2	3	4	2			2	2		3	3	
現在学んでいることを日常の生活で使おうとする															
とてもよくする	21	23	19	23	16	27	18	17		21	22		16	22	
よくする	40	40	41	39	42	38	42	50	50	41	37	100	43	40	100
どちらともいえない	23	23	24	23	25	21	25	17	50	23	25		23	24	
あまりしない	13	13	14	14	17	12	11	17		13	15		16	13	
まったくしない	2	2	1	0.9	2	3	3			2	2		2	2	

	大学群							専攻										
	国立A	国立B	私立A	私立B	私立C	私立D	NA	文学語学	法政治	経済経営	社会	教育	理工農	医歯薬	看護	生活	NA
人数（名）	51	62	193	209	202	230	2	226	110	175	110	29	183	36	20	58	2

あなたは、次のようなことをどのぐらいしますか。それぞれの項目について、当てはまるものを一つ選んでください。

文章や資料の重要な部分にアンダーラインを引いたり、付せんを貼る

とてもよくする	16	24	34	26	27	34	50	35	37	21	30	24	20	39	40	38	50
よくする	41	34	36	47	44	40	50	41	37	47	45	41	36	42	40	41	50
どちらともいえない	16	8	10	11	10	11		11	11	10	6	14	16	8		10	
あまりしない	20	24	18	10	14	12		10	13	18	13	21	21	6	15	9	
まったくしない	8	10	2	5	4	3		3	2	5	5		7	6	5	2	

本や論文を要約したりメモをしたりする

とてもよくする	8	6	13	10	10	10		10	17	9	11	7	7	6	5	17	
よくする	18	18	28	24	24	26		28	26	25	31	21	19	14	25	19	
どちらともいえない	31	23	20	15	20	22		23	19	16	29	14	18	25	15	28	
あまりしない	31	40	31	35	31	28		30	26	36	31	24	38	31	30	22	
まったくしない	12	13	8	16	15	14	100	9	13	10	11	28	18	25	25	14	100

読んだものを自分の言葉でまとめる

とてもよくする	4	10	16	10	13	10		8	18	11	15	3	11	8	5	12	
よくする	27	26	30	24	23	22		35	25	21	23	21	19	22	20	28	
どちらともいえない	18	26	18	15	19	19		20	14	19	16	14	18	11	20	21	
あまりしない	31	26	26	31	28	35	50	26	21	43	33	28	30	36	25	33	50
まったくしない	20	13	10	20	17	14	50	11	22	5	12	15	21	22	30	7	50

自分のスケジュール管理をする

とてもよくする	39	35	42	43	36	44		45	37	41	45	41	32	39	40	55	
よくする	31	39	33	33	36	38		37	31	35	30	38	35	36	60	34	
どちらともいえない	12	8	6	8	14	8		9	9	11	11	3	11	8		5	
あまりしない	14	16	15	12	8	7	50	8	15	10	10	10	16	11		5	50
まったくしない	4	2	4	3	6	3	50	0.9	8	3	5	7	6	6			50

勉強のために図書館やカフェに行く

とてもよくする	35	37	41	36	29	30	50	38	37	27	35	28	35	50	50	28	50
よくする	35	24	32	32	33	31		32	31	33	35	45	29	42	25	38	
どちらともいえない	8	5	9	8	12	12		11	8	13	6	10	9	3	10	10	
あまりしない	14	23	12	13	15	16	50	15	15	18	15	10	16	11		14	50
まったくしない	8	5	1	5	11	10		1	9	4	9	14	17	8	15	10	

わからないことはすぐ調べる

とてもよくする	31	32	41	30	28	36	50	33	42	32	29	31	34	31	35	34	50
よくする	51	48	42	48	35	41	50	46	39	43	46	45	46	44	50	41	50
どちらともいえない	10	13	11	16	16	14		9	11	19	15	17	15	14	5	19	
あまりしない	8	6	5	6	10	8		11	6	5	8	7	4	8	10	5	
まったくしない			0.5	0.5	1	0.9			2	1	2		3				

ものごとの優先順位を意識する

とてもよくする	22	27	37	30	25	30	100	32	31	25	29	24	31	31	35	28	100
よくする	53	32	37	49	44	43		38	41	50	45	45	40	44	50	45	
どちらともいえない	16	23	13	15	16	16		17	14	13	14	10	20	17	5	16	
あまりしない	8	16	11	6	13	10		12	12	10	9	17	8	6	5	12	
まったくしない	2	2	2		2	2		0.9	3	1	3	3	1	3	5		

行動をするときは目標を明確に意識する

とてもよくする	14	21	29	20	18	23		23	22	24	21	21	19	19	30	22	
よくする	41	34	36	44	36	41	50	31	43	43	45	34	40	42	40	41	50
どちらともいえない	25	18	21	25	28	19	50	27	19	23	19	17	25	14	15	21	50
あまりしない	18	24	12	10	16	13		16	14	10	12	24	13	6	10	16	
まったくしない	2	3	1	1	2	5		4	3		4	3	4	3	6	5	

現在学んでいることを日常の生活で使おうとする

とてもよくする	4	26	25	20	16	26		23	26	18	15	24	19	19	35	24	
よくする	43	44	34	41	41	42	100	42	32	44	45	34	36	50	30	47	100
どちらともいえない	29	18	26	23	24	21		19	25	25	25	34	27	14	20	19	
あまりしない	22	11	13	13	16	10		14	14	13	15	10	14	17	15	7	
まったくしない	2	2	2	2	2	1		3	3	0.6	0.9		2			3	

あなたは、以下の項目についてどのくらい満足していますか。それぞれの項目について、最も当てはまるものを一つ選んでください。

		全体	性別		学年						文理			国私		
			男性	女性	1年生	2年生	3年生	4年生	5年生以上	大学院生	文系	理系	NA	国立	私立	NA
人数（名）		949	480	469	343	200	188	210	6	2	708	239	2	113	834	2
大学の授業	満足	14	13	14	14	8	16	16			14	13	50	11	14	50
	やや満足	47	41	53	48	47	46	49	33	50	47	47		47	47	
	どちらともいえない	18	19	17	14	24	18	17	33	50	17	19		21	17	
	やや不満	17	20	13	20	18	15	12			16	17	50	13	17	50
	不満	5	7	3	4	4	5	6	33		5	4		8	4	
友人づきあい	満足	30	30	29	29	24	35	31	33		29	32	50	24	30	50
	やや満足	44	41	47	44	50	38	46	17	50	45	41	50	46	44	50
	どちらともいえない	14	15	12	11	16	15	14	33		13	15		14	14	
	やや不満	10	10	9	10	12	9	9		50	11	7		11	9	
	不満	3	4	3	6		4	0.5	17		2	5		5	3	
教員との関係	満足	9	9	10	7	8	13	12			10	8	50	9	9	50
	やや満足	23	22	25	20	20	24	33		50	23	24		19	24	
	どちらともいえない	43	45	41	50	47	40	30	50	50	43	43	50	45	43	50
	やや不満	17	16	17	15	21	16	16	33		16	17		19	16	
	不満	8	8	7	9	6	7	9	17		7	9		8	8	
大学のレベル	満足	24	24	23	25	17	23	27	17	100	25	19	50	28	23	50
	やや満足	35	32	39	31	40	38	36	33		36	33		38	35	
	どちらともいえない	20	20	20	19	27	21	16	17		19	26		17	21	
	やや不満	15	15	14	19	12	12	13	17		14	16	50	11	15	50
	不満	6	8	3	6	5	5	8	17		6	7		6	6	
健康	満足	36	38	33	40	30	29	39	50		36	32	100	26	37	100
	やや満足	36	32	40	36	39	37	35		100	35	39		37	36	
	どちらともいえない	13	15	12	12	16	13	13	50		12	17		17	13	
	やや不満	13	13	13	10	14	16	13			14	11		18	12	
	不満	2	2	2	1	2	5	0.5			2	0.8		3	2	
経済状況	満足	15	15	15	16	15	13	17	17		15	15	100	16	15	100
	やや満足	23	21	25	21	22	23	30		50	23	24		24	23	
	どちらともいえない	18	17	20	18	20	18	22	16	33	19	17		13	19	
	やや不満	28	27	28	28	32	27	25		50	27	30		34	27	
	不満	15	19	12	17	14	15	13	50		16	13		13	16	
住居	満足	36	36	35	38	33	31	40	17		36	36	50	31	36	50
	やや満足	31	31	31	29	28	36	32	33	50	32	29		31	31	
	どちらともいえない	12	11	12	11	16	12	8	17	50	12	10		10	12	
	やや不満	15	14	15	14	19	13	13	17		13	18	50	19	14	50
	不満	7	7	7	7	5	9	7	17		7	7		9	6	
将来の見通し	満足	10	11	10	9	3	10	20	17		9	15		8	11	
	やや満足	19	17	22	20	14	12	31	17	50	19	21		18	20	
	どちらともいえない	31	32	29	34	34	31	22	33	50	32	26	100	28	31	100
	やや不満	25	25	24	24	30	29	16	17		25	22		27	24	
	不満	15	15	15	14	20	18	10	17					19	15	
アルバイト	満足	12	11	14	9	10	15	17	17		13	11	100	12	12	100
	やや満足	23	21	24	18	23	26	28		50	24	21		21	23	
	どちらともいえない	32	32	32	34	34	27	33	50		30	38		35	32	
	やや不満	21	24	19	24	24	20	15	17	50	21	21		26	21	
	不満	11	12	11	14	10	12	8	17		12	9		7	12	

		大学群						専攻									
		国立A	国立B	私立A	私立B	私立C	私立D	NA	文学語学	法政治	経済経営	社会	教育	理工農	医歯薬	看護	生活	NA
	人数(名)	51	62	193	209	202	230	2	226	110	175	110	29	183	36	20	58	2

あなたは、以下の項目についてどのくらい満足していますか。それぞれの項目について、最も当てはまるものを一つ選んでください。

	国立A	国立B	私立A	私立B	私立C	私立D	NA	文学語学	法政治	経済経営	社会	教育	理工農	医歯薬	看護	生活	NA
大学の授業																	
満足	12	10	12	11	13	18	50	16	12	9	14	13	14	20	26	50	
やや満足	53	42	49	50	44	47		50	48	45	50	34	46	39	60	50	
どちらともいえない	16	26	18	14	21	17		16	18	22	15	24	20	17	5	10	
やや不満	16	11	16	20	17	16	50	14	14	19	21	17	15	31	10	14	50
不満	4	11	5	4	5	3		4	8	5	10	5		5			
友人づきあい																	
満足	22	26	35	29	30	28	50	33	27	26	23	31	32	28	35	33	50
やや満足	49	44	45	47	39	44	50	42	44	50	51	41	39	53	35	40	50
どちらともいえない	14	15	8	13	16	16		12	15	10	10	10	13	6	10	14	
やや不満	16	6	10	8	11	9		12	11	8	14	7	7	3	10	9	
不満		10	2	2	4	3		0.4	4	2	3	10	4	3	10	5	
教員との関係																	
満足	4	13	10	7	7	12	50	9	8	6	13	14	9	6	5	17	50
やや満足	22	18	23	23	22	27		28	19	21	16	21	22	31	25	36	
どちらともいえない	51	40	40	48	48	36	50	39	49	46	49	31	45	39	40	31	50
やや不満	20	18	19	14	14	18		18	15	18	13	28	16	19	20	10	
不満	4	11	7	8	8	8		6	8	10	9	7	8	6	10	5	
大学のレベル																	
満足	39	19	36	26	17	14	50	29	24	21	25	28	22	17	5	21	50
やや満足	39	37	40	38	35	29		37	35	35	37	24	34	25	30	47	
どちらともいえない	18	16	13	19	23	28		17	23	18	19	21	23	31	45	16	
やや不満	2	18	8	12	21	20	50	12	14	19	12	24	13	19	25	14	50
不満	2	10	3	6	5	10		5	5	7	7	3	7	8		3	
健康																	
満足	22	29	42	40	36	29	100	42	39	36	30	28	30	47	30	28	100
やや満足	37	37	34	34	38	39		30	33	35	41	48	42	33	35	41	
どちらともいえない	16	18	12	13	12	15		13	13	13	15	10	17	14	15	9	
やや不満	22	15	11	11	11	14		12	15	13	13	10	6		20	16	
不満	4	2	1	1	2	3		3	0.9	1	2	3	1			7	
経済状況																	
満足	14	18	24	14	12	11	100	18	16	14	10	10	16	14	15	16	100
やや満足	16	31	21	26	28	18		19	28	26	15	31	22	31	40	26	
どちらともいえない	20	8	18	20	17	22		19	19	17	17	21	8		21		
やや不満	39	29	25	27	24	31		28	25	26	36	21	27	36	35	21	
不満	12	15	12	14	19	17		16	12	15	21	14	9	11	10	17	
住居																	
満足	29	32	40	39	32	34	50	38	34	36	37	21	35	44	35	33	50
やや満足	33	29	33	31	31	30		32	35	35	23	38	28	28	40	26	
どちらともいえない	16	5	10	11	14	13		12	15	13	10	10	11	8	5	12	
やや不満	18	21	13	14	16	13	50	13	11	11	18	21	15	14	5	17	50
不満	4	13	3	5	6	11		5	4	4	12	10	6	6	15	12	
将来の見通し																	
満足	4	11	18	11	6	8		8	13	11	5	10	11	31	20	5	
やや満足	16	19	24	20	17	18		20	15	19	15	31	17	36	25	26	
どちらともいえない	39	19	27	34	33	29	100	31	36	33	32	21	30	8	25	28	100
やや不満	27	27	20	24	27	25		26	25	25	24	25	14	14	20	22	
不満	14	23	10	11	17	20		15	11	11	24	14	7	11	10	19	
アルバイト																	
満足	6	16	17	10	10	13	100	12	12	12	15	3	11	8	25	3	100
やや満足	25	18	23	21	24	24		23	21	26	16	31	17	36	25	29	
どちらともいえない	33	35	33	36	30	30		31	34	30	29	24	42	25	35	22	
やや不満	29	23	19	23	21	20		21	25	22	20	28	21	22	10	17	
不満	6	8	9	10	16	14		12	9	11	19	14	8	8	10	21	

	全体	性別		学年						文理			国私		
		男性	女性	1年生	2年生	3年生	4年生	5年生以上	大学院生	文系	理系	NA	国立	私立	NA
人数（名）	949	480	469	343	200	186	210	6	2	708	239	2	113	834	2

あなたは、以下の項目についてどのくらい満足していますか。それぞれの項目について、最も当てはまるものを一つ選んでください。

部活・サークル

	全体	男性	女性	1年生	2年生	3年生	4年生	5年生以上	大学院生	文系	理系	NA	国立	私立	NA
満足	27	29	24	28	23	23	33	33		27	26	50	26	27	50
やや満足	30	29	32	34	33	27	25	17		30	31		36	30	
どちらともいえない	24	22	25	16	25	32	27	17	100	22	27	50	20	24	50
やや不満	13	12	13	14	14	13	10			13	11		12	13	
不満	7	8	6	8	6	5	6	33		7	5		5	7	

現在の生活全般（総合満足度）

	全体	男性	女性	1年生	2年生	3年生	4年生	5年生以上	大学院生	文系	理系	NA	国立	私立	NA
満足	20	19	21	21	16	18	27	17		21	18	50	13	21	50
やや満足	51	49	54	51	54	52	50	33	50	53	48	50	54	51	50
どちらともいえない	15	15	16	15	17	16	13	33	50	15	18		13	16	
やや不満	11	14	7	10	13	12	9			10	13		14	10	
不満	3	3	2	4	0.5	3	2	17		2	4		5	2	

以下の質問に答えてください。

あなたは、大学を卒業した後、どのようなキャリアを考えていますか。最も当てはまるものを一つ選んでください。

	全体	男性	女性	1年生	2年生	3年生	4年生	5年生以上	大学院生	文系	理系	NA	国立	私立	NA
企業に就職する	54	51	57	40	46	57	81	50	100	62	31	100	31	57	100
家業を継ぐ	0.1		0.2	0.3						0.1				0.1	
医師・弁護士などの専門職を目指す	8	6	9	10	6	12	2	17		4	20		10	7	
教員採用試験・公務員採用試験等を受験する	15	16	14	17	17	14	9	17		17	7		17	14	
大学院に進学する	9	12	5	12	12	6	3			3	26		23	7	
留学する	0.6	0.6	0.6	0.6	1		1.0			0.7	0.4		0.9	0.6	
まだ決めていない	11	10	11	15	17	7	1			10	13		14	10	
考えていない	0.4	0.4	0.4	0.9	0.5					0.3	0.8		0.9	0.4	
その他	3	4	3	4	3	3	2	17		4	2		4	3	

現在のあなたと20年後のあなたとのつながりの大きさを最もよく表しているパターンはどれですか？

	全体	男性	女性	1年生	2年生	3年生	4年生	5年生以上	大学院生	文系	理系	NA	国立	私立	NA
1	7	9	5	7	9	7	8			7	8		7	7	
2	17	16	18	15	22	18	15			17	16	50	16	17	50
3	21	20	22	24	18	20	20	50	50	22	19		25	21	
4	24	23	24	22	22	23	29	17		24	22	50	19	24	50
5	15	17	13	15	15	15	16	33	50	14	18		14	15	
6	8	6	10	9	9	9				8	9		13	8	
7	8	8	7	8	6	11	6			7	8		6	8	

	大学群						専攻									
	国立A	国立B	私立A	私立B	私立C	私立D	NA	文学語学	法政治	経済経営	社会	教育	理工農	医歯薬	看護	生活	NA
人数（名）	51	62	193	209	202	230	2	226	110	175	110	29	183	36	20	58	2

あなたは、以下の項目についてどのくらい満足していますか。それぞれの項目について、最も当てはまるものを一つ選んでください。

部活・サークル

	国立A	国立B	私立A	私立B	私立C	私立D	NA	文学語学	法政治	経済経営	社会	教育	理工農	医歯薬	看護	生活	NA
満足	18	32	36	29	26	18	50	29	24	31	27	21	27	22	10	21	50
やや満足	43	31	29	31	32	27		28	36	27	32	34	30	39	20	34	
どちらともいえない	22	19	20	18	26	32	50	23	18	22	23	17	28	19	50	28	50
やや不満	16	10	10	15	12	13		14	14	13	10	10	11	20	9		
不満	2	8	5	6	4	11		7	7	5	5	17	5	8		9	

現在の生活全般（総合満足度）

	国立A	国立B	私立A	私立B	私立C	私立D	NA	文学語学	法政治	経済経営	社会	教育	理工農	医歯薬	看護	生活	NA
満足	12	15	29	22	18	16	50	24	18	24	14	24	17	14	16	16	50
やや満足	63	47	51	52	49	53	50	48	54	48	64	41	46	58	55	64	50
どちらともいえない	8	18	10	14	21	17		15	16	14	9	24	19	8	15	16	
やや不満	14	15	9	10	9	12		10	10	13	10	7	13	11	10	3	
不満	4	6	1	2	3	3		3	2	1	4	3	4		5	2	

以下の質問に答えてください。

あなたは、大学を卒業した後、どのようなキャリアを考えていますか。最も当てはまるものを一つ選んでください。

	国立A	国立B	私立A	私立B	私立C	私立D	NA	文学語学	法政治	経済経営	社会	教育	理工農	医歯薬	看護	生活	NA
企業に就職する	35	27	60	59	55	55	100	60	59	74	67	10	39	11	10	43	100
家業を継ぐ				0.5						0.9							
医師・弁護士などの専門職を目指す	14	6	7	8	6	8		2	9	2	0.9		4	69	75	12	
教員採用試験・公務員採用試験等を受験する	8	24	13	14	17	13		18	20	11	14	72	7	3	5	14	
大学院に進学する	27	19	10	8	4	5		4	2	1	3	3	32	8		3	
留学する		2			1.0	1		0.4		2		0.5		3			
まだ決めていない	14	15	8	9	12	12		12	6	9	11	10	14	8	10	10	
考えていない		2			1.0	0.4				0.9			1			2	
その他	2	5	1	2	4	5		3	3	3	2	3	3			12	

現在のあなたと20年後のあなたとのつながりの大きさを最もよく表しているパターンはどれですか？

	国立A	国立B	私立A	私立B	私立C	私立D	NA	文学語学	法政治	経済経営	社会	教育	理工農	医歯薬	看護	生活	NA
1	4	10	4	8	6	10		8	5	7	8	3	10	3		5	
2	16	16	13	18	19	19	50	19	18	17	20	14	19	8	10	9	50
3	35	16	18	22	21	22		23	22	18	25	14	20	11	25	24	
4	14	23	26	22	25	23	50	22	25	27	24	21	19	25	25	26	50
5	14	15	22	15	12	13		12	18	13	13	31	16	25	10	17	
6	16	11	6	8	10	7		8	3	11	5	10	9	17	5	12	
7	2	10	11	7	7	7		8	9	7	5	7	5	17	25	7	

		全体	性別		学年						文理			国私		
			男性	女性	1年生	2年生	3年生	4年生	5年生以上	大学院生	文系	理系	NA	国立	私立	NA
	人数（名）	949	480	469	343	200	188	210	6	2	708	239	2	113	834	2

あなたの日常生活における考え方についてお尋ねします。以下のそれぞれについて、あなたの経験や行動、考えにどれくらい当てはまるか、最も近いものを一つ選んでください。あまり深く考えず、直感的にお答えください。

いろいろな考え方の人と接して多くのことを学びたい。

	全体	男性	女性	1年	2年	3年	4年	5年以上	院	文系	理系	NA	国立	私立	NA
当てはまる	62	60	64	62	58	63	64	83		63	56	100	55	63	100
やや当てはまる	33	34	32	33	36	30	33	17	100	32	37		39	32	
どちらでもない	3	4	3	4	4	3	2			3	4		4	3	
あまり当てはまらない	1	2	0.9	0.6	2	3	1.0			1	2		2	1	
当てはまらない	0.3	0.2	0.4		1		0.5			0.3	0.4			0.4	

いつも偏りのない判断をしようとする。

	全体	男性	女性	1年	2年	3年	4年	5年以上	院	文系	理系	NA	国立	私立	NA
当てはまる	32	36	29	30	33	35	32	67		32	33	100	25	33	100
やや当てはまる	50	48	52	48	52	45	55		100	50	49		56	49	
どちらでもない	13	11	14	16	10	13	10	17		13	12		12	13	
あまり当てはまらない	5	5	4	5	6	5	2			4	5		6	4	
当てはまらない	0.8	0.8	0.9	0.6	0.5	0.5	2	17		0.8	0.8		2	0.7	

結論をくだす場合には、確かな証拠があるかどうかにこだわる。

	全体	男性	女性	1年	2年	3年	4年	5年以上	院	文系	理系	NA	国立	私立	NA
当てはまる	31	39	22	29	31	33	31	50		29	37	50	27	31	50
やや当てはまる	52	49	54	52	52	50	50	50	100	51	52	50	60	50	50
どちらでもない	13	9	18	12	13	13	15			15	8		7	14	
あまり当てはまらない	4	3	6	6	4	4	2			5	2		5	4	
当てはまらない	0.2	0.2	0.2				1.0			0.3				0.2	

役に立つか分からないことでも、できる限り多くのことを学びたい。

	全体	男性	女性	1年	2年	3年	4年	5年以上	院	文系	理系	NA	国立	私立	NA
当てはまる	40	42	39	39	42	37	41	50		41	35	100	39	40	100
やや当てはまる	41	39	43	37	41	41	48	50	100	42	39		41	41	
どちらでもない	11	13	10	15	9	12	6			10	16		13	11	
あまり当てはまらない	7	6	7	7	7	9	5			6	8		5	7	
当てはまらない	0.8	1	0.4	1	2	0.5				0.7	1		2	0.7	

自分が無意識のうちに偏った見方をしていないか振り返るようにしている。

	全体	男性	女性	1年	2年	3年	4年	5年以上	院	文系	理系	NA	国立	私立	NA
当てはまる	22	25	18	19	22	24	24	50		22	22	100	15	23	100
やや当てはまる	45	45	46	44	44	47	48	17	50	47	41		43	46	
どちらでもない	19	19	20	22	21	14	17	33	50	18	22		27	18	
あまり当てはまらない	11	9	14	13	12	12	10			11	13		12	12	
当てはまらない	2	3	1	2	2	2	2			2	2		3	2	

議論をするときは、その前提や用語の定義を正確にとらえて考えようとする。

	全体	男性	女性	1年	2年	3年	4年	5年以上	院	文系	理系	NA	国立	私立	NA
当てはまる	26	29	23	24	27	26	28	17	50	25	27	50	22	26	50
やや当てはまる	49	49	48	48	46	55	48	50	50	48	51	50	51	48	50
どちらでもない	16	15	16	17	17	12	16	17		16	15		12	16	
あまり当てはまらない	9	7	11	11	10	6	7	17		10	6		13	8	
当てはまらない	1	0.6	1	1	1	1	1.0			1	0.4		0.9	1	

判断をくだす際は、できるだけ多くの事実や証拠を調べる。

	全体	男性	女性	1年	2年	3年	4年	5年以上	院	文系	理系	NA	国立	私立	NA
当てはまる	30	34	27	30	30	29	32	50		29	34	50	35	30	50
やや当てはまる	53	51	55	52	52	55	56	33	100	54	53	50	48	54	50
どちらでもない	10	11	10	11	11	11	9	17		11	10		12	10	
あまり当てはまらない	5	4	7	7	7	4	3			6	3		6	5	
当てはまらない	0.4	0.2	0.6	0.3	1	0.5				0.4	0.4			0.5	

	大学群							専攻									
	国立A	国立B	私立A	私立B	私立C	私立D	NA	文学語学	法政治	経済経営	社会	教育	理工農	医歯薬	看護	生活	NA
人数（名）	51	62	193	209	202	230	2	226	110	175	110	29	183	36	20	58	2

あなたの日常生活における考え方についてお尋ねします。以下のそれぞれについて、あなたの経験や行動、考えにどれくらい当てはまるか、最も近いものを一つ選んでください。あまり深く考えず、直観的にお答えください。

いろいろな考え方の人と接して多くのことを学びたい。

当てはまる	43	65	65	66	57	63	100	63	61	65	65	55	57	53	60	66	100
やや当てはまる	51	29	31	31	35	33		34	33	29	32	34	37	36	35	34	
どちらでもない	4	5	3	3	5	3		3	4	3	3	7	4	3	5		
あまり当てはまらない	2	2	2	0.5	2	0.9			3	2	0.9	3	2	6			
当てはまらない					1.0	0.4		0.4		0.6			3				

いつも偏りのない判断をしようとする。

当てはまる	14	34	36	33	34	31	100	29	34	31	37	38	34	28	30	31	100
やや当てはまる	55	56	49	46	49	51		54	43	51	48	55	48	50	50	48	
どちらでもない	18	6	10	19	11	11		12	16	9	3		13	14	5	16	
あまり当てはまらない	14		4	0.5	6	7		4	6	5	3	3	4	6	15	5	
当てはまらない		3	1	1.0		0.9		1	2				1	3			

結論をくだす場合には、確かな証拠があるかどうかにこだわる。

当てはまる	31	24	37	30	27	31	50	24	37	31	30	7	37	39	50	26	50
やや当てはまる	57	63	46	57	52	46	50	53	47	51	48	66	54	47	35	53	50
どちらでもない	8	6	14	10	15	17		17	13	13	15	14	8	8	15	14	
あまり当てはまらない	4	6	3	3	5	6		6	3	4	5	10	2	6		7	
当てはまらない					0.5	0.4						0.9	3				

役に立つか分からないことでも、できる限り多くのことを学びたい。

当てはまる	35	42	47	34	37	41	100	38	42	42	46	24	40	28	20	43	100
やや当てはまる	43	39	39	44	42	41		46	42	39	37	55	37	42	30	48	
どちらでもない	18	9	8	12	12	11		11	9	7	9	7	10	17	25	5	
あまり当てはまらない		10	6	10	7	6		5	6	10	5	14	5	14	20	5	
当てはまらない	4			0.5	1	0.9		0.4		2	0.9		1		5		

自分が無意識のうちに偏った見方をしていないか振り返るようにしている。

当てはまる	12	18	28	22	20	21	100	20	30	19	24	10	24	19	20	16	100
やや当てはまる	39	47	45	41	50	47		47	44	46	45	55	41	42	50	53	
どちらでもない	37	19	17	19	20	17		20	15	17	15	31	21	17	15	22	
あまり当てはまらない	10	13	10	15	8	13		10	10	14	14	3	11	19	15	9	
当てはまらない	2	3		3	2	3		2	0.9	3	3		2	3			

議論をするときは、その前提や用語の定義を正確にとらえて考えようとする。

当てはまる	20	24	33	23	25	24	50	24	32	25	24	21	28	19	25	22	50
やや当てはまる	55	48	45	53	47	48	50	50	45	46	45	55	48	67	55	43	50
どちらでもない	10	15	16	14	19	15		16	14	16	17	7	11	8	15	17	
あまり当てはまらない	14	13	6	9	7	11		9	4	11	14	14	7	3	5	16	
当てはまらない	2		0.5	2	2	2		0.9	0.9	2	0.9	3	0.5			2	

判断をくだす際は、できるだけ多くの事実や証拠を調べる。

当てはまる	33	35	32	25	30	32	50	27	40	29	27	28	35	25	35	26	50
やや当てはまる	49	47	53	63	51	49	50	56	46	53	55	52	50	64	65	57	50
どちらでもない	12	11	10	8	12	11		9	10	13	7	17	11	8		14	
あまり当てはまらない	6	6	4	5	5	7		8	4	5	11	3	3	3		3	
当てはまらない					1.0	0.9		0.9		0.6			0.5				

		全体	性別		学年						文理			国私		
			男性	女性	1年生	2年生	3年生	4年生	5年生以上	大学院生	文系	理系	NA	国立	私立	NA
	人数（名）	949	480	469	343	200	188	210	6	2	708	239	2	113	834	2

あなたの日常生活における考え方についてお尋ねします。以下のそれぞれについて、あなたの経験や行動、考えにどれくらい当てはまるか、最も近いものを一つ選んでください。あまり深く考えず、直感的にお答えください。

	全体	男性	女性	1年生	2年生	3年生	4年生	5年生以上	大学院生	文系	理系	NA	国立	私立	NA
たとえ意見が合わない人の話でも耳を傾けるようにしている。															
当てはまる	39	39	39	39	32	39	47	50		40	36	50	35	40	50
やや当てはまる	49	47	51	48	55	49	43	33	100	47	53	50	45	49	50
どちらでもない	8	9	7	8	9	9	6	17		8	7		13	7	
あまり当てはまらない	3	4	2	4	4	2	3			3	4		5	3	
当てはまらない	0.6	1	0.2		1	2	0.5			0.6	0.8		0.9	0.6	
何事も、少しも疑わずに信じ込むようなことはしないようにしている。															
当てはまる	32	36	28	31	37	30	32	17		32	32	50	29	32	50
やや当てはまる	42	40	44	45	43	42	35	33	50	42	42	50	47	41	50
どちらでもない	15	13	18	11	11	21	19	50	50	16	14		12	15	
あまり当てはまらない	10	10	10	11	10	6	12			10	10		12	10	
当てはまらない	1	2	0.9	2		1	1			0.8	3			2	
誰もが納得できるような論理的な説明をしようとする。															
当てはまる	26	33	19	28	23	26	27	17		24	33	50	24	26	50
やや当てはまる	48	48	48	41	48	52	53	50	100	48	46	50	50	47	50
どちらでもない	16	12	19	17	17	15	13	17		16	14		16	16	
あまり当てはまらない	10	6	13	13	12	7	5	17		11	6		10	10	
当てはまらない	1	0.8	1	1	1	1	1			1	0.4			1	
分からないことがあると質問したくなる。															
当てはまる	35	33	37	32	34	34	42	50		35	34	50	28	36	50
やや当てはまる	45	43	46	45	44	47	43	33	100	43	49	50	51	44	50
どちらでもない	12	13	11	13	15	10	10	17		13	8		8	12	
あまり当てはまらない	8	10	5	8	8	10	5			8	7		10	7	
当てはまらない	0.9	1	0.9	1	1	0.5	0.5			0.8	1		3	0.7	
複雑な問題は順序立てて考えるようにしている。															
当てはまる	29	31	27	28	25	31	33	33		27	34		29	29	
やや当てはまる	48	48	49	48	48	45	52	67	100	48	49	50	54	48	50
どちらでもない	14	13	15	12	20	16	9			15	10		8	14	
あまり当てはまらない	8	8	8	10	8	8	5			8	6	50	8	8	50
当てはまらない	0.8	0.8	0.9	0.9	0.5	0.5	1			1.0	0.4		0.9	0.8	

	大学群							専攻									
	国立A	国立B	私立A	私立B	私立C	私立D	NA	文学語学	法政治	経済経営	社会	教育	理工農	医歯薬	看護	生活	NA
人数（名）	51	62	193	209	202	230	2	226	110	175	110	29	183	36	20	58	2

あなたの日常生活における考え方についてお尋ねします。以下のそれぞれについて、あなたの経験や行動、考えにどれくらい当てはまるか、最も近いものを一つ選んでください。あまり深く考えず、直感的にお答えください。

たとえ意見が合わない人の話でも耳を傾けるようにしている。

	国立A	国立B	私立A	私立B	私立C	私立D	NA	文学語学	法政治	経済経営	社会	教育	理工農	医歯薬	看護	生活	NA
当てはまる	33	37	45	38	35	41	50	41	37	42	43	38	37	36	30	33	50
やや当てはまる	49	42	45	50	51	51	50	48	48	42	47	48	51	50	65	64	50
どちらでもない	12	15	8	9	8	5		9	9	10	7	10	9	3	5	2	
あまり当てはまらない	4	6	1	3	6	2		2	4	6	2	3	3	11		2	
当てはまらない	2		1		0.5	0.9		0.4	2		0.9		1				

何事も、少しも疑わずに信じ込むようなことはしないようにしている。

	国立A	国立B	私立A	私立B	私立C	私立D	NA	文学語学	法政治	経済経営	社会	教育	理工農	医歯薬	看護	生活	NA
当てはまる	27	31	39	32	32	27	50	28	45	32	36	17	36	19	15	24	50
やや当てはまる	55	40	37	47	39	40	50	45	38	38	37	52	36	69	55	45	50
どちらでもない	12	13	16	13	18	15		18	11	18	15	10	15	6	20	10	
あまり当てはまらない	6	16	8	6	9	15		8	6	11	10	21	6	6	10	19	
当てはまらない			0.5	2	1	2		1		0.6	0.9		4			2	

誰もが納得できるような論理的な説明をしようとする。

	国立A	国立B	私立A	私立B	私立C	私立D	NA	文学語学	法政治	経済経営	社会	教育	理工農	医歯薬	看護	生活	NA
当てはまる	24	24	33	29	22	22	50	19	31	26	24	21	34	31	15	26	50
やや当てはまる	57	45	46	48	48	47	50	50	50	53	38	45	44	58	50	43	50
どちらでもない	12	19	11	14	19	17		18	10	11	25	17	15	6	20	19	
あまり当てはまらない	8	11	9	9	9	11		12	8	9	14	10	6	6	10	10	
当てはまらない			0.5		2	2		2	0.9	0.6		7	0.5		5	2	

分からないことがあると質問したくなる。

	国立A	国立B	私立A	私立B	私立C	私立D	NA	文学語学	法政治	経済経営	社会	教育	理工農	医歯薬	看護	生活	NA
当てはまる	27	29	41	32	30	41	50	38	36	34	27	24	36	28	35	45	50
やや当てはまる	55	48	42	45	50	37	50	40	47	42	47	52	47	53	50	41	50
どちらでもない	6	10	9	15	13	13		15	14	13	10	14	9	8	5	9	
あまり当てはまらない	10	10	8	6	6	7		4	3	11	15	7	7	8	10	5	
当てはまらない	2	3		0.5	0.5	2		2			0.9	3	1	3			

複雑な問題は順序立てて考えるようにしている。

	国立A	国立B	私立A	私立B	私立C	私立D	NA	文学語学	法政治	経済経営	社会	教育	理工農	医歯薬	看護	生活	NA
当てはまる	27	31	42	25	26	24		25	32	32	23	24	34	39	15	28	
やや当てはまる	59	50	46	51	47	47	50	50	45	46	51	41	48	47	65	55	50
どちらでもない	10	6	9	17	16	16		16	15	12	16	17	11	11	5	10	
あまり当てはまらない	4	11	3	7	10	11	50	8	6	10	8	14	7	3	15	7	50
当てはまらない		2		0.5	0.5	2		1	0.9		2	3	0.5				

普段あなたが文章を読むとき、議論をするときのことについてお尋ねします。以下のそれぞれについて、当てはまるものを一つ選んでください。あまり深く考えず、直感的にお答えください。

	全体	性別		学年						文理			国私		
		男性	女性	1年生	2年生	3年生	4年生	5年生以上	大学院生	文系	理系	NA	国立	私立	NA
人数（名）	949	480	469	343	200	188	210	6	2	708	239	2	113	834	2

書き手や話し手が、何を主張して結論しようとしているのかを考える。

	全体	男性	女性	1年	2年	3年	4年	5年以上	大学院生	文系	理系	NA	国立	私立	NA
当てはまる	36	38	33	34	30	43	39	33		38	28	50	34	36	50
やや当てはまる	51	49	53	50	55	47	52	50	100	50	54	50	50	51	50
どちらでもない	7	6	7	7	10	5	5	17		6	8		12	6	
あまり当てはまらない	6	6	6	9	7	4	4			6	8		4	7	
当てはまらない	0.3	0.2	0.4			1	0.5			0.3	0.4			0.4	

書き手や話し手が主張することの根拠や理由はどこにあるかを考える。

	全体	男性	女性	1年	2年	3年	4年	5年以上	大学院生	文系	理系	NA	国立	私立	NA
当てはまる	32	36	29	28	29	38	37	33		34	28		34	32	
やや当てはまる	50	48	51	51	50	47	49	50		49	50	50	48	50	50
どちらでもない	10	10	10	11	14	7	7		100	9	13	50	9	10	50
あまり当てはまらない	7	6	9	9	8	7	5			7	8		10	7	
当てはまらない	0.7	0.6	0.9	0.6		0.5	2			0.8	0.4			0.8	

文章や議論において、何が問題になっているかをまずとらえようとする。

	全体	男性	女性	1年	2年	3年	4年	5年以上	大学院生	文系	理系	NA	国立	私立	NA
当てはまる	41	44	38	39	37	44	45	33		40	42	100	35	41	100
やや当てはまる	47	45	48	46	51	46	46	33	100	48	44		52	46	
どちらでもない	9	8	9	10	9	7	7	33		8	10		11	9	
あまり当てはまらない	4	3	4	5	5	3	2			3	4		3	4	
当てはまらない	0.1		0.2				0.5			0.1				0.1	

書き手や話し手が暗に前提としている事は何かを考える。

	全体	男性	女性	1年	2年	3年	4年	5年以上	大学院生	文系	理系	NA	国立	私立	NA
当てはまる	22	23	20	20	20	24	22	50	50	23	18		18	22	
やや当てはまる	41	41	42	42	42	39	43	17	50	42	41		44	41	
どちらでもない	21	19	23	21	25	18	22	17		22	19	50	18	22	50
あまり当てはまらない	13	14	13	15	13	15	10	17		12	17	50	17	13	50
当てはまらない	2	2	2	3	0.5	4	2			1	5		4	2	

書き手や話し手が背後にもっている価値観が何かを考える。

	全体	男性	女性	1年	2年	3年	4年	5年以上	大学院生	文系	理系	NA	国立	私立	NA
当てはまる	22	21	23	23	23	20	23			24	17		24	22	
やや当てはまる	36	35	37	30	41	42	37	33	50	37	34	50	29	37	50
どちらでもない	20	20	20	22	19	18	20	17	50	20	21		19	20	
あまり当てはまらない	18	20	17	21	16	16	19	33		17	21	50	26	17	50
当てはまらない	4	4	3	5	2	5	2			3	7		2	4	

述べられている理由と結論の間に飛躍がないか考える。

	全体	男性	女性	1年	2年	3年	4年	5年以上	大学院生	文系	理系	NA	国立	私立	NA
当てはまる	26	30	21	25	23	30	27	17		26	26		35	25	
やや当てはまる	40	39	40	35	41	43	43	50		39	41		40	40	
どちらでもない	19	15	22	20	22	15	15	17	100	19	16	50	16	19	50
あまり当てはまらない	13	12	13	16	13	9	11	17		13	11		8	13	
当てはまらない	3	3	4	3	2	4	3			2	6	50	2	3	50

述べられている根拠や理由はどれだけ確かなものかを考える。

	全体	男性	女性	1年	2年	3年	4年	5年以上	大学院生	文系	理系	NA	国立	私立	NA
当てはまる	27	31	23	25	26	28	31	33		26	30	100	28	27	100
やや当てはまる	48	46	50	47	51	51	44	50	50	48	48		47	48	
どちらでもない	14	13	15	13	16	13	13	17	50	15	11		12	14	
あまり当てはまらない	9	10	9	14	7	6	7			9	10		10	9	
当てはまらない	2	1	3	1	0.5	2	4			2	2		3	2	

根拠となっていることが事実なのか意見なのかを考える。

	全体	男性	女性	1年	2年	3年	4年	5年以上	大学院生	文系	理系	NA	国立	私立	NA
当てはまる	30	34	26	27	29	35	31	33		29	32	50	29	30	50
やや当てはまる	45	42	47	44	47	40	47	33	100	45	44	50	45	44	50
どちらでもない	13	12	14	13	16	13	10	17		13	12		13	13	
あまり当てはまらない	11	9	12	13	7	10	10	17		11	9		11	11	
当てはまらない	2	2	2	2	3	1	2			2	2		2	2	

根拠となるデータが、信頼できる方法で集められたのかを考える。

	全体	男性	女性	1年	2年	3年	4年	5年以上	大学院生	文系	理系	NA	国立	私立	NA
当てはまる	32	37	26	28	36	34	32	50		29	40		32	32	
やや当てはまる	40	36	43	41	40	40	37	33	50	40	38	50	47	39	50
どちらでもない	15	14	16	14	14	14	20	17	50	16	13	50	11	16	50
あまり当てはまらない	11	10	11	14	10	11	8			12	8		9	11	
当てはまらない	3	2	3	3	2	2	2			3	3		2	3	

	大学群							専攻									
	国立A	国立B	私立A	私立B	私立C	私立D	NA	文学語学	法政治	経済経営	社会	教育	理工農	医歯薬	看護	生活	NA
人数（名）	51	62	193	209	202	230	2	226	110	175	110	29	183	36	20	58	2

普段あなたが文章を読むとき、議論をするときのことについてお尋ねします。以下のそれぞれについて、当てはまるものを一つ選んでください。あまり深く考えず、直感的にお答えください。

書き手や話し手が、何を主張して結論にしようとしているのかを考える。
当てはまる	29	37	49	35	32	29	50	38	43	34	38	38	27	39	30	34	50
やや当てはまる	57	45	45	54	52	53	50	47	46	54	50	45	55	44	60	59	50
どちらでもない	12	11	4	5	7	8		8	8	4	6	3	8	11	5	3	
あまり当てはまらない	2	6	2	6	8	10		6	2	7	5	14	9	6	5	3	
当てはまらない			0.5	0.5		0.4			0.9		0.9		0.5				

書き手や話し手が主張することの根拠や理由はどこにあるかを考える。
当てはまる	29	37	49	28	29	26		35	48	27	35	28	28	33	15	26	
やや当てはまる	59	39	41	54	51	51	50	49	37	53	50	48	48	58	65	60	50
どちらでもない	6	11	8	10	12	11	50	10	10	10	6	10	14	8	10	9	50
あまり当てはまらない	6	13	2	9	6	10		6	5	9	6	14	10		10	5	
当てはまらない			0.5		1.0	2		0.4		2		2		0.5			

文章や議論において、何が問題になっているかをまずとらえようとする。
当てはまる	31	37	52	40	37	38	100	38	56	39	34	41	42	42	35	34	100
やや当てはまる	53	52	42	49	47	47		51	35	50	50	45	44	47	50	47	
どちらでもない	14	8	5	6	13	10		8	8	6	12	14	10	8	10	9	
あまり当てはまらない	2	3	0.5	6	3	5		2	0.9	5	4		4	3	5	10	
当てはまらない			0.5							0.9							

書き手や話し手が暗に前提としている事は何かを考える。
当てはまる	20	16	31	21	18	20		22	30	19	31	7	18	14	20	19	
やや当てはまる	45	44	32	46	44	42		41	40	42	35	66	44	33	35	45	
どちらでもない	14	21	27	17	22	21	50	23	21	25	18	10	16	28	30	24	50
あまり当てはまらない	20	15	9	13	15	13	50	13	7	13	14	17	17	19	10	12	50
当てはまらない	2	5	1	2	1.0	4		0.9	1	2	1		3		5		

書き手や話し手が背後にもっている価値観が何かを考える。
当てはまる	29	19	30	17	20	21		23	19	27	19		17	17	15	19	
やや当てはまる	29	29	34	38	35	40	50	38	36	37	35	34	34	33	30	38	50
どちらでもない	18	21	21	20	21	18		17	26	17	17	20	20	25	35	22	
あまり当てはまらない	22	29	12	21	19	17	50	21	11	17	14	24	22	19	20	19	50
当てはまらない	2	2	3	4	4	4		0.9	2	3	6		7	6	10	2	

述べられている理由と結論の間に飛躍がないかを考える。
当てはまる	41	29	34	22	23	20		23	35	26	25	24	27	11	40	21	
やや当てはまる	39	40	41	42	38	39		45	35	37	45	31	37	64	25	33	
どちらでもない	10	21	13	19	20	23	50	20	16	18	15	21	17	19	15	29	50
あまり当てはまらない	10	6	11	12	15	16		11	12	16	12	17	13		15	17	
当てはまらない		3	2	5	4	3	50	0.9	3	2	5		6			5	50

述べられている根拠や理由はどれだけ確かなものかを考える。
当てはまる	29	27	34	28	24	23	100	27	32	25	26	17	31	25	30	22	100
やや当てはまる	47	47	46	45	51	50		48	45	47	48	59	48	53	30	52	
どちらでもない	14	11	13	14	14	15		15	13	17	12	7	9	17	30	17	
あまり当てはまらない	8	11	7	11	10	10		10	10	8	11	10	11	3	5	7	
当てはまらない	2	3	0.5	2	1	3		1		2	3	7	1	3	5	2	

根拠となっていることが事実なのか意見なのかを考える。
当てはまる	29	29	35	30	30	27	50	30	39	25	27	28	32	28	30	28	50
やや当てはまる	43	47	45	44	40	49	50	42	43	46	49	48	41	56	35	41	50
どちらでもない	18	10	9	13	18	11		14	12	14	11	7	11	14	25	19	
あまり当てはまらない	8	13	9	11	10	11		12	4	14	12	14	11		5	9	
当てはまらない	2	2	2	1	2	2		1	3	1	0.9	3	2	3	5	3	

根拠となるデータが、信頼できる方法で集められたのかを考える。
当てはまる	29	34	36	32	29	30		26	35	29	35	28	41	33	35	22	
やや当てはまる	53	42	38	36	36	43	50	38	36	43	39	34	37	39	40	52	50
どちらでもない	8	13	13	17	21	12	50	19	19	13	15	10	13	19		14	50
あまり当てはまらない	6	11	11	12	11	10		15	6	13	9	28	8	8	10	7	
当てはまらない	4		1	3	2	4		2	3	3	2		2		15	5	

◎著者紹介

岩崎 久美子（いわさき・くみこ）
1962年生まれ。筑波大学大学院図書館情報メディア研究科修了。博士（学術）。国立教育政策研究所総括研究官を経て、2016年4月より放送大学教授。主要著書：『フランスの図書館上級司書：選抜・養成における文化的再生産メカニズム』（単著、明石書店、2014年）、『教育研究とエビデンス：国際的動向と日本の現状と課題』（国立教育政策研究所編、共著、明石書店、2012年）、『国際バカロレア：世界が認める卓越した教育プログラム』（編著、明石書店、2007年）など。

下村 英雄（しもむら・ひでお）
1969年生まれ。筑波大学大学院心理学研究科修了。博士（心理学）。1997年より労働政策研究・研修機構キャリア支援部門主任研究員。主要著書：『成人キャリア発達とキャリアガイダンス：成人キャリア・コンサルティングの理論的・実践的・政策的基盤』（単著、労働政策研究・研修機構、2013年）、『キャリア・コンストラクションワークブック：不確かな時代を生き抜くためのキャリア心理学』（共編著、金子書房、2013年）、『大学生のキャリアガイダンス論：キャリア心理学に基づく理論と実践』（共編、金子書房、2012年）、『キャリア教育の心理学：大人は、子どもと若者に何を伝えたいのか』（単著、東海教育研究所、2009年）など。

柳澤 文敬（やなぎさわ・ふみたか）
1979年生まれ。北海道大学大学院理学研究科修了。（株）ベネッセコーポレーション、ベネッセ教育総合研究所研究員を経て、2015年よりトムソン・ロイター・プロフェッショナル株式会社。著書・論文：「パレート図とクロス集計表の分析」『問題解決力向上のための統計学基礎』（迫田宇広、高橋将宣、渡辺美智子編、（財）日本統計協会、2014年）、「大学生の数理活用力を測るアセスメントの開発に関する研究」『日本数学教育学会誌・数学教育学論究』95巻、pp.377-384（共著、2013年）など。

伊藤 素江（いとう・もとえ）
1979年生まれ。上智大学大学院総合人間科学研究科教育学専攻博士課程満期退学。修士（教育学）。2006年よりベネッセ教育総合研究所研究員。読解力、語彙力、思考力など、これからの社会で必要とされる能力に関するアセスメントの研究・開発に携わる。主な研究テーマは、批判的思考力のアセスメント開発研究。

村田 維沙（むらた・いさ）
1983年生まれ。東京工業大学大学院社会理工学研究科博士課程満期退学。修士（学術）。2014年よりベネッセ教育総合研究所研究員。主な研究テーマは、認知的能力のアセスメント開発研究。

堀 一輝（ほり・かずき）
1986年生まれ。大阪大学大学院人間科学研究科博士前期課程修了。修士（人間科学）。2011年よりベネッセ教育総合研究所研究員。主な研究テーマは、多変量解析法のアセスメントデータへの適用。

経験資本と学習
――首都圏大学生949人の大規模調査結果

2016年5月26日　初版第1刷発行	著　者	岩崎　久美子
		下村　英雄
		柳澤　文敬
		伊藤　素江
		村田　維沙
		堀　一輝
	発行者	石井　昭男
	発行所	株式会社 明石書店
		〒101-0021
		東京都千代田区外神田6-9-5
		TEL　03-5818-1171
		FAX　03-5818-1174
		http://www.akashi.co.jp
		振替　00100-7-24505

組版　朝日メディアインターナショナル株式会社
印刷・製本　モリモト印刷株式会社

(定価はカバーに表示してあります)

ISBN 978-4-7503-4360-0

JCOPY 〈(社)出版者著作権管理機構 委託出版物〉
本書の無断複写は著作権法上での例外を除き禁じられています。複写される場合は、そのつど事前に、(社)出版者著作権管理機構（電話 03-3513-6969、FAX 03-3513-6979、e-mail: info@jcopy.or.jp)の許諾を得てください。

OECD幸福度白書 2
より良い暮らし指標：生活向上と社会進歩の国際比較

OECD 編著　西村美由起 訳

A4判変型／256頁
◎4500円

人々の幸福にとって最も重要なものは何か？シリーズ2巻目となる本書では、まず近年の幸福の傾向を概観し、世界金融危機による影響、男女格差の問題、仕事と雇用の各分野における幸福を詳細に考察する。未来に向けた幸福の持続可能性についても検討する。

内容構成

- 第1章　「OECDより良い暮らしイニシアチブ」：コンセプトと指標
- 第2章　幸福度概観
- 第3章　幸福と世界金融危機
- 第4章　幸福の男女格差：女性も男性も全ての幸福を手に入れられるか？
- 第5章　職場における幸福：仕事の質を測る
- 第6章　幸福の経時的な持続可能性を測定する

OECD幸福度白書
より良い暮らし指標：生活向上と社会進歩の国際比較
OECD 編著　徳永優子、来田誠一郎ほか訳
●5600円

OECD教員白書　効果的な教育実践と学習環境をつくる
第1回OECD国際教員指導環境調査（TALIS）報告書
OECD 編著　斎藤里美監訳
●7400円

OECD成人スキル白書　〈OECDスキル・アウトルック2013年版〉
第1回国際成人力調査（PIAAC）報告書
経済協力開発機構（OECD）編著　矢倉美登里ほか訳
●8600円

OECDジェンダー白書　今こそ男女格差解消に向けた取り組みを！
OECD 編著
●7200円

OECD保育白書　人生の始まりこそ力強く：乳幼児期の教育とケア（ECEC）の国際比較
OECD 編著　濱田久美子訳
●7600円

TIMSS 2011 算数・数学教育の国際比較　国際数学・理科教育動向調査の2011年調査報告書
国立教育政策研究所編
●3800円

TIMSS 2011 理科教育の国際比較　国際数学・理科教育動向調査の2011年調査報告書
国立教育政策研究所編
●3800円

主観的幸福を測る　OECDガイドライン
経済協力開発機構（OECD）編著　桑原進監訳　高橋しのぶ訳
●5400円

〈価格は本体価格です〉

教育研究とエビデンス
国際的動向と日本の現状と課題

国立教育政策研究所 編
大槻達也、惣脇宏、豊浩子、トム・シュラー、籾井圭子、津谷喜一郎、秋山薊二、岩崎久美子 著

◎3800円 A5判／376頁

学力の評価や教育政策の判断の際に活用されるエビデンスとはどのようなものか？本書は、エビデンスの産出・活用について、その国際的動向や、医学などの先行分野における取り組みを概観するとともに、日本の教育分野における将来性や課題を明らかにする。

●内容構成●

第Ⅰ部 英国と米国におけるエビデンス活用の系譜
- 第1章 英国におけるエビデンスに基づく教育政策の展開
- 第2章 ランダム化比較試験とメタアナリシスの発展
- 第3章 米国のエビデンス仲介機関の機能と課題

第Ⅱ部 OECDと欧州の取り組み
- 第4章 OECDプロジェクトに見るエビデンスと教育的成果
- 第5章 エビデンス活用の推進に向けた欧州の取り組み

第Ⅲ部 我が国の動き
- 第6章 日本のエビデンスに基づく医療（EBM）の動きからのレッスン
- 第7章 エビデンス情報に基づくソーシャルワークの実践に向けて
- 第8章 知識社会における教育研究エビデンスの課題
- 第9章 エビデンスを活用した教育研究政策形成

学習の社会的成果
健康、市民、社会的関与と社会関係資本
OECD教育研究革新センター編著　NPO法人教育テスト研究センター（CRET）監訳　坂巻弘之ほか訳
●3600円

教育と健康・社会的関与
学習の社会的成果を検証する
OECD教育研究革新センター編著　矢野裕俊監訳　山形伸二、佐藤智子、荻野亮吾、立田慶裕、籾井圭子訳
●3600円

知識の創造・普及・活用
学習社会のナレッジ・マネジメント
OECD教育研究革新センター編著　立田慶裕監訳
●5600円

学習の本質
研究の活用から実践へ
OECD教育研究革新センター編　立田慶裕、平沢安政監訳　佐藤智子ほか訳
●4600円

脳からみた学習
新しい学習科学の誕生
OECD教育研究革新センター編著　小泉英明監修　小山麻紀、徳永優子訳
●4800円

学習成果の認証と評価
働くための知識、スキル・能力の可視化
OECD編　山形大学教育企画室監訳　松田岳士訳
●2800円

世界の教育改革4 OECD教育政策分析
「非大学型」高等教育、教育とICT、学校経営と生涯学習、租税政策と生涯学習
OECD編著　稲川英嗣、御園生純監訳
●3800円

キー・コンピテンシー
国際標準の学力をめざして
ドミニク・S・ライチェン、ローラ・H・サルガニク編著　立田慶裕監訳
●3800円

〈価格は本体価格です〉

フランスの図書館上級司書
──選抜・養成における文化的再生産メカニズム

岩崎久美子 著

A5判／上製／388頁　◎6800円

"上級司書"とは何か？ 日本には存在しない図書館の管理運営・政策を担う専門家、文化大国フランスが歴史遺産を保存、未来へ継承する目的で創出する国家エリート。フランス独自の"上級司書"の選抜・養成の実態を、階層社会の構造とともに明らかにする。

内容構成
- 第1章　序論
- 第2章　フランスの学術図書館の歴史と現状
- 第3章　フランスの公共図書館の歴史と現状
- 第4章　上級司書養成の変遷
- 第5章　国立図書館情報学高等学院における上級司書養成
- 第6章　上級司書のライフストーリー
- 第7章　結論──文化的再生産メカニズム──

アニマトゥール　フランスの社会教育・生涯学習の担い手たち
G.プジョル／J.ミニヨン著、岩橋恵子監訳、赤星まゆみ、池田賢市、岩崎久美子、戸澤京子、夏目達也訳
●4760円

国際バカロレア　世界が認める卓越した教育プログラム
相良憲昭／岩崎久美子編著　石村清則、橋本八重子、吉田孝著
●2600円

在外日本人のナショナル・アイデンティティ
国際化社会における「個」とは何か　岩崎久美子編著
●8000円

キー・コンピテンシーの実践　学び続ける教師のために
立田慶裕
●3000円

ESDコンピテンシー　学校の質的向上と形成能力の育成のための指導指針
トランスファー21編　由井義通、卜部匡司監訳　高雄綾子、岩村拓哉、川田力、小西美紀訳
●1800円

学習するコミュニティのガバナンス　社会教育が創る社会関係資本とシティズンシップ
佐藤智子
●4500円

サイバーリスクから子どもを守る　エビデンスに基づく青少年保護政策
経済協力開発機構（OECD）編著　齋藤長行訳著　新垣円訳
●3600円

成人力とは何か　OECD「国際成人力調査」の背景
国立教育政策研究所内国際成人力研究会編著
●3500円

〈価格は本体価格です〉

研究活用の政策学
——社会研究とエビデンス

サンドラ・M・ナトリー、イザベル・ウォルター、ヒュー・T・O・デイヴィス 著
惣脇宏、豊浩子、籾井圭子、岩崎久美子、大槻達也 訳

A5判／上製／452頁 ◎5400円

研究エビデンスを活用するということはどういうことで、また、どのようにすれば活用されるのか、保健医療、ソーシャルケア、教育、刑事司法の各領域における公共政策や行政サービス提供から、研究活用や実践における各種の理論やモデルを詳細に考察する。

内容構成

- 第1章　はじめに：エビデンスの活用
- 第2章　研究活用の形態
- 第3章　研究活用を方向づける要素
- 第4章　研究活用のモデル
- 第5章　研究活用改善のメカニズム
- 第6章　主要な理論と概念
  ——学習理論、ナレッジマネジメント、イノベーション普及理論
- 第7章　実践における研究活用の改善
- 第8章　政策における研究活用の改善
- 第9章　研究インパクト評価
- 第10章　結論

諸外国の初等中等教育
文部科学省編著
◎3600円

諸外国の教育動向 2015年度版
文部科学省編著
◎3600円

図表でみる教育 OECDインディケータ（2015年版）
経済協力開発機構（OECD）編著
徳永優子、稲田智子、西村美由起、矢倉美登里 訳
◎8600円

PISAから見る、できる国・頑張る国2
未来志向の教育を目指す：日本
経済協力開発機構（OECD）編著　渡辺 良 監訳
◎3600円

PISAの問題できるかな？
OECD生徒の学習到達度調査
経済協力開発機構（OECD）編著　国立教育政策研究所監訳
◎3600円

生きるための知識と技能5
OECD生徒の学習到達度調査（PISA）2012年調査国際結果報告書
国立教育政策研究所編
◎4600円

成人スキルの国際比較
OECD国際成人力調査（PIAAC）報告書
国立教育政策研究所編
◎3800円

教員環境の国際比較
OECD国際教員指導環境調査（TALIS）2013年調査結果報告書
国立教育政策研究所編
◎3500円

〈価格は本体価格です〉

メタ認知の教育学
生きる力を育む創造的数学力

OECD教育研究革新センター 編著
篠原真子、篠原康正、袰岩晶 訳

A5判／上製／280頁
◎3600円

「何を学習するか」から「いかに学習するか」へ。21世紀の革新型社会においては、自身の思考を振り返る高次の思考方法「メタ認知」が求められる。本書は、この「メタ認知」概念を整理し、数学教育におけるメタ認知教授法の効果について検証する。

●内容構成●
- 第1章 革新型社会における数学教育と問題解決能力
- 第2章 メタ認知とは何か？
- 第3章 メタ認知の教授法
- 第4章 数学教育におけるメタ認知教授法
- 第5章 到達度に対するメタ認知指導の効果
- 第6章 社会的スキルと感情的スキルに対するメタ認知教授法の効果
- 第7章 学習を促すためのテクノロジーとメタ認知的プロセスの統合
- 第8章 教員研修のためのメタ認知プログラム
- 第9章 本書を振り返る：要約と結論

グローバル化と言語能力
自己と他者、そして世界をどうみるか
OECD教育研究革新センター編著　本名信行監訳
徳永優子／稲田智子／来田誠一郎／定延由紀／西村美由起／矢倉美登里訳
●6800円

創造的地域づくりと文化
経済成長と社会的結果のための文化活動
経済協力開発機構（OECD）編著　寺尾仁訳
●4500円

多様性を拓く教師教育
多文化時代の各国の取り組み
OECD教育研究革新センター編著　斎藤里美監訳
●4500円

国際理解教育ハンドブック
グローバル・シティズンシップを育む
日本国際理解教育学会編著
●2600円

21世紀型スキルとは何か
コンピテンシーに基づく教育改革の国際比較
松尾知明
●2800円

21世紀型スキルと諸外国の教育実践
求められる新しい能力育成
田中義隆
●3800円

社会科アクティブ・ラーニングへの挑戦
社会参画をめざす参加型学習
風巻浩
●2800円

反転授業が変える教育の未来
生徒の主体性を引き出す授業への取り組み
反転授業研究会編　中西洋介、芝池宗克著
●2000円

〈価格は本体価格です〉